DAVIDE R.

DI

EMILIANA DE VICO

Romanzo

DAVIDE R.

«Mi perdonerai mai, Davide?» mi chiede Lorenza.
«Per cosa? Non ho nulla da perdonarti.»
«Per il fatto che io cammino e tu no.»

****

«Mi perdonerai mai, Lorenza?»
«Per cosa?»
«Per il fatto che non camminerò più.»
«Non credo di poterti perdonare, perché con quella carrozzella vai veloce e mi lasci sempre indietro.»
«Allora fermami, e perdonami.»

CAPITOLO UNO

Guarda il tuo utente in faccia, e non avere mai paura.

In silenzio, con il cuore a mille, affronto ciò che si deve affrontare.

L'uomo rovescia la busta e le scatole dei medicinali si spargono sulla scrivania. Riconosco i nomi e le proprietà di alcuni e capisco che sono parte di una terapia massiccia.

«Come ti trovi con la cura? È da tanto che l'hai cominciata?» chiedo, mentre metto in fila gli astucci e sistemo i blister che sono scivolati fuori dalle custodie.

«Quattordici giorni.»

«Be', ci vogliono almeno dalle quattro alle sei settimane di assunzione per avere pieni effetti. Lo sapevi?» Mi fa un cenno di assenso e io mi soffermo a guardare i suoi occhi: sono sbarrati, disorientati e molto spaventati. *Oddio, come può essere successo? Tu sei stato il suo SEMPRE. Ti ricordi quando hai giurato di restare al suo fianco? Di essere una costola, una stampella, una ruota di gomma, un corrimano in silicone, una strada senza pietre, uno stronzo rompipalle, un amico?*

«Lorenza, non so che fare. Tu non capisci come ci si sente.» Quasi si dissolve nel nulla quella voce che ho imparato a conoscere bene e che ora è cambiata.

Mi metto comoda sulla poltroncina. Ho tenuto aperta la persiana della finestra per fare entrare più luce possibile. A inizio autunno il sole è dolce e il dorato del giorno ingentilisce il bianco asettico dei muri, il grigiore dei mobili d'ufficio. Ho una piccola Pieris in miniatura in vaso, sulla scrivania. Ha belle foglie rosse e verde scuro. È la mia macchia di colore personale. La guardo spesso. *Guardala anche tu... Ma lui... lui è...!*

Lui non è uno qualunque.

«Hai ragione, non ho mai sperimentato la situazione di persona.» Non so se può bastare a sostenerlo, ma è la verità. Non so cos'altro dire e quindi perdo tempo annotando in cartella i nomi dei farmaci: ansiolitici, antidepressivi e betabloccanti.

Ho sempre pensato che al lavoro di assistente sociale ci si potesse abituare, invece mi sbagliavo. Anche se sono diventata più sicura, faccio progetti articolati e ho una capacità intuitiva più veloce, ci sono casi che non mi danno respiro. Proprio in questo momento, ho davanti a me un uomo che mi sta raccontando una storia intessuta di paura e ansia, e sono del tutto esposta. Le sue emozioni mi si incollano alla pelle e non mi piace.

Il guaio grosso della mia vita è stato conoscere Davide e le sue ruote veloci, le sue maniere scostanti, a volte al limite della stronzaggine. E poi, l'arrivo di Giorgia e della sua carrozzella in miniatura. Entrambi non fanno altro che sporcare il pavimento con le impronte delle loro gomme. Impronte che ho imparato ad amare, perché significa che loro camminano nella mia vita.

Mi riscuoto perché il racconto dell'uomo si fa più sofferto e non ci sono impronte che possano aiutarmi. *No. Non può essere. Ti prego, non tu! Non a te.*

«Io sto peggio degli altri. Morirò. Morirò da un momento all'altro. Cristo, morirò.» Si irrigidisce, si tende.

No! Smetto di scrivere e cerco di mantenere lo sguardo nel suo, ma ci riesco per un secondo appena. «Se c'è una cosa di cui sono certa, è che non morirai. Questi farmaci non sono salvavita, ma psicofarmaci che tengono sotto controllo l'ansia. La paura è l'unica cosa che devi combattere, oppure accettare.»

«Non è vero. Io sto per morire e nessuno vuole credermi. Nessuno può aiutarmi.» Ha una mano sulla gola, come se stesse per soffocare.

È venuto da me, rifletto, mentre lo osservo. Perché mi hai scelta tra tante? Ha un velo di sudore sulla fronte, le spalle rigide e immobili, i pugni chiusi, le pupille in movimento girano per tutta la stanza, come se il pericolo fosse attorno a lui. Ma qui ci sono solo io. E lui mi conosce.

«Come sei venuto al servizio, in auto?»

Solo a questa domanda si ferma. Ha le guance rosse. Vedo la vergogna che gli chiazza la faccia. «No, non sono stato capace di uscire dal garage.» È trasandato, sofferente come mai l'ho visto prima. «Ho preso l'autobus ma… sono dovuto scendere tre volte. Non riuscivo a… stare lì, al chiuso, con gli altri e… il rumore… mi toccavano…»

Dov'è il SEMPRE che ha salvato Davide? «Stai sereno, dai, troveremo una soluzione. Non sei l'unico al mondo ad avere attacchi di panico.»

Mi sento trapassare da quelle pupille diffidenti e quando mi sussurra: «Non dirlo a lui» riconosco il vero dolore. Quello che manda in crisi la ragione, che piega le gambe.

Non tu. Reagisci, trova un modo, ma non chiedermi di non dirglielo.

«Davide potrebbe esserti di aiuto. Ti conosce più di tutti, non ti giudicherà. E poi, i tuoi genitori sono lontani, a qualcuno dovrai pur appoggiarti» insisto, perché ciò che mi chiede è ingiusto.

Lui si muove scomposto sulla sedia e le sue braccia muscolose, da giocatore di basket qual è, si contraggono, così come i nervi lungo il collo. «No. Se non manterrai il segreto, non mi vedrai più.»

Mi piego al suo volere senza forzare. Ho le impronte di ruote a cui aggrapparmi, il rosso della Pieris che mi ricorda il colore della vita. Ma tu? Tu cos'hai? «Va bene. Non gli dirò nulla, ma non tagliarlo fuori dalla tua vita. Ne avrai bisogno in futuro.» Respiro adagio come se fossi del tutto tranquilla. «Concedimi solo qualche giorno per riflettere e poi vedremo insieme cosa fare. Ricorda sempre: è un malessere passeggero che non ti ucciderà.» *Ma se non lo combatti troverà il modo di spezzarti la schiena.* Gli poso la mano su una spalla. Un quasi contatto amichevole. Un quasi appoggio. Una parvenza di SEMPRE che, però, non ha la stessa forza di quello che lui ha dato a Davide. «Ora ti accompagno a casa con la mia auto. Dammi solo cinque minuti per chiedere un permesso.» Mi guarda sollevato, ma non dice nulla. Riprende con sé il sacchetto dei farmaci e se lo stringe allo stomaco. Un po' trema e i suoi palmi lasciano un alone sui jeans quando ve li passa sopra.

«Non dirglielo» sussurra ancora quand'è sulla porta.

«Non glielo dirò, ma tu sai che, prima o poi, verrà a saperlo.» Sono certa che Davide si accorgerà presto che le assenze agli allenamenti e i silenzi prolungati sono un segno di qualcosa che non va. Non può non accorgersi che gli manca un SEMPRE speciale.

Il sole mattutino lo illumina e il suo colorito ha del verdognolo. L'ho sempre considerato un uomo d'impatto. Bel corpo modellato, capelli scuri e occhi castani. Altezza sopra la media. Profilo affilato ma sorriso scanzonato. Perlomeno, lo era prima che gli succedesse tutto ciò che gli sta succedendo. «Devi dormire di più» gli consiglio e ho detto la stronzata del secolo. Se non lo fa è perché non può fare altro che vigilare. Gli attacchi di panico sono imprevedibili e lui sente di dover essere sempre all'erta.

«Passerà! Ora ti porto a casa, Francesco.» La mia voce è sicura, ma dentro sento di avere bisogno di Davide; di accertarmi che ci sono ancora impronte, di averne di nuove. E nuove Pieris e piante di ogni colore. Ho necessità di avere vicino l'uomo con cui non posso confidarmi. L'ho promesso.

Francesco è sulla porta dell'ufficio e non mi resta che alzarmi. Ma non mi muovo mentre lui torna indietro veloce, in netto contrasto con la pesantezza mostrata finora, si allunga sulla scrivania e mi prende con forza un polso tirandolo in fuori. La busta dei farmaci oscilla nell'altra sua mano. «Aiutami! Dammi ciò che hai dato a lui.» La sua voce mi aggredisce, la bocca si irrigidisce e sembra una smorfia; scompaiono impronte e Pieris. Siamo solo occhi che si fissano, i miei sbarrati dalla sorpresa, i suoi persi in qualcosa che non capisco ma che mi fa paura. *Francesco!*

«Ti aiuterò» gli prometto e spero che si allontani, che torni alla porta, che la sua aura fatta di malessere si affievolisca, stordita da questo attacco inaspettato. «Ti aiuterò» sostengo con più decisione. Ma il "dammi ciò che hai dato a lui" resta sospeso tra noi. Agganciato alla mia paura di sapere cosa intende. Il suo SEMPRE, che ho stimato per lungo tempo,

sbiadisce, resta appena visibile. «Adesso, usciamo» comando.
Forse fuggo.

CAPITOLO DUE

Dammi ciò che hai dato a lui!

«Hai già preparato Giorgia. Grazie!» Entro in casa e mi lascio scivolare dalle spalle gran parte dei problemi lavorativi. Quasi tutti.

«Dovevamo pur passare il tempo in qualche modo.» Mi sorride e la dimensione della mia vita si fa più grande.

Davide si spinge verso la camera e io guardo come le ruote imprimono piccoli puntini di polvere sul pavimento. «Ora tocca a me vestirmi. Tu stai un po' con lei.» Ha su la tuta. Non gli dico che mi piace quando è così casual. Ha del morbido. Anche in palestra ha tute e vestiti comodi, ma se usciamo insieme si mette sempre in tiro. E non può non piacermi tanto.

«Ciao, piccola. Sei carinissima con questo vestitino verde.» Mi avvicino a Giorgia e mi piego alla sua altezza.

Anche lei mi sorride e fa un gesto con la mano. Ha messo i guanti per correggere la postura del polso, ma quei pollici in fuori tendono a fare di testa loro. Lei fa una giravolta sullo stabilizzatore che la tiene in piedi per farsi ammirare tutta.

«Ma sei una principessa! Raccontami un po', cosa avete fatto tu e Davide?»

Lei guarda i pesi abbandonati sul tavolo della cucina, vicino al centrotavola di Thun. Una volta conteneva la frutta, ora è pieno di giochi e mollette per i capelli che Giorgia lascia in giro. «I muscoli.» Piega un braccio e mi mostra il bicipite aspettando che si gonfi. Solo che lei è pelle e carne morbida e non ha la plasticità delle braccia di Davide, abituato a spingersi sulla carrozzella ogni giorno.

«Sei proprio forte.» Le sistemo il ferrettino e non resisto dal baciarle una guancia. Sei felice qui con noi? C'è un posto speciale nel tuo cuore dove possiamo stare io e Davide? vorrei chiederle, ma non è il caso. Oggi mi viene da mettere in discussione tutto. Il suo profumo mi riempie di una sensazione che addolcisce questa emozione che ancora non vuole abbandonarmi. Rido quando si pulisce con il palmo, ma non è ribrezzo. È vanitosa e vuole essere perfetta. «Stasera mangeremo al ristorante, sai? Hai fame?»

«Voglio la pizza» mi chiede e i suoi occhioni blu si accendono di piacere. E il suo piacere è il mio.

«Mio Dio, la mangeresti a pranzo e cena, se fosse possibile.» Le tocco un braccio, le stringo una mano guantata, le massaggio il palmo da sopra il tessuto e penso a Francesco. Starà bene? Avrà avuto ancora delle crisi? Quando l'ho lasciato davanti casa aveva di nuovo la fronte sudata, la maglietta bagnata sulla schiena e una fretta madornale di rientrare. Con il sacchetto stretto al petto si è dileguato così in fretta che non sono riuscita neanche a salutarlo, né a fargli le ultime raccomandazioni.

Dammi ciò che hai dato a lui!

«Qualcosa non va, Lorenza?»

Salto su dallo spavento. Davide è rientrato in cucina e non me ne sono accorta. Sono abituata al rumore della carrozzella. Ormai è parte integrante della mia vita, come il ronzio del frigorifero, il sibilo dei condizionatori d'aria, il fruscio della zanzariera a nastri mossa dal vento. Ho la mano di Giorgia tra le mie e non mi sono accorta che lei si sta allungando per prendere il ciuccio sul tavolo.

«Non vuoi che lo porti al ristorante?» Davide addita il succhiotto in silicone color fucsia che Giorgia adora.

«Oh, no, ero solo sovrappensiero. Prendilo pure, tesoro, ma mettilo nella sua custodia o rischiamo di perderlo» le dico, lasciandola andare. Sono riuscita a trovare un porta-ciuccio di Thun in plastica dura con un orsetto di ceramica a cui agganciare il cinturino di sicurezza. Tutti questi Thun bombati e dai colori tenui dovrebbero darmi la solita sensazione di pace. Ho mescolato i pochi soprammobili che Davide aveva in casa ai miei. Le sue cornici di metallo sono nascoste dai miei portafoto con farfalle e girasoli. In tutte ci sono io. Il suo portacenere di granito nero a fianco del mio con decori di fiocchi di neve, pieni a metà degli spiccioli che girano per casa. Siamo granito e ceramica. Spigoli e onde.

Dovrei cambiarmi anch'io, ma non ne ho voglia. Lui è di un bello ingiusto. Il maglioncino nero gliel'ho comprato io e si abbina a meraviglia a quei jeans stinti che ha messo su. Le Converse alte gli coprono le caviglie magre. Ci tiene a mostrarsi al meglio e spero che lo faccia solo per me. Il mio granito. Il mio acciaio e vetro.

«Ti spiace se vengo così?» Mi lascio guardare e non fiato mentre il suo sguardo scivola sulla camicetta color pesca e la gonna nera al ginocchio. «Magari mi cambio solo le scarpe.» Non me lo aspetto, ma la carrozzina si ferma davanti a me, le nostre ginocchia si sfiorano e i predelli non mi pestato i piedi per un millimetro. Il mio cuore salta un battito, troppo preso ad analizzare i SEMPRE, le impronte, i *dammi ciò che hai dato a lui* di questa mia vita.

«Cosa c'è, tesoro? Se non hai voglia di uscire restiamo pure a casa» mi propone e sarei contenta di accettare l'offerta, però Giorgia mi guarda allarmata e io non me la sento di deluderla.

Faccio un sorriso e spero che mi sia venuto bene, eppure Davide non è convinto e mi prende il mento con due dita. «Sono un po' stanca, però ho voglia di andare fuori con voi.» *E ho un segreto che non posso rivelarti, un accordo che non potrò rompere facilmente e tanta paura di imboccare la strada sbagliata.*

«Questa sera sei stanca in modo diverso dal solito.»

Non è la stanchezza ma l'incertezza e quel leggero disgusto che sta prendendo piede per ciò che Francesco mi ha detto. Vorrei ridere, oppure dire qualcosa per sdrammatizzare, ma sono senza risorse, tranne che pensieri e sentimenti contrastanti. «Raccontami di quanto hai avuto paura. La più grossa e micidiale paura che tu abbia mai provato.» So che gli sto chiedendo una stronzata. Conosco bene il momento in cui ha avuto paura e come reagisce. In genere si chiude in difesa e scappa. Non si lascia avvicinare da nessuno e ringhia e morde. Per questo non posso tradire Francesco: proprio come Davide, fuggirebbe e non chiederebbe più aiuto.

Davide ha lo sguardo perso, forse è alla ricerca di episodi che ha condiviso con me. Forse no.

«Mi preoccupi, stasera.»

«Lo so, Davide. Diventa tutto più complicato quando parliamo di te, vero?»

Si tira indietro con la carrozzina e Giorgia si avvicina a noi. «Non ne ho, adesso. Da molto la paura non fa parte della mia vita.»

Ma in passato sì. Un passato molto vicino a noi. Nel momento dell'incidente, del nostro incontro, della nostra relazione e fino all'arrivo di Giorgia. Quanta paura ci siamo portati dietro? «Va bene. Smettila di fare il tosto e andiamo. Ho fame.» Ora sorrido davvero perché questo Davide disorientato mi piace troppo. L'ho preso in contropiede lasciando scivolare via il discorso. Raccolgo lo zainetto di Giorgia con dentro alcuni giochi, i pannolini per il cambio e dei vestiti e me lo metto in spalla. Quando gli passo vicino, mi sfiora le dita con le sue. È solo pelle e unghie che si toccano. È una vicinanza di carne e ossa. Eppure il sollievo sale fino al cervello e per un attimo lo assimilo, me ne nutro. Ritornano le cose importanti, impronte comprese. Ma poi, ritiro la mano. Una mano che poco tempo prima ha stretto quella di Francesco. Una mano silenziosa che non può ancora raccontargli nulla. E questo nulla, forse, ci farà male. Molto più male del: «Dammi ciò che hai dato a lui!»

****

«Ne ha mangiati tre spicchi grossi. Scoppierà con tutta questa pizza al formaggio?»

Davide non mi risponde e sorseggia la sua birra, invece Giorgia si sta muovendo tra i tavoli del ristorante, pretende che tutti i clienti si spostino al suo passaggio e butta giù vasi e portaombrelli. Ha provato ad avvicinare un paio di bambini, ma bisogna ancora lavorare sulla socializzazione.

«Domani va da Filippa?» Gli ricordo che è il giorno di visita alla madre e lui fa una smorfia eloquente. Muove le dita sulla tovaglia a scacchi rossa, sposta lo sguardo sulle lampade di ferro battuto ai lati dei muri.

«Non mi piace mandarla a casa, anche se per un giorno soltanto. Neanche la relazione che lei ha con questo nuovo ragazzo mi convince troppo.» Lui non perde mai di vista Giorgia, ma non può raggiungerla quando si incastra tra tavoli e sedie. Quello è un compito che spetta a me, ma dopo essermi alzata una quindicina di volte un po' mi scoccia.

«Micaela sostiene che è un ragazzo a posto, ha un lavoro fisso da sempre e una famiglia solida alle spalle. E tu sai quanto è scrupolosa. È l'assistente sociale più metodica e precisa del dipartimento di servizio sociale.»

«E un tipo di uomo così, perché dovrebbe mettersi a frequentare una come Filippa Palmesani?»

Me lo sono chiesta anch'io, ma non riesco a non sperare che il miracolo accada e che Filippa diventi una madre. Se Davide è granito, valuta tutto ciò che non lo è. E questo uomo sconosciuto ha troppo di molle e insensato per lui.

Mangio ancora uno spicchio di pizza. Il sugo bollente mi ha scottato la lingua più volte e ora è anestetizzata. Percepisce poco e niente. «Diamole tempo.»

«Giorgia non ne ha!»

«Giorgia ha noi» gli ricordo e mi rendo conto che il tono è salito e che l'aver combattuto per tutta la serata il pensiero di Francesco mi ha fatta innervosire.

«Dimmi la verità. C'è qualcosa che ti preoccupa.»

Dammi ciò che hai dato a lui!

Mi prende per mano. Non come prima, in uno sfioramento di polpastrelli e dita, ma mi afferra come una manetta. Sento sul dorso le screpolature che lui ha sul palmo. Pungono e sono più dure del solito. La pomata che sta usando non sembra avere effetti, ma lui ha quasi bisogno di quel callo corposo e sporco. È una protezione, un guanto naturale e spontaneo che la sua pelle ha deciso di vestire per contrastare il corrimano. Ma non ha più il suo SEMPRE, e non lo sa. «Sì, Davide, c'è qualcosa che mi dà da pensare, ma non posso parlartene ora.» Forse mai.

I suoi occhi un po' si intristiscono e mi spiace non poterlo accontentare. Dammi fiducia, grido dentro, e poi ritraggo la mano. «Giorgia sta litigando con una bambina.»

«Me ne parlerai mai?» mi chiede e io vedo in lui un po' della paura che ho visto in Francesco. Il suo diventa un granito più fragile.

In un attimo decido cosa devo fare. «Sì, prima o poi dovrò farlo.» Prima o poi ti parlerò di Francesco, del suo "aiutami" e di quel "dammi ciò che hai dato a lui" che non mi lascia respirare. Mi alzo e raggiungo Giorgia. «Chiedi scusa. Non si prendono con la forza i giochi degli altri.» Ma lei non lo fa e con il pugno chiuso tira il piede di una bambola. Mi tocca aprirle le dita una per volta. Solo quel pollice in fuori si oppone con tenacia. Un po' lo bacio. Un po' vorrei morderlo. «Per favore, tesoro» le dico con un pizzico di disperazione nel tono. «Ho portato i tuoi giochi, vogliamo prenderli e giocarci insieme? Questo non è tuo.» Ha gli occhi lucidi di dispiacere e il blu intenso di quelle iridi mi scioglie dentro. Vorrei poterle comprare subito una bambola uguale, ma la vita non funziona così. La sollevo insieme alla carrozzina. È extra leggera, extra maneggevole, extra colorata. Extra in tutto. Davide le sta acquistando il mondo e io non oso fermarlo. In fondo, è lui l'esperto di carrozzine, di movimento e di accessori tecnici. Io sono solo l'esperta nel riacciuffarla quando si incastra tra i tavoli, o quando litiga con gli altri bambini.

«Andiamo a casa?» propongo e Davide ci guarda entrambe. Ho ancora in braccio Giorgia e le sue piccole ruote mi sporcano la gonna, ma non ci faccio caso. Ho le sue impronte addosso. Anche lei ha i palmi macchiati dalle ruote così come Davide. Stiamo diventando una famiglia di sporchi e l'immagine mi fa sorridere.

«Va bene, voi andate in macchina mentre io pago il conto.»

Infilo una maglietta alla bambina e mi accorgo che la cassa del bar è rialzata da tre gradini. Spianerei il mondo per lui, toglierei ogni ostacolo. Invece mi volto e lo lascio ai suoi guai quotidiani. Di gradini ne trova in quantità ogni giorno e li supera tutti. Il ristorantino che Davide ha scelto è di nuova gestione e si affaccia sulla rotonda della stazione ferroviaria. Il traffico in questo punto è sempre intenso, però la fontana posta nel mezzo zampilla e si riempie dei colori dei fari delle auto. I pini secolari proteggono il giardinetto sottostante con l'erba un po' rada e mi sembra di sentire l'odore di resina. Lì sotto, Davide non potrebbe muoversi con la carrozzina perché le radici sbucano dal terreno.

Sistemo Giorgia sul suo seggiolino e poi mi metto al mio posto. Rabbrividisco anche se non è troppo freddo. L'autunno chietino è tiepido, quest'anno. Le giornate sono ancora luminose e le notti fresche, ma non sgradevoli. Davide ci raggiunge e sale mettendosi al volante. Richiude la carrozzina con semplicità e poi me la passa. Sto attenta a non toccare Giorgia che si sta addormentando. Ce ne stiamo in silenzio e il bisogno di un contatto cresce in me. Gli poso la mano su una gamba. È un modo come un altro per avvicinarmi a lui. Piccoli gesti di possesso che posso permettermi di compiere in qualunque momento. Lui è il mio uomo. Io la sua donna. Granito e ceramica.

CAPITOLO TRE

«Lorenza, hai un nuovo caso di cui parlarci, vero? Francesco Santini» mi chiede Jacopo, il coordinatore del Dipartimento di servizio sociale.

Un leggero malessere mi afferra lo stomaco nel momento in cui sento pronunciare il suo nome. «Ho fatto un primo colloquio, ma non so se posso definirlo un nuovo caso. Sto pensando di passare l'utente a una di voi due» dico rivolta alle mie colleghe che già mi guardano in cagnesco.

«Come mai?» Gisa è curiosa ed è la veterana del gruppo. Insieme a Micaela formano i pilastri del servizio. Io posso definirmi una guarnizione, un'aggiunta al gruppo.

«Perché io conosco quest'uomo, e bene anche. È un amico di Davide. Hanno giocato insieme nella nazionale di basket, e ora anche in quella in carrozzina.»

«Sì, mi ricordo di lui» sostiene Micaela.

«Immagino che tu non sappia come ottenere il giusto distacco…» inizia Jacopo, cercando di sottolineare, come sempre, gli aspetti negativi del mio operato.

«Parlaci della situazione. Ora sono proprio curiosa.» Gisa interrompe il coordinatore e prende il sopravvento.

Non me lo faccio ripetere due volte. Attacco subito, avendo portato questo dubbio sullo stomaco per tre giorni. Forse parlare mi renderà chiaro cosa mi disgusta. «Ha avuto degli ADP e…»

«Chi li ha definiti così?» Gisa non ammette leggerezze. Ogni parola e ogni considerazione devono essere supportate da valutazioni.

«Il suo medico di famiglia.»

«Nessun invio a uno specialista?»

«No, ha prescritto solo farmaci. I soliti: ansiolitici, antidepressivi e un betabloccante.»

In tre scuotiamo piano la testa. «I sintomi non passano, vero?» Intuisco che Gisa abbia già seguito dei casi simili. Mi piacerebbe che fosse lei a pensare a Francesco, ma non posso essere io a incaricare una collega. Questo compito spetta solo al coordinatore che, in questo momento, sembra abbia affidato a Gisa il compito di condurre l'incontro di lavoro.

«Non solo, ma non si sono neanche attenuati. La paura resta l'emozione più forte da controllare. È in costante allerta. Presto crollerà emotivamente se non fisicamente.»

«Ha una rete familiare di appoggio su cui può contare?» Micaela sonda la rete sociale che sempre è una risorsa.

«A Chieti nessuno. I suoi genitori si sono spostati a vivere a Roma dove lui ha acquistato una casa all'inizio dell'ingaggio con la nazionale.»

«Qualche amico su cui contare?»

Davide.

Guardo la sala delle riunioni. Il bianco acceso delle pareti, lo scaffale con i faldoni, il pc in un angolo e un porta penne ne mezzo del tavolo stracolmo di biro che non scrivono. «Solo Davide, ma non vuole parlargliene e mi ha chiesto di lasciarlo fuori dalla faccenda.»

«Allora, su chi conti per creare una rete di supporto?» Gisa quasi mi sgrida, come se fosse mia la responsabilità della vita di Francesco.

La fisso con lo sguardo e un po' mi scoccio di essere considerata sempre l'ultima arrivata. Arrivata ormai da un paio di anni, ricordo a me stessa. «In realtà, Gisa, io ero ferma a un gradino prima del progetto di intervento. Non posso occuparmene. Davide e Francesco sono troppo amici.» Penso di averla zittita, invece lei guarda Micaela e torna a parlare, questa volta con un tono più dolce. Come se fossi un bambino scemo.

«Chi sa del malessere di Francesco?»

«Solo io.»

«A chi ha chiesto aiuto?»

«A me» rispondo quasi ringhiando. *Aiutami!*

«Da chi tornerà per un secondo incontro?»

Dammi ciò che hai dato a lui! «Ho capito» sbuffo, con una stretta alla gola.

«Non puoi scaricarlo o passarlo a qualcun altro nell'immediato. Sei l'unica a cui si è rivolto. Fai con lui almeno un altro colloquio, accompagnalo verso qualche intervento e poi, quando non rischi più una sua fuga, lo prendiamo in carico o io o Gisa. È un momento delicato. Ho perso alcuni utenti non dando importanza a questa fase. Non commettere i miei stessi errori, Lorenza.» Micaela non prende parte alla discussione e ne sento la mancanza.

«Va bene, farò come dici.» Mi tiro indietro i capelli, mi strizzo una ciocca. «Penso di dovergli proporre un percorso alternativo. I farmaci li assume, ma bisogna capire da cosa derivano queste crisi di ansia. Vorrei inviarlo a fare dei colloqui con lo psicologo del servizio, se lui me lo permette. Ma sono preoccupata. L'ho visto troppo spaventato.»

«Per questo devi continuare a seguirlo, ancora per un po'.»

Metto in fila le penne sulla scrivania. La cartella sociale di Francesco contiene pochi dati, anche se io sono in possesso di molte informazioni personali. Anche di parole che non avrei voluto sentire e di significati che non voglio conoscere. Non poter parlare con Davide mi crea disagio. Sono certa che lui vorrebbe sapere come sta il suo amico. E poi ho paura anch'io. Da tre giorni mi domando come Francesco stia passando le sue giornate. Chiamarlo è impossibile, percepirebbe la mia ansia e accrescerebbe la sua. E poi, non voglio proprio chiamarlo. Ma se dovesse avere bisogno di aiuto?

«Andiamo avanti con i casi?» chiede Jacopo, ma la sua è più un'imposizione che altro. Io resto ferma a pensare a Francesco, alla sua espressione e a quella di Davide quando mi ha detto: «Me lo dirai mai?» *Giuro, te lo dirò!*

CAPITOLO QUATTRO

«Se non si impegnano di più agli allenamenti mi incazzerò come una bestia.» Davide guida in direzione di Atri. La sua è una guida nervosa, piena di agitazione e io mi limito a frenare inutilmente con il piede destro e a stringere la cintura di sicurezza tra le mani senza dire niente che possa agitarlo ancora di più.

«È solo un'amichevole, non cambierà nulla nella classifica se doveste perdere.» Guardo fuori dal finestrino mentre lui continua a scalare e aumentare le marce senza senso. In autunno il lungomare di Silvi Marina ha un sapore malinconico. C'è ancora chi passeggia con il proprio cane sulla spiaggia e chi corre sulla riva o sul marciapiede. Ma i colori della sabbia e del mare sono diversi. Non troppo dorato. Non troppo azzurro.

«Non capisci. Queste partite sono importanti per testare la squadra. E poi, se vincessimo arriveremmo alla prima partita di campionato già belli carichi.»

Ha su una tuta morbida e le solite Converse che ha adottato da qualche tempo per coprire le caviglie debilitate. La carrozzella ACE è insieme alle altre sul furgoncino della squadra che ci ha preceduto verso il campo. «Torneremo tardi?» gli chiedo avvicinandomi a lui. Da qualche giorno ho un bisogno eccessivo di contatto. Lo cerco sempre più spesso. *Mi ami? Mi stimi? Mi lascerai mai? Cosa ti ho dato di speciale? Forse questa mano che ti cerca di continuo? O lo sguardo che non riesce ad abbandonarti?*

«Non so, ma che importanza ha? Tanto Giorgia tornerà a casa solo domani pomeriggio.» Per un attimo lascia con gli occhi la strada e mi guarda.

In questo momento sono tentata di dirgli tutto, di infrangere il patto che ho con Francesco e svuotarmi la coscienza dal senso di colpa che mi porto dietro. Lui mi fa un sorriso di quelli che si fanno solo quando si è tranquilli e soddisfatti e io sto per cedere. «Sei felice cha la tua squadra sia in serie A?» Lo vedo adombrarsi in un momento. Sta pensando al passato e alla pregressa carriera di giocatore professionista. Mi rincresce vederlo perso dietro qualcosa che non si può più riafferrare, ma ora ha me. E cacchio se valgo più di mille carriere.

Alcune auto ci sorpassano ora che lui si è accomodato a una velocità media. «Lo sono. I ragazzi, poi, non sai da quanti giorni stanno festeggiando. Ma...»

C'è sempre un "ma" nelle sue frasi. C'è sempre qualcosa di irrisolto o poco accettato. Adesso che anche io ho un segreto sulle spalle, ho il mio "ma" da tenere sotto controllo.

Tocco i suoi pantaloni di cotone, liscio una piega inesistente e spero ancora che qualcosa si risvegli nelle sue gambe, anche se la lesione è da tutt'altra parte del corpo. Smetterò mai di desiderare che guarisca? «Ma...?» lo invito a parlare.

«Non è come prima. Ora lottiamo in modo diverso. Quando si è in carrozzella si lotta per la partita, per chi ti ha sostenuto per arrivare da qualche parte, anche contro le limitazioni. La sfida è contro se stessi e il mondo. Giovanni, Simone e Luca sono i più incazzati del gruppo. Non te ne sei accorta dal modo in cui cambiano quando giocano una partita? Sono pronti a tritarti con le ruote.»

Scala una marcia e rallenta. Vedo Atri in lontananza, ma lui ha deciso di procedere ancora più piano. Forse perché vuole parlare, oppure perché non vuole arrivare a destinazione. Però mi piace pensare che desideri stare con me. «No, non ho notato alcun cambiamento in loro, ma sai che li frequento poco.»

«Oggi guardali bene, ascolta cosa dicono e come si parlano.»

«E Francesco? Com'è? Anche lui che può camminare cambia modo di fare?» Cosa vuole da me?

«Lui è un discorso a parte. Gioca per altri motivi.»

«Lo fa per te, per esserti accanto. Per continuare a essere tuo amico» gli dico e mi chiedo perché Davide non si sia accorto di nulla. Possibile che non abbia notato dei cambiamenti? Il loro legame si basa su un SEMPRE a vita e non si può perdere di vista un SEMPRE del genere. «Ho guardato bene te, sai? Non è una battaglia contro l'handicap perché questa sfida l'hai vinta già da tempo.»

Mi guarda con un sopracciglio alzato. «Non ricordi quando salivo sulla pertica dentata senza protezioni? Cosa diamine era se non una sfida alla menomazione? Ma ora ho te.» E il suo sorriso riempie la mia vita.

«Avevi solo bisogno di spingerti oltre il limite e capire di essere ancora lo stesso uomo.» Ma me lo ricordo bene mentre pendeva con le gambe molli e dondolanti e le braccia allo stremo. Ho ancora quel sentimento conficcato in gola. Decido di salire con la mano ai pettorali. Voglio accarezzare la parte che percepisce, quella che risponde al mio tocco, quella che lo fa sospirare quando ci poso la bocca. Il granito che reagisce alla ceramica. Rimpiango che la via non sia più lunga quando arriviamo al palazzetto dello sport.

«Tieni» mi dice allungandomi il suo telefonino. «Chiama quello scemo di Francesco e fatti dire dov'è. I ragazzi lo hanno aspettato per un bel pezzo, ma non si è fatto vedere. Non ha nemmeno avvisato. Temo che salterà anche questa partita.»

«Ne ha saltate parecchie?» Fingo una curiosità legittima, ma non lo è. Cerco elementi per capire e la promessa di stare zitta mi soffoca. *Aiutami! Non dirlo a lui!*

«Da qualche tempo ha la testa tra le nuvole. Penso sia per una donna o per il rinnovo del contratto. Quando è assente lo lascio stare fino a che non sistema le cose. Tanto, torna sempre da noi.»

Torna perché te lo ha promesso. Non è così, non questa volta, vorrei gridargli e scrollarlo fino a fargli capire che c'è dell'altro. Qualcosa di brutto che da soli è difficile combattere. «Cosa devo dirgli?» So che non risponderà vedendo il numero di Davide, ma con tutto il cuore spero che lo faccia. Gli squilli si succedono fino a che non parte la segreteria telefonica. Non lascio messaggi. «Non risponde.» Gli rendo il cellulare e mi accorgo di aver liberato un sospiro di sollievo.

«Strano. Deve essere andato a Roma per l'ingaggio con qualche squadra. Non so, dopo vedrò di parlargli.»

Scopri presto ciò che non va. Salvalo!

«Anzi no, sai che faccio, Lorenza? Lo ignoro e aspetto che sia lui a tornare e a chiedermi di giocare. So che ne ha sempre una voglia matta.»

No! Davide è troppo sicuro della loro amicizia. Non sa che gli ADP possono sgretolare la sicurezza di una vita. E io non mi sento capace di analizzare fino in fondo la sua richiesta di aiuto. Lui si sistema sulla carrozzina mentre io salto a terra dalla mia parte.

«Vabbe', avrei voluto vederli tutti pronti. Anche se salta qualche allenamento resta sempre un "leopardo" come me.» Sorride e mi fa l'occhiolino. Così si fanno chiamare i giocatori della nazionale di basket e Davide ama ricordarlo a se stesso e a me. «Raggiungiamo gli altri» mi dice, avviandosi. Lo seguo in silenzio. Io non posso dire nulla, l'ho promesso a Francesco.

Quando la squadra si chiude negli spogliatoi, io prendo posto sulle tribune. Mi piazzo in un punto qualunque, non mi importa se tra i nostri sostenitori o tra gli avversari. Non sono mai del tutto pronta a vederlo giocare. Di solito si spingono, si passano la palla con violenza, e con le mani occupate a guidare la carrozzella sono tiri micidiali. A volte sbattono con le ruote e con i castors. Si ribaltano e mi fanno saltare i battiti del cuore. Evito di chiedermi cosa potrebbe succedere se dovesse cadere in malo modo. Tante cose sono cambiate con una semplice e quasi banale caduta. Però mi tengo strette le mie paure senza poterle liberare. Davide si arrabbierebbe. Mi guardo intorno e ritrovo le mie stesse ansie negli occhi dei cari che assistono alla partita. Osservo l'entrata in campo dei giocatori e un po' della loro adrenalina mi scorre dentro. Lui ce la farà! Le carrozzine si mettono in fila per il saluto alla platea. Quelle che Davide ha comprato alla squadra sono le migliori in commercio, personalizzate e leggere. Una volta l'ho provata. Addirittura mi è sembrata più maneggevole di quella di Giorgia. Mi preparo a quaranta minuti di batticuore e respiri intensi.

In campo Davide è il leader, il capitano, il *pivot* tutto fare. Attacca, difende, dirige. Un po' come nella vita.

«Oggi se le danno di brutto» mi dice una donna sedendosi al mio fianco.

«Quando mai non lo fanno?» le sorrido.

«Il mio è il 23 rosso» indica un giocatore con al viso una maschera proteggi setto nasale in movimento per il campo.

«Il mio è il dieci» le rispondo e con il dito punto Davide. E mi scoppia il cuore ogni volta che posso vantamene. «Siamo avversari» ma le sorrido ancora di più, non sentendo nessuna animosità verso la donna di un uomo come il mio. Mi piace da morire poter pensare, dire e affermare che lui è mio. È possesso, certo. Possesso di un uomo che non si lascia possedere mai del tutto. La donna si alza quando il suo 23 tira a canestro e sbaglia. Si tappa la bocca con una mano quando l'uomo viene spinto e cade da un fallo che l'arbitro fischia con forza.

«Non lo farei giocare, se fosse in mio potere» mi confessa cercando alleanza e comprensione.

«Io non sono d'accordo. Sono adulti ed è uno sport. I rischi ci sono così come nella vita di tutti i giorni.» Raccolgo la borsa che avevo poggiato a terra e me la stringo al petto. Davide senza basket sarebbe un Davide diverso. Sto stringendo la borsa come faccio con Giorgia quando ha paura o nostalgia del centro di accoglienza. Non lo credevo possibile, ma ci si affeziona anche alla vita di comunità. «Stanno solo giocando» mi trovo a dire ma non ne sono del tutto certa.

La sconosciuta mi guarda fisso, un po' sorpresa da ciò che ho detto. «Non lo capisce che è un risarcimento?»

Me ne sto zitta, non volendo sostenere una conversazione del genere, non quando Davide rimprovera i suoi giocatori e li spinge a dare di più. Chiede il loro sangue.

«Non hanno autonomia nel corpo e pretendono che il mondo si pieghi perché hanno subito un'ingiustizia. Non so il tuo com'è, ma il mio… vuole essere risarcito anche in termini di rapporto con gli altri. Gli spetta ogni cosa. Ogni sofferenza altrui è un nulla perché lui non può camminare.»

È un concetto strano che non voglio approfondire. Io lo chiamerei egoismo.

«Vuole e pretende tutto, a volte non perché ne ha bisogno ma perché gli spetta di diritto.»

Sono confusa, mi muovo infastidita sulla sedia di plastica incastonata nel legno degli spalti. Guardo Davide *toccare* la palla. Lui vuole essere risarcito? In che modo? Cosa posso dargli io di speciale?

«Se ne avessi la forza, lo lascerei. Ma questo non è contemplato in un rapporto come il nostro. Non si lascia un disabile. È abbandono.»

Non voglio conoscere i problemi altrui. Ne ho già tanti di miei. Eppure non riesco a impedirmi di chiedere. «Ti tratta male?»

«Sono il suo straccio. La sua badante. Quella su cui passa come un carrarmato perché lui ha subito più di me.»

Un risarcimento emotivo. Ecco di cosa parla la donna. Ma Davide non è mai stato così. Davide non mi ha mai… Davide non l'ha fatto. Non voglio capire. Per fortuna, il telefono squilla e mi salva da confidenze che non ho cercato né apprezzato. «Scusa, devo rispondere» le dico e mi alzo per andare in un posto più silenzioso. «Pronto?» mi chiudo un orecchio con una mano per escludere del tutto il rumore della partita. Sento solo respiri veloci, un rantolo.

«Aiutami, sto male.»

Aiutami! Ciò che avevo cercato di dimenticare torna con prepotenza.

«Francesco!» Corro lontano dalla struttura sportiva e cerco qualcosa da dire. «Dove sei?»

Altri respiri, altri gemiti, ora meno controllati. «A casa» risponde sottovoce e con un tremore evidente.

«Hai una crisi d'ansia?»

«Sto per morire.»

«Non dire così. Chiamala con il suo nome. Crisi d'ansia. È ansia, solo quella. Il malessere è dovuto all'ansia. Accidenti!»

«Perché anche tu non mi credi?»

«Perché sono certa che non morirai. Ma se ti senti tanto male devi chiamare il pronto soccorso. Non restare solo, telefona a qualcuno. I tuoi genitori sarebbero…»

«No, no, non voglio.»

Non dirlo a lui!

Sta piangendo? Sta pregando? Lo capisco da come il respiro si spezza, dalle parole appena accennate.

La pena si mescola al fastidio. «Ascoltami. È ansia e l'ansia non uccide. Ora sono con Davide ad Atri. Sta giocando la prima amichevole. Appena torno vengo da te, ma tu non fare nulla di… insensato.» Cacchio, alludere a eventuali atti suicidi non è proprio il massimo. «Prendi i farmaci e rilassati. Chiama il tuo dottore e chiedi se puoi assumerne una dose aggiuntiva, dato che gli effetti non si vedono. A volte le crisi scompaiono per mesi, oppure spariscono e non tornano più.»

«Ne ho avute tre, quest'oggi.»

Mi stringo la fronte con il palmo della mano. Deve essere stremato, lo immagino quasi al collasso. Gli ADP non tolgono la vita ma la forza di vivere, la lucidità. «Aspettami. Vengo da te prestissimo.» *Dammi ciò che hai dato a lui! Non posso dare a Francesco tutta la mia disponibilità. Quella è di Davide. È forse questo che mi sta chiedendo?*

«Non dirlo a... nessuno» insiste.

So che il nessuno a cui si riferisce è Davide. Ho deciso di accollarmi questa situazione. In verità, ci sono capitata dentro senza volerlo. Con la promessa di andare a casa sua ho infranto tutti i limiti tra utente e assistente sociale. Ho sulle spalle il suo benessere. Ho sul cuore il suo malessere. E sono senza Davide, senza impronte, senza Thun e Pieris.

CAPITOLO CINQUE

Hanno vinto e anche alla grande. È stato lampante che i più incazzati fossero i giocatori di Davide e anche i meglio affiatati. Per tutto il tragitto di ritorno, lui non fa fatto altro che parlare della vittoria e di come Simone abbia sostituito a meraviglia Francesco.

«Bene» dico soltanto quando il suo monologo finisce e spero che quest'unica parola basti a dimostrare che ho ascoltato e che non ho altro che lui nella mente. Ma ce l'ho. Ho il tono di voce del suo amico fisso in testa. Quei mozziconi di preghiera appena sussurrati ancora nelle orecchie. I respiri spezzati che mi hanno fatto temere il peggio. Immagini strane che mi creano fastidio. Prendiamo l'asse attrezzato che da Montesilvano porta a Chieti Scalo. Corre e io sono in ansia. Non posso dirgli di andare più veloce perché va già oltre il limite consentito. Penso a quale scusa usare per uscire di casa, ma non mi viene in mente nulla.

«Hai visto quante palle *vive* ho creato?»

In realtà non ho ancora ben capito la differenza tra palla *viva* e *morta*, ma gli sorrido e annuisco. «Vuoi vincere a tutti i costi, Davide» Poi ho un pensiero strano che non mi aveva mai sfiorato la mente prima d'ora. «Vuoi un risarcimento attraverso la vittoria?»

«Risarcimento? Ho già avuto i soldi dell'assicurazione, ricordi?»

Ma io parlo di qualcosa di diverso. Di uno stato d'animo in cui si vuole tutto solo perché si è vittima di una fatalità. Una specie di: "la vita mi ha fregato e io prendo tutto ciò che posso dal mio prossimo." Io sono mai stata per lui solo una rivincita? Cosa ti do io di speciale?

Passa per Chieti Scalo e poi sale da Tricalle. La luce dei lampioni della città alta è di un caldo color giallo e non bianca come le illuminazioni di recente impianto che un po' snaturalizzano le case e i vecchi mattoni del centro città. Rifletto su come comincio a vedere Chieti e a viverla così come facevo a Modena, la mia città natale. Mi sento a mio agio in entrambe, e vorrei lasciarmi andare alla dolcezza di questi pensieri, ma la promessa fatta a Francesco mi tiene sulle spine. Salto giù dalla macchina che non è ancora ferma del tutto. Apro il portoncino e accendo solo la luce dell'ingresso. Raccolgo le chiavi della mia auto e mi giro. È ora di dire quella bugia che non ho ancora inventato. Spero che il chiarore della lampada alle mie spalle non gli permetta di vedere la mia espressione.

«Dove devi andare?» È sulla rampa di accesso che aggira i tre gradini dell'ingresso.

«Vado da Gisa a prendere delle cartelle di cui ho bisogno domattina. Lei arriverà tardi al lavoro.» Dico tutto in fretta e senza esitazioni. È così che vanno dette le bugie, con più convinzione della verità. È a fin di bene, mi rassicuro, ma per un attimo vorrei poter dire: "Svegliati e vai a vedere perché il tuo amico non risponde alle chiamate, salta gli allenamenti e le partite e non ti cerca da giorni. Forse settimane". Invece lo rassicuro con un semplice: «Tornerò presto.» Faccio qualche passo in avanti, ma lui mi imprigiona la mano.

«Peccato, questa sera siamo soli, senza Giorgia. Avrei tanto voluto festeggiare con te la nostra prima vittoria.» La sua voce è un panno che mi stringe il cuore. Il suo palmo è caldo oltre il normale. Non è più di granito, ma di caldo acciaio cromato scaldato dal corpo, come i tubi di titanio che lo sorreggono. Però, in questo momento, non posso essere per lui quella ceramica che ha colonizzato la sua casa. Devo correre, per poter tornare più in fretta.

«Fammi vedere.» Gli tiro su la mano. Quando gioca o esagera con l'uso della carrozzina, il callo diventa rosso e un po' gonfio. Scommetto anche dolorante, ma non si lamenta mai. Gliela stringo, tocco i bordi morbidi e poi la fascia dura e screpolata. «Metti la pomata, mi raccomando.» Pensa a me e non lasciarmi andare. E poi lo lascio, ma non prima di aver baciato con un bacio leggero il punto in cui penso si concentri il dolore: un po' vicino al pollice, dove la pelle è rossa e una bollicina di sangue si gonfia sotto il mio polpastrello.

«Ti aspetterò sveglio, Lorenza.»

Ho la sua voce con me, la sua presenza attorno, le impronte di nuovo stampate su tutto il mio essere. Metto in moto e mi avvio piano. Non voglio che noti la fretta che mi divora nell'andare via. Ma poi corro. Corro così tanto che ho paura di farmi male. Chissà se questa emozione che sento ha la stessa forza di quella di Francesco durante una crisi? Non credo, per il semplice fatto che io posso scegliere di frenare. Lui non può scegliere semplicemente di stare bene.

In via Rovigo c'è sempre parcheggio. La palazzina dove abita Francesco è stata ripitturata da poco di un rosa antico e gli appartamenti hanno dei bei balconi. Eppure l'idea che lui si affacci da lì in piena crisi mi mette i brividi. Ho la felpa incollata alla schiena. Per tutto il tragitto ho guardato dallo specchietto retrovisore come se mi aspettassi di vedere l'auto di Davide dietro la mia. Ma non mi sta seguendo perché lui ha piena fiducia in me.

Suono il citofono e mi guardo attorno. *Cavoli, fammi entrare!* Il portone si schiude e io attacco le scale, a tratti veloce, poi lenta. Giungo al secondo piano e mi fermo davanti alla sua porta. Ho paura di ciò che potrei trovare. Ma ho molta più voglia di andarmene. Premo con delicatezza il campanello. Voglio mettere premura anche nel suonare, nel non invadere i suoi spazi con rumori molesti. Voglio entrare in punta di piedi.

Quando lui apre la porta, riconosco i segni del terrore: occhi cerchiati e palpebre gonfie e sbarrate. Una maglia stropicciata e bagnata dal sudore in più punti. Capelli spettinati. Guance scavate. Respiro a singhiozzo.

Dammi ciò che hai dato a lui! Penso di averlo immaginato, sì. Francesco non può avermi detto una cosa del genere.

«Come stai?»

Guarda a terra e non so se lo fa per vergogna oppure per nascondere il malessere.

«Posso entrare?» Mi faccio forza e muovo mezzo passo in avanti

Si fa subito indietro e io guadagno l'ingresso. Ha acceso le luci in ogni stanza ma non sarà il chiarore a evitare il ritorno delle crisi.

«Hai chiamato il dottore?»

Scuote la testa e, mentre passiamo in cucina, raccoglie uno strofinaccio da terra, sposta un piatto sul tavolo, raddrizza una sedia fuori posto.

«Non sarebbe una cattiva idea se facessi un ricovero per fare tutti gli accertamenti del caso.» Ma so già che non andrà. Ha paura che possa accadergli davanti agli altri, o in un posto sconosciuto. Mi siedo e aspetto che lui si fermi da qualche parte e che mi guardi. Non lo fa. Si muove per un tempo indefinito. «Francesco?» E poi lui si siede davanti a me. Quanto basse possono essere le spalle di un uomo sofferente! Quanto può essere segnata la pelle di una persona che si sta perdendo!

Aiutami!

«Che mi succede?»

Non mi guarda mai, preferisce osservare gli oggetti della sua casa, le punte delle sue scarpe slacciate, più familiari e tranquillizzanti.

«È un disturbo, a volte un sintomo di una situazione che ci va stretta. Non so… ma di una cosa sono certa: devi parlare con uno specialista. I farmaci faranno effetto ma bisogna capire la causa, non solo curare il sintomo.»

«Non sono pazzo.» E la paura gli sta seduta accanto.

« Lo so, se lo fossi non ti avrei proposto questo tipo di percorso.» Gli sorrido e con lo sguardo gli chiedo di non mollare. Che SEMPRE saresti se ti buttassi giù?

«Non riuscirò ad andarci, io…» Quelle mani, che tirano con precisione la palla a spicchi, tremano. Quelle dita, che fanno ruotare la carrozzella quando gioca con la squadra di Davide, sono contratte e rigide.

«Ti accompagnerò io. Non sarai solo. Ti porterò e riporterò a casa. Starò con te fino a che non ti sentirai tranquillo. È tutto ciò che posso offrirti» e spero che accetti perché non ho altro. Intercetto i suoi occhi disorientati.

È questo che ho dato a Davide? La mia intera devozione? È ciò che vuole anche Francesco?

«Non glielo hai detto, vero?»

Scuoto la testa. «Non sarebbe negativo coinvolgere Davide. Ti saprebbe aiutare molto meglio di me.» E io ne ho bisogno.

«No, non posso, non con lui.»

«Non capisco. Siete amici da una vita e sei stato proprio tu ad aiutarlo nel momento dell'incidente. E anche dopo. Anche ora lo fai, giocando in carrozzella con lui ogni partita. Permettigli di renderti il favore e permettiti di appoggiarti a qualcuno. Dio, lo conosciamo bene entrambi, lui saprebbe...» SEMPRE. Ricordati del SEMPRE.

Mi fermo. Il suo sguardo esprime un rifiuto categorico, anche se nulla nel suo viso si è mosso. Riprendo fiato e compostezza. «C'è qualcosa che ti tiene in ansia? Qualche situazione in sospeso?»

Si prende la testa tra le mani e perdo il contatto con i suoi occhi. È una fuga e io devo lasciarlo andare. Mi ha ammesso nei suoi spazi personali nel momento di maggiore vulnerabilità e deve bastarmi, per adesso. Anche se ho fretta di arrivare alla soluzione, non posso fare un passo in più. «Va bene. Stai un po' meglio, ora?»

Il "sì" è così debole che forse l'ho solo immaginato, tanto volevo sentirlo. «Domani prenderò appuntamento con lo psicologo e poi ti farò sapere il giorno e l'ora, ma tu rispondimi al telefono. Davide ti ha chiamato, quest'oggi.» Non gli dico che sono stata io. «C'era la prima amichevole pre-campionato» gli racconto per vedere se qualcosa in lui torna ad accendersi. Il basket è la vita di Francesco. Il basket era ed è la vita di Davide.

«Hanno vinto?» risponde e io sorrido.

Vincere è l'unica cosa che conta. Non importa se hanno dato il massimo e garantito un bello spettacolo agonistico. Importa il risultato e i punti sul tabellone. «Sì. Davide si è vantato per tutto il viaggio di ritorno. Diceva che aveva creato tante di quelle palle vive che non ne potevo più.»

Anche Francesco accenna un sorriso. In altri momenti l'avrebbe sfottuto, ma non oggi. Non ora.

«Non riesco a giocare in queste condizioni» ammette.

Annuisco e torno seria. Quel maledetto sorriso non ha nessun valore adesso che lui soffre. «Mi sembra logico. Come farai con la tua squadra? E con la nazionale?»

«Non è un problema. Non lo è.» Si alza di scatto, fa un passo a destra, due a sinistra e poi torna indietro. «Non è un problema.»

«Lo psicologo potrebbe certificare il tuo stato momentaneo e giustificare le assenze...»

«Non è un problema» grida. E io vedo di nuovo quello scatto felino che ha avuto nel mio ufficio. *Dammi ciò che dai a lui!*

«Meglio così.» Non mi resta che cedere. Si è di nuovo irrigidito. È una scopa alta quasi due metri. «Ti chiamerò domani.» Mi alzo e recupero la borsa. Mi irrigidisco quando Francesco mi guarda disperato e so che vuole che resti a fargli compagnia. Ma non me lo chiede e io, comunque, non potrei restare. *Non posso darti tutto il mio tempo. Quello è di Davide.* «Passerà molto presto. È una promessa.» Mi avvio e non aspetto che mi apra la porta ma, da sola, varco l'uscio e comincio a scendere. Non sento lo scatto di chiusura. Deve essere fermo a guardarmi andare via. Non ho il coraggio di voltarmi e vederlo ancora rigido, scopa senza appiglio. Solo quando sono sull'ultima rampa di scale, al di fuori della sua vista, corro verso il portone, verso l'auto, verso le mie amate impronte e i Thun di ogni forma e colore. Verso Davide.

Non mi ero accorta che fosse così tardi. Lo capisco dall'assenza di traffico, giro sola alle rotatorie di cui Chieti è troppo piena. Sono quasi le due. Eppure io e Francesco abbiamo parlato poco. Il nostro incontro è trascorso quasi del tutto in silenzio. Parcheggio al solito posto. Davide mi ha lasciato una luce accesa nell'ingresso. Non faccio rumore passando per le stanze. Mi spoglio e scivolo accanto a lui. Mi sistemo nel modo che preferisco: alle sue spalle, con la faccia schiacciata sulla sua schiena e la bocca incollata alla spina dorsale. Ci soffio un po' di fiato e mi viene da pensare: guarisci, ma non si guarisce con un soffio, né con un bacio. Forse neanche con una preghiera. Lui sospira e io sorrido. Questo è il modo in cui anche lui ama dormire.

«Non mi hai aspettato» lo accuso sottovoce ma lo stringo tra le braccia. Saperlo vicino mi basta.

Cosa ti sto dando? La mia vicinanza? Il calore della mia pelle? Un posto comodo in cui riposare? No, sei tu che lo stai dando a me.

CAPITOLO SEI

«Hai il ciclo.»

Ho in mano l'assorbente sporco, lo arrotolo e lo metto nel sacchetto dal quale ho estratto quello pulito. Lancio il pacchetto ben sigillato nella pattumiera in bagno e faccio un canestro perfetto. Davide è il campione delle palle vive, io quella di canestro di assorbenti. Mi guarda quasi schifato. Uff, uomini. Questo per loro è un sangue diverso. Uno più sporco rispetto a quello delle ferite. Mi stringo nelle spalle e comincio a lavarmi le mani. Lui inizia a radersi.

«Mi capita più o meno una volta al mese, sai?» lo sfotto e lo guardo. Al rasoio elettrico preferisce lama e schiuma con crema idratante finale. Non è la prima volta che mi fermo a guardarlo. Oggi è uno di quei giorni. Mi siedo sul bordo della vasca da bagno e aspetto che lui inizi il rituale. Anche mio padre faceva lo stesso, ma con un sottofondo di musica alla radio. Lo guardavo, al mattino, quando insonnolita faticavo a tenere gli occhi aperti. Seduta sul water cercavo la forza di lavarmi per andare a scuola. Restavo immobile per una vita fino a che non arrivava mia madre e mi lavava.

«La schiuma da barba è in offerta alla Coal. Domani te la prendo.» Seguo attenta mentre si cosparge la mandibola.

«Non cambiare discorso, Lorenza. Hai ancora il ciclo.»

Sbuffo e minimizzo, non voglio iniziare una discussione impegnativa. Preferisco stare zitta e ferma come se avessi ancora sei anni. Sono una donna con la volontà di una bambina. «Non fa nulla, sarà per il prossimo mese. Non abbiamo fretta, vero?»

Si massaggia il viso cercando di ammorbidire i peli grossi. A volte si lamenta tagliando quelli sopra il labbro superiore, sotto il naso. Sono così spessi e folti da riempire tutti i pori della pelle.

«Penso che dovremmo iniziare a considerare il suggerimento del dottore e fare qualche stimolazione farmacologica.»

«No, dai, non ancora. Diamoci tempo. Tu sei impegnato con la palestra, il club e la squadra. Io con il lavoro e con Giorgia. E poi stiamo insieme da poco e sono così tante le cose che ancora vorrei fare con te, in tutta libertà.»

Si ferma, mi guarda dallo specchio. Il contrasto tra mento bianco e capelli scuri è netto. Ha un po' di mio padre. Un ché che tutti i padri hanno quando si fanno la barba. Non ignoro che mi sta chiedendo di costruire qualcosa di indissolubile. Un qualcosa nel nostro domani. Quel qualcosa avrà voce in capitolo nella nostra storia. Un figlio è ciò che mi sta chiedendo.

Sembra stupito quando mi chiede: «E quali sono queste cose che vuoi ancora fare con me?»

Mi tolgo le ciabatte e affondo i piedi nel tappeto color crema, folto e morbido. Lui riprende a radersi e, striscia dopo striscia, la pelle torna visibile. Scorgo lo zigomo mentre faccio una lista mentale.

«Allora» mi trovo a dire sottovoce, senza neanche rendermene conto. «Vorrei andare a New York nel periodo natalizio. Tanto tu non hai alcun problema a prendere l'aereo.» La basetta vicino all'orecchio destro viene regolata con un taglio netto. Piego un po' la testa di lato per guardarlo meglio dallo specchio. «Vorrei andare a trovare i miei genitori molto più spesso di quanto faccio. Magari potrei portarci anche Giorgia. Chissà se le piacerebbe viaggiare in treno?»

La lama raggiunge il collo, Davide alza il viso e distende la giugulare. Il rasoio taglia con facilità i peli che, lì, sono più radi.

«Mi piacerebbe vederti vincere tutte le partite del campionato.»

Lui si ferma e i suoi occhi si fanno grandi e un po' disorientati. Riesco a vedere il mezzo busto riflesso nello specchio e la schiena imponente davanti a me. Ha un asciugamani sulle spalle e a torso nudo è bellissimo. È questa l'immagine familiare che vorrei conservare per sempre. Anche Giorgia, quando è con noi, gironzola intorno a Davide e lo osserva. Chissà se custodirà il ricordo di lui che si rade, così come io ho quello di mio padre. «Magari porterai la fiamma olimpica per l'Italia. Non si può mai sapere.»

Un sorriso spunta in mezzo alla schiuma mentre riprende a radersi nel punto in cui il pomo d'Adamo si muove. «Vorrei avere un po' di tranquillità, ma con te, so già che tutto è relativo.» Il suo mento spunta levigato e lucido. «Mi piacerebbe passare del tempo in montagna e fare lunghe passeggiate, ma tu lì non puoi venire con la carrozzella a meno che non ne fai arrivare una adatta da qualche parte del mondo.» Non è detto che non l'abbia già ordinata. «Vorrei avere la certezza che il nostro legame sia per sempre.» Granito e ceramica.

Lui stringe le labbra ed è più dolce nel passarvi attorno la lama. Guarda in modo alternato me e se stesso nel riflesso dello specchio.

«Voglio ricordare il nostro matrimonio»

Il rasoio passa di nuovo sulle zone già pulite a cercare una perfezione che lui è solito mettere in ogni azione.

«Voglio capire come aiutarti a ritrovare del tutto i tuoi genitori. Vi siete riconciliati, ma c'è ancora qualcosa che... Non so, forse è solo una mia impressione.» Muovo i piedi e con le mani mi tengo al bordo della vasca. Ormai vado a ruota libera, senza rendermi conto di cosa esce dalla mia bocca e dal mio cuore. «Vorrei capire se sei davvero felice con me o se ti stai accontentando perché pensi di non poter ottenere di più.» *Cosa ti do di speciale?*

Si volta veloce e cerca di parlare, ma io lo fermo con un gesto e sono certa che lui abbia capito dal mio sguardo che non accetterò spiegazioni. Non adesso. «È la mia lista, ricordi? Posso metterci di tutto e tu sei tenuto a non controbattere.» *Non guardarmi come se fossi addolorato o incerto. Sono queste tue espressioni che mi mandano in crisi.*

Torna a voltarsi verso lo specchio. Sciacqua la lama e comincia a tagliare la barba sopra il labbro, nel punto in cui gli fa più male. Dà piccoli colpi e socchiude gli occhi.

«Vorrei quel figlio che ancora non arriva.»

Dammi ciò che hai dato a lui!

No!

Davide lascia la lametta nel lavandino e si gira del tutto verso di me. L'asciugamano è scivolato giù da una spalla. «Vorrei trovare una soluzione definitiva per Giorgia. Voglio che lei sia felice.» Non importa se con i pollici in fuori. A lei non interessa la posizione delle sue mani, ma al mondo esterno sì.

Davide non si sciacqua la faccia, non si muove. La mia lista dei desideri deve averlo turbato. Mi alzo e mi avvicino. Strizzo una spugna e poi gliela passo sul viso togliendo i residui di schiuma e peli. Ho la possibilità di toccarlo come voglio e questo potere mi manda in orbita. «Vorrei poter fare ogni cosa con te, ma solo se anche tu lo vuoi.» Gli pulisco il contorno delle labbra, quasi disegnandole con la spugna. Gli tampono il viso e poi lo spalmo di crema dopobarba. Gli rubo veloce un bacio, prendo sulla punta della lingua un po' di crema non ancora assorbita e mi allontano. «Devo andare a lavorare» sussurro e mi stacco da questo momento così intimo. *Vorrei aiutare Francesco e rendere questo segreto insignificante. Vorrei non fosse mai venuto nel mio ufficio!* Non lo dico a voce alta. Questo è il mio oggi: affrontare il problema di Francesco.

Faccio qualche passo, ma lui mi chiama prima che abbia abbandonato il bagno. «Aspetta.»

Non mi giro, chissà perché ho il magone.

«Non dimenticare questo elenco. Scrivilo, registralo ma non dimenticarlo mai. Io non lo scorderò.»

Non rispondo. Come potrei cancellarlo se è scritto sul cuore?

CAPITOLO SETTE

Ha fatto un elenco delle cose che potremmo fare insieme. Cose più o meno fattibili per me. In realtà per noi. Tranne che portare la fiamma olimpica che mi sembra un po' esagerato, ma mai porre limiti alla provvidenza. È il suo modo per dirmi che sono forte, un campione.

«Antonella, quanti ne abbiamo nel nuovo corso di riabilitazione?»

La fisioterapista che mi affianca nella gestione del centro sportivo controlla la cartella. È un momento di pausa che rendiamo operativo sfruttando ogni attimo. «Otto bambini di età compresa tra i sei e i nove anni, e quindici tra i dieci e i quattrodici anni.»

Dovrei decidermi a dare una mano di vernice al corridoio e agli uffici, ma le cose da fare sono tante e non riesco a stare dietro a tutto. E poi, ho l'elenco di Lorenza da realizzare. Lei non lo sa, ma farò di tutto per rendere concreto ogni punto. Be', le olimpiadi non sono poi così lontane. Sorrido e mi rendo conto che Antonella mi sta guardando incuriosita. «Abbiamo bisogno di un altro terapista. Con i minori che seguiamo ci andiamo pari. Quando arriveranno quelli nuovi sarà un bordello. Conosci dei colleghi disponibili?» le chiedo mentre mi accomodo sul lettino. Ho la mia terapia quotidiana da fare. Ultimamente la salto troppo spesso. Se Lorenza venisse a saperlo mi porterebbe il muso per giorni. Oppure mi costringerebbe a sdraiarmi e a farmela da solo.

«Un paio, ma sono impegnati con le cliniche private. Non so se hanno spazio per darci una mano» mi risponde seria.

Mi isso sul lettino che scricchiola e sento i bicipiti gonfiarsi. Sono ancora più massicci del solito. Sono disarmonico e a volte temo che lei, guardandomi, provi ribrezzo. Mentre mi stendo avverto l'odore tipico della palestra, a cui sono abituato e che spesso non sento neanche più: plastica e sudore, mi sono familiari.

Antonella comincia sempre la terapia con una serie di respiri articolati. Anche se non ne ho voglia, la seguo. A volte respiro così tanto che mi gira la testa. Mi scopre i piedi e controlla la presenza di eventuali ematomi o arrossamenti nei punti dove c'è maggiore pressione e il sangue circola con difficoltà. Poi, manipola le dita con sicurezza.

«Basterebbe anche qualcuno con un minimo di esperienza in campo di allenamenti. Potrei impostare gli esercizi e fare solo una supervisione. Magari un laureando oppure… non hai qualche componente della squadra che ha tempo per darci una mano? Almeno fino a che non troviamo uno competente?»

Le griglie di aereazione sono impolverate. Mi ricordo della loro esistenza solo quando sono sdraiato sul lettino. Ogni volta mi riprometto di chiamare la ditta di pulizie, ma puntualmente me ne scordo. Antonella sale con i palmi e comincia a ruotare la caviglia.

«Magari Giacomo può essere interessato. Simone è troppo preso dalla ragazza di turno per dare importanza al lavoro e Francesco è in giro, da qualche parte, forse a Roma. Lo stronzo deve avercela con me per qualche motivo, mi tiene il muso come un bambino. Prima o poi lo sbatto fuori dalla squadra.» Ridacchio perché non lo farò. «Il Torino, l'anno scorso, gli ha fatto un'ottima offerta, ma lui ha rifiutato. Non ama cambiare compagni di squadra, allenatori e città. Il suo agente era nero di rabbia. Chissà quest'anno con chi giocherà. La Tor Vergata pro ha un buon potenziale, forse può essere il suo futuro ancora per un anno.»

«A trentatré anni sei vecchio per la nazionale» sostiene Antonella.

Lo so ma non confermerò ciò che lei sa per certo. La fine di una carriera è sempre difficile. Distendo le braccia dietro la testa, le lascio pendere mentre i muscoli lombari si allungano. Antonella mette molta attenzione nel ruotare le ginocchia. È una parte delicata e soggetta a deterioramento. «Pubblicherò un annuncio sul quotidiano locale oppure chiederò a un'agenzia interinale.»

La porta si spalanca e il faccino di Giorgia mi sorride.

«Non hai bussato, patatina» la riprendo ma le sorrido di rimando. Filippa l'ha riaccompagnata in palestra come da accordi con il Servizio Sociale e ora è sulla porta, immobile. Si guarda in giro in cerca di Lorenza e poi abbandona il suo atteggiamento scontroso quando si accorge che non c'è.

«Ciao» mi dice e con gli occhi scivola sul mio corpo.

Mantengo l'attenzione su Giorgia. Non mi importa se la madre adotterà un atteggiamento seduttivo nei miei confronti. Io ho un'altra donna. Registro con fastidio che neanche Filippa ha chiesto il permesso per entrare e così facendo le ha dato un cattivo esempio. «Ciao, tutto bene?» chiedo vago.

«Come sempre.» Poi fa un passo indietro ma continua a tenere gli occhi su di me mentre parla. «Alla prossima settimana, Giorgia.» Le dà un bacio veloce e mi viene il dubbio che glielo abbia dato solo per farsi vedere da noi.

«Giochiamo ancora un po', mamma?» le chiede Giorgia e so che sta tentando di trattenerla in qualche modo. La speranza in quella voce dolce mi fa infuriare così tanto che strappo la carta protettiva sul lettino con un colpo secco. Con gli occhi chiedo a Filippa di accontentarla e mi sento persino sul punto di supplicarla. O di insultarla.

«No, devo andare. Magari un'altra volta.»

Non resterà. Le ha risposto in modo tranquillo ma non l'ha mai guardata in viso, troppo presa a osservare me. Giorgia ci resta male e io mi infurio. È sempre così quando mi accorgo dell'indifferenza di Filippa verso la figlia.

«Vieni da me, Giorgia» le dico con il cuore stretto. Le darò il doppio dell'affetto di cui ha bisogno un bambino. Il triplo di baci e il quadruplo di abbracci. E giocheremo una settimana intera pur di compensare quel bisogno che la madre frustra ogni volta. La bimba si spinge fino al lettino. La sua faccia rotonda arriva al bordo, vicino alla mia. I suoi occhi sono tutti per me.

«Fai i muscoli?» mi chiede. Ha i capelli un po' in disordine ma gli occhi sono belli. Giorgia e Lorenza hanno iridi che fanno girare la testa quando le si guarda a lungo. «Sì, dopo anche tu devi fare un po' di allenamento» le ricordo. Antonella è concentrata nell'impastare i miei quadricipiti ma so che sta ascoltando.

«Voglio fare un disegno, Davide.» La bambina è un vulcano sempre in movimento. Va verso la scrivania e apre i tiretti dove ripongo la carta e i colori che le ho comprato.

«Giorgia, impugna il colore come facciamo di solito» le ricorda Antonella, nel vedere il pugno chiuso e i pollici all'infuori. Ogni volta che torna dalle visite con Filippa è come se avesse dimenticato le nostre regole, le raccomandazioni e gli esercizi e tutto ciò che facciamo per aiutarla. Regredisce e ci tocca ricominciare daccapo. Mi riprometto di parlarne con Lorenza e con Micaela che la tiene in carico al dipartimento di servizio sociale.

«Sei andata all'asilo stamattina? Raccontami qualcosa. Cosa hai fatto insieme a Filippa?» Ma Giorgia parla sempre poco di come passa il tempo con Filippa. Forse teme un rimprovero. Oppure ha paura di tradire il nostro affetto se si diverte anche con altri. Magari anche con Filippa tace le cose che fa con noi. Torna vicino al lettino con in mano il foglio. Si sporge verso la mia faccia e appoggia il nasino sulla mia guancia. Mi odora, mi sfiora, mi fa sciogliere per il solo contatto con quel centimetro quadrato di pelle.

«Ti piace?» Giorgia mi sbatte quasi il foglio in faccia. È una macchia rossa non ben definita. «Ho disegnato un cuore» chiarisce.

Come potrebbe non piacermi? «Certo, tesoro, è molto ben fatto.»

«È per Lorenza.»

Chiudo gli occhi forte per nascondermi dallo sguardo di Antonella, dal disegno di Giorgia e dalla piccola ancora al fianco del lettino. Il suo benessere è nell'elenco di Lorenza, tra le cose importanti che desidera realizzare. Anche un figlio nostro è uno dei tanti punti. Apro gli occhi e so che sono un po' lucidi. Chissà se il mio torace ce la farà a contenere tanta emozione. «È un bellissimo cuore. Le piacerà parecchio» le dico e vedo che si è rasserenata. Forse il pensiero di Filippa che va via è già scomparso in lei.

«Chi c'è di là?» chiede e si muove veloce sulla carrozzina che le ho comprato da poco. Si affaccia curiosa sulla soglia dello studio ancora aperto. Chiunque passi può guardarmi sdraiato e mezzo nudo, ma non me ne curo. Lei parte a razzo verso l'area allenamento. Darà fastidio a tutti, lo so, ma le permetterò di farlo, perché il suo cuore per Lorenza è bellissimo.

Sei sulla sua lista, non avere paura, piccolina.

Quando incontro gli occhi di Antonella capisco che lei ha visto troppo. Solo una donna con figli e famiglia a carico può capire fino in fondo cosa provo, e lei ce li ha. Sa di che colore è l'affetto e ha il rosso e la forma della macchia che Giorgia ha disegnato per Lorenza.

CAPITOLO OTTO

Ho portato Giorgia all'asilo, ho timbrato il cartellino all'ultimo secondo utile, ho preso un caffè con Gisa e Micaela e poi sono uscita così in fretta che ho quasi sbattuto contro le porte scorrevoli del dipartimento di servizio sociale. La mia macchina è nel parcheggio. Mi ci dirigo svelta. Da Chieti Scalo dovrò risalire a Chieti alta e alle nove di mattina il traffico è ancora intenso, anche se meno caotico di quello delle otto. Cerco di guidare rilassata, ma non lo sono. Ho chiamato Francesco tre volte e non mi ha mai risposto. Mi ritrovo con una strana rabbia in pancia. Cavoli, io rischio, invento scuse con Davide, corro a casa sua in piena notte, e lui che fa? Non mi risponde. Be', ora sono qui davanti casa e, volente o nolente, lo trascinerò dallo psicologo. Premo il pulsante del campanello mentre mi annodo i capelli sulla nuca. «Rispondimi, cacchio! Starò qui fino alla fine del turno di lavoro, lo giuro. Brucerò il campanello a furia di tenerlo premuto e spaccherò il portone. Anzi, peggio, racconterò tutto a Davide» minaccio il quadro dei pulsanti. Mi libererò di te nel peggiore dei modi, penso e mi sento cattiva e brutta.

«Mi scusi, signorina, devo passare.»

Mi giro nell'udire la voce di una donna. «Scusi lei.» Mi faccio da parte e la donna apre il portone con la sua chiave personale. Prima che la possa richiudere mi intrufolo e la donna mi guarda accigliata. «Posso entrare? Il mio amico non risponde al citofono, deve essersi guastato e io…»

È dubbiosa, ma non mi sbatte fuori. Inizia a salire lenta e io mi accodo, però al quarto gradino la sorpasso, salgo svelta, quasi di corsa. L'ansia mi divora e non è un bene. Arrivo al secondo piano con il fiatone. E se non fosse in casa? Eppure gli ho comunicato questo appuntamento due giorni fa. Lo aspettavamo entrambi. Suono di nuovo il campanello. Una. Due. Tre volte. Batto un colpo con il pugno chiuso. «Stronzo!» lo dico sottovoce e lo penso forte. Non correrò più da lui. Non mi farò carico delle sue paure, non… ma quando la porta si apre, rinnego ogni pensiero. Pelle livida, volto sudato, un tremore che lo attraversa tutto. «Francesco.»

«Non posso farmi vedere in queste condizioni, lo capisci?» lo dice sussurrando, sforzandosi di trovare la voce.

Dove sei andato, Francesco? Perché il tuo pensiero principale non è più creare palle vive, marcare un avversario e fare da spalla a Davide? Tu che dovevi proteggerlo SEMPRE.

«È proprio in queste condizioni che il dottore deve vederti. Non saprei descrivergli come sei. Mostragli quanto ti senti disperato.»

Lui appoggia la testa allo stipite, chiude forte gli occhi, sospira e oscilla in un *no* sconsolato.

«Fammi entrare, ti aiuterò a prepararti.» La mia voce suona suadente e speranzosa.

Ancora un no, più deciso. Ho paura di non riuscire a convincerlo. Siamo solo io e lui, ed è un momento cruciale. «Stai scegliendo di stare male, anzi, di stare peggio, di non guarire. Io non ho altro, in questo momento, da offrirti.»

«Peggio di così, non potrei sentirmi.» Ha una smorfia stiracchiata sulla bocca ed è così doloroso sentirlo parlare che mi fa quasi paura.

«Sì, si può stare peggio di come ti senti ora. Tanto male da non uscire più di casa, da non poter parlare con nessuno. Tanto da avere paura del buio, della luce, degli sguardi degli altri, del cielo sopra la testa e di ogni piccolo sentimento che ti nasce dentro. Un miracolo può toglierti tutto in un momento, ma io non ne so fare. Datti tempo e iniziamo questo percorso.» Si fa da parte e io scivolo all'interno. C'è odore di chiuso e di sporco. Temo che lo stare dentro casa, con lui, mi lasci addosso questa patina di timore latente che sento dietro il collo. Che mi contamini. «Ho la mia auto qui sotto, andremo piano e percorreremo la via meno trafficata. E se dovesse servire ti terrò la mano.» È sciocco dirlo, come si fa con i bambini quando li si abbraccia o si bacia un loro graffio per guarirli. Ho solo palmi sudati e dita obbligate a restare rilassate. Ho le unghie un po' rosicchiate; non me ne preoccupo, lui non se ne accorgerà di sicuro. «Devi cambiarti, oppure possiamo andare?»

«Fammi prendere i documenti.»

Ed è così grande il sollievo che faccio fatica a contenerlo, vorrebbe scoppiare in un sospiro esagerato. Francesco sparisce in camera, poi torna. Si è pettinato, ma è un ordine che nulla può per nascondere il suo stato d'animo, che vien fuori dagli occhi, dal viso e dai movimenti involontari delle braccia.

«Bene, andiamo» lo incoraggio. Anche se scendiamo affiancati sono tranquilla solo quando saliamo in auto. La tentazione di chiudere la sicura è forte, ma mi trattengo. «Facciamo la circonvallazione, stamani non c'era quasi per niente traffico.» Partiamo e in un attimo sono sulla sopraelevata, saliamo per Tricalle e vado veloce. Vorrei intavolare una conversazione ma sono tesa. Lui si muove agitato, strattona la cintura di sicurezza come se lo stritolasse, guarda a destra e sinistra della strada come se qualche tir dovesse piombarci addosso da un momento all'altro, respira forte.

«Francesco.»

«Fermati, Lorenza, devo scendere.»

«Resisti, siamo quasi allo studio, mancano pochi minuti. Non c'è nessun pericolo. Guarda, la strada è tutta sgombra e…»

«Fermati… un attimo. Solo uno.»

Accosto e inserisco le quattro frecce. Ho paura che salti il guardrail e scompaia tra le siepi, lungo le stradine di Chieti alta. Ho paura che torni e mi dica qualcosa di ambiguo.

Esce in fretta, si appoggia alla lamiera e poi si piega in avanti. Vomita con singulti cupi, li sento anche da dentro la macchina. Non so se scendere e avvicinarmi o restare dentro e dargli un minimo di riservatezza. Aspetto qualche minuto e solo dopo lui si raddrizza. Ha le spalle meno rigide. Quando torna in auto non mi parla, né mi guarda. Avverto l'odore acido che ha il suo respiro e me ne sto zitta anch'io.

«Mi è rimasta la colazione sullo stomaco» si giustifica.

«Sì. L'importante è che ora stai meglio.» Non gli dico che l'ansia fa questi scherzi, soprattutto negli uomini più abituati a tenere tutto dentro.

L'ospedale San Camillo mi sembra lontanissimo. È una struttura tozza con finestre e tapparelle verdi tutte uguali. Un grosso ingresso con la passerella antiscivolo ci immette nell'atrio. Guido Francesco nell'area riservata al servizio. «Il dottor Orlandi è un professionista alla mano. Vedrai che con lui ti troverai a tuo agio» lo rassicuro. Il chiarore della mattinata si perde all'interno dei corridoi. Da una grossa vetrata in fondo scopro, in lontananza, i vigneti di Tollo. Filari ormai prossimi alla vendemmia, ordinati, quasi pettinati tutti verso il mare, di un verde intenso. Francesco si avvicina a me in modo inconsapevole. Mi sfiora la spalla con un braccio e le mani si toccano mentre oscillano al passo.

Dammi ciò che hai dato a lui!

Mi lascio toccare dandogli quel contatto di cui sembra tanto avere bisogno. «Lo studio è questo qui» gli dico, e apro una porta a vetri laterale al corridoio. Il suo respiro cambia un poco. Si agita e di riflesso mi agito anche io. «Stai per vomitare?»

Mi guarda come se gli avessi chiesto di rivelarmi un segreto. «No, non credo.»

«Bene. Nel caso ne avessi bisogno, il bagno è da quella parte.» Indico il fondo dell'area. Ci giriamo entrambi verso la porta dello studio che si apre. L'immagine di un dottore di mezza età con gli occhiali è quasi standard. Ha un bel volto cordiale e questo dovrebbe aiutare.

«Buongiorno» ci saluta. Rispondo, ma Francesco rimane in silenzio.

«Scusi il ritardo, abbiamo avuto degli intoppi.» E chissà se lui intuisce che parlo di paura, ansia e vomito.

«Non importa, capita.»

Ci apre la porta dello studio e lo invita a entrare. Però lui mi si fa ancora più addosso, come se si fosse sbilanciato verso di me e gli occhi del dottore mi guardano per un attimo. «Entri con noi, dottoressa Garbi» mi invita, e ora sono ufficialmente dentro il problema.

Non voglio essergli ancora più vicina. Non voglio!

CAPITOLO NOVE

La carrozzina ha del ridicolo. È così minuscola che sembra un giocattolo. Giorgia è ferma davanti a me, dondola un po' avanti e indietro, mi guarda pensierosa con la bella bocca stretta. Devo sembrarle un gigante. Sono quasi un metro e novanta quando sto in piedi. «Che c'è, patatina?» le chiedo. Devo stare in posizione eretta almeno un'ora al giorno o Antonella mi sbatte le protesi in testa. Mi appoggio alle sbarre di legno. Non sono più sicuro in questa posizione, quasi che lo stare seduto sia diventato l'unico mio modo di vivere. «Anche tu stai in piedi come me, quando hai i tutori» le ricordo. Non capisco perché è così silenziosa. Le faccio una smorfia, ma lei è concentrata su altro. «Che musetto serio, così non sei una patatina ma un cricetino.»

«I papà sono alti come te?» mi domanda.

E con una sola frase trova il modo per rendermi inerme, sconvolto e dolorante. Non penso di averla mai sentita dire la parola papà da quando la conosco. E non so come cavolo risponderle. «Non tutti. Il mio non è altissimo e neanche quello di Lorenza. Alcuni sono più bassi di altri.»

«Mi piacciono i papà alti come te.»

Il mio cricetino sa dire cose davvero belle e quasi terribili. Non aspetta parole da me ma si gira sulla sua carrozzina e se ne va vicino alle pertiche, sulle quali dei ragazzi stanno salendo. Li guarda dal basso e gira attorno all'attrezzo. «Giorgia, spostati da lì; è pericoloso» la rimprovero come ogni buon papà alto dovrebbe fare. Chissà se mi stava dicendo di volere me come suo papà. Chissà se comprende che le voglio già bene come se io fossi davvero il suo papà alto. Ma poi penso che non potrò mai esserlo, per una serie di cose più o meno contingenti alla sfortuna, e la sbarra si inumidisce sotto i miei palmi. Rischio di perdere la presa e allora chissà se lei vorrà un papà alto ma a terra. La tengo d'occhio perché è ciò che faccio con le persone a cui voglio bene. È ciò che faccio anche con Lorenza.

Dopo avere spento tutte le luci dal generatore centrale, chiudo a chiave il centro sportivo. Spingo la carrozzella di Giorgia con i predelli della mia sedia. Lei è così stanca che non ha più voglia di muoversi. La carico in auto, la assicuro al seggiolino e poi inizio il rituale per salire al mio posto. «Bene, andiamo a casa.» Scelgo la via più comoda e spero meno trafficata. Ho fretta di tornare da lei. Ho una sorpresa da darle che mi tira la bocca in un sorrisino stupido. Sono scappato in sordina per acquistare un pezzo di desiderio di Lorenza. E ora ce l'ho in tasca. Trovo accese le luci della cucina e dell'ingresso. Sapere abitata la mia casa mi riempie di piacere. Lei è negli spazi che io ho arredato, vissuto, riempito di rabbia. E ora Lorenza ha messo tanti di quei Thun in giro che non la riconosco neanche più. Tante cianfrusaglie che ogni tanto faccio cadere, a volte anche con intenzione, ma che poi ricompro sempre. «Eccoci qui. Hai fame, Giorgia? Chissà cosa ci ha cucinato?»

«Gelato.»

Ed è pura ingordigia la sua che mi fa sorridere di piacere. È quasi buio del tutto e sulla cresta del Gran Sasso si vedono le stelle. Dietro di me so che c'è la rassicurante stazza tonda della Maiella su cui le luci dei ristoranti di Mamma Rosa risplendono estate e inverno. Entriamo e lei è ai fornelli. Si gira e per un attimo vedo i suoi occhi preoccupati, le rughe sulla fronte e le labbra serie. Ma si illumina in un bel sorriso quando Giorgia le va incontro.

«Ciao, piccola. Sei andata all'asilo? E hai fatto anche l'allenamento con Antonella? Hai mangiato tutto in mensa? E poi cosa hai combinato con Filippa questo fine settimana? Raccontami una cosa bella e una brutta.» La sommerge di domande mentre le passa le mani sulle guance. Le tocca le spalle, le mani e poi i braccioli della sedia in una sola lunga carezza.

«Voglio il gelato» taglia corto Giorgia.

«Dopo mangiato ne avrai una porzione. Vieni vicino a me e raccontami.»

Nell'aria riconosco l'odore della minestrina, del dado, delle verdure che lei ci mette di nascosto dalla bambina. Alzo gli occhi al soffitto. Minestrina in porzioni industriali da quando c'è Giorgia. Il bel neon a faretto che avevo scelto all'inizio è stato sostituito da un lampadario in cristallo e acciaio. Mi piaceva di più il mio, ma me lo faccio andare bene, perché ogni cosa che lei aggiunge alla mia casa la lega di più a me, a una vita insieme.

«Ciao, Lorenza.»

Si gira verso di me, mi scivola addosso con quello sguardo blu. Ha occhi così belli che vorrei li tenesse chiusi davanti agli altri uomini. Mi regala un accenno di sorriso e poi torna a girare la minestrina. «Ciao, Davide.»

«Stai bene?» le chiedo in automatico.

«Solo un po' stanca. Sai, tanti casi e tutti complessi.»

Ma ho un regalo per lei e pregusto il momento in cui glielo darò e quella stanchezza che vedo sulla sua pelle scomparirà.

«Vai a lavarti le mani, Giorgia» le dico e lei fila in bagno battendo con i predelli alla porta del corridoio. Sono tanti i graffi che la bambina ha lasciato sui mobili, sui muri, sugli spigoli. Finirò per avere una casa arrotondata e piena di inutili suppellettili Thun, ma che mi fanno stare bene. Mi crogiolo nell'aria di casa. Lorenza ha i capelli annodati alla nuca. Li ha un po' accorciati ma sono belli, scuri e lucenti lo stesso. I suoi fianchi rotondi, che lei definisce grossi, mi fanno impazzire. Anche se glielo ripeto spesso, lei non ci crede.

«Ho un regalo» le sussurro. Accidenti, avrei voluto aspettare, darglielo in un momento meno incasinato ma non ho resistito. Voglio vederla, guardarla, viverla mentre le consegno il mio dono.

«Per Giorgia? Fammi indovinare. È un'altra carrozzina?» Quando si gira, vedo un bagliore di speranza nel suo blu mozzafiato.

«Anche per Giorgia e no, non è una carrozzina, ne ha abbastanza.» Mi sposto un po' e batto anche io il poggiapiedi contro una sedia. Quasi la ribalto, la prendo con le mani ma non riesco ad abbandonare i suoi occhi. «Guarda questi.» Le allungo un portadocumenti.

«Hai fatto testamento?» mi sfotte ma riconosco un pizzico di dolore in lei. La leggo come fosse il mio libro preferito, la pagina con l'angolo piegato in cui ci sono le frasi più belle.

«Non ancora, quindi sei in tempo per dirmi cosa vuoi dei miei averi.» Mi accomodo meglio come se stessi scivolando dalla seduta, invece sono legato così stretto che non mi muovo mai di un centimetro. È solo una sensazione di instabilità che ancora rimane in me.

Lei tira fuori i biglietti e il fiato mi sale in gola. *Li vedi, tesoro? Questo è il modo in cui io ti aiuterò a realizzare i tuoi sogni. Un piccolo passo, ma io sono qui.*

«Biglietti del treno, per due adulti e un bambino» legge e io aspetto che esulti. «Chieti-Modena andata e ritorno.» Resta seria, ci mette un secolo a guardarmi. Anzi, non lo fa con la dovuta attenzione. È un osservarmi superficiale che mai incontra le mie pupille. «Non possiamo andare dai miei genitori, domenica hai la partita di campionato» dice seria.

«È stata anticipata a venerdì. Sono libero tutto il prossimo fine settimana.» *Ora esulta, ti prego.*

«E la palestra?»

Mi stringo nelle spalle mentre strizzo la pelle di cui sono rivestiti i braccioli. «Antonella la gestisce meglio di me.» *Dimmi che sei felice.*

«E il locale? La Galleria dei ribelli non può andare avanti da sola.»

«In realtà lo fa benissimo da tempo.» *Perché, Lorenza?*

Si alza, lasciando i biglietti sul tavolo. Comincia ad apparecchiare e con la tovaglia li spinge verso un angolo. Restano in bilico, sospesi. *Perché?* Non è delusione ciò che sento. Mi convinco che non c'è nulla di cui dispiacersi. Però, in tutta onestà, lo sono. Dispiaciuto. «Non vuoi venire» dico, troppo serio.

Lei mette i piatti, in silenzio. «Giorgia deve passare il fine settimana con Filippa. Ogni cambiamento va concordato con la madre e con Micaela e...»

«Oh, insomma, Lorenza!» Le vado vicino e la blocco con un piatto in mano. È quello di plastica dura con gli orsetti sul fondo. È il piatto di Giorgia. «È lunedì, abbiamo tutto il tempo di chiedere e organizzare. E se Micaela ci dice di non portarla, andremo solo io e te.» *È nel tuo elenco. È un tuo desiderio,* penso e le stringo forte il polso. Glielo sto arrossando ma non mi importa. Voglio trattenerla, capire e risolvere. Le sfioro le caviglie con il poggiapiedi. Un millimetro in avanti e le avrei pestato l'alluce. Per istinto mi sono fermato alla giusta distanza. Vicino, ma senza farle male.

«Non posso venire» mi dice triste e sguscia via. «Non sabato.»

Perché?

Giorgia rientra in cucina. Ha la maglietta quasi del tutto bagnata. «Hai giocato con l'acqua e il sapone?» la rimprovero, ma so già qual è la risposta. Torno a guardare Lorenza. «Qualche problema?» chiedo e lei corre da un lato all'altro della stanza con in mano un posacenere di granito scuro. Lo mette su una mensola, poi lo riporta vicino a un altro di ceramica con strani fiocchi di neve.

«No, è che... sabato sera devo partecipare a un gruppo di autoaiuto. È una cosa nuova, del dipartimento di servizio sociale. È la prima serata e avevo dato la mia disponibilità.»

Mi avvicino a Giorgia e comincio a toglierle la maglietta. Il tono di Lorenza è insicuro. «Non lo sapevo. Non fa nulla, farò sostituire i biglietti per il prossimo fine settimana.»

Solo ora si ferma e poggia sul tavolo ciò che ha in mano: il posacenere scuro in cui ha messo quello chiaro. «Aspetta. Sarò impegnata per qualche tempo. Non è un singolo incontro, ma tanti.» Percepisco il suo dispiacere ed è uguale al mio. «Sei stato gentile, Davide. Grazie.»

Faccio un cenno vago e non posso non pensare che lei sa bruciarmi forte. «Andiamo in camera, Giorgia, devi metterti qualcosa di asciutto.»

CAPITOLO DIECI

Ogni tanto osservo il biglietto del treno all'angolo del tavolo. Davide mi ha presa alla sprovvista e ho reagito d'impulso, non avendo ancora preparato una scusa credibile. Ho detto metà verità. Guardarlo e tacere mi fa sentire in difetto. Ogni volta che lui mi chiede come sto, mi costringo a trattenere le mie paure sul bordo delle labbra. Prima o poi scivoleranno via e mi metterò nei guai. Con Francesco, con Davide, con un comportamento poco deontologico. Sono stanca di minestrina e polpette, ma Giorgia le mangia così volentieri che io finisco per preparargliei a giorni alterni. Stranamente mangiamo in silenzio. *Oddio, Davide, non posso spiegarti ma sto aiutando il tuo amico. Sto mettendo il mio tempo a sua disposizione. Sto facendo il mio dovere. Gli sto dando piccole parti di me che non vorrei concedergli.*

Anche Giorgia è silenziosa, forse sente la tensione tra noi. Oppure è solo stanca. Davide allontana per primo il suo piatto. Tra poco tirerà fuori il barattolo della Nutella e la mangerà su due grosse fette di pane. Non sa che farsene di pastina e polpette, ma non si è mai lamentato o chiesto che gli cucinassi qualcosa di diverso da ciò che mangiamo noi.

«Vieni Giorgia, devi mettere il pigiama» la invita Davide.

Mentre comincio a sparecchiare, loro vanno in camera. Soltanto quando sono sola cerco quei benedetti biglietti, ma non ci sono più. Deve averli presi Davide. Ho il diaframma così contratto che temo si strappi. Prima o poi lascerò questo schifo di lavoro e farò solo la casalinga. Non avrò silenzi professionali da rispettare, né vincoli verso l'organizzazione.

Mai più segreti con Davide. Ma lui capirà. Non può non capirmi e scusarmi. Li sento ridacchiare e sono così tante le volte che la carrozzina di Giorgia batte contro qualcosa che ogni muro è stato segnato. Faccio in fretta a mettere a posto con i mobili sistemati così in basso. Sono comodi anche per me e non solo per Davide. Mi attardo a spostare qualche soprammobile sulle mensole, lontano dalle manine della bimba. Davide e Giorgia passano in palestra. I pesetti che lui ha acquistato per lei cadono spesso. Deve essere proprio stanca. Quando escono, io sono ancora con lo spolverino in mano e non ho spolverato proprio nulla, solo pensato tanto.

«Buonanotte» mi saluta Giorgia e fila in camera nostra. Davide le va dietro, ma si ferma in corridoio un minuto buono. Ho il suo sguardo addosso, la sua serietà mi scotta dentro. Gli regalo un quasi sorriso, una quasi scusa, e sono lì lì per crollare e dirgli tutto, ma resto zitta e lo lascio andare via. Questa sera gli ho delegato l'intera cura della bambina. Io sono svuotata e con lo spolverino in mano aspetto. Attendo che le loro frasi si smorzino, che la fiaba finisca, che lo scatto dell'interruttore spenga la luce, che lo scricchiolio del lettino indichi che lui ve l'ha posata, addormentata. Aspetto e non so neanche cosa. So solo che se sto troppo con lui mi viene voglia di confidarmi. Questa lontananza mi pesa. Butto via lo spolverino e comincio a spogliarmi mentre raggiungo la nostra camera. La maglia nel corridoio, la gonna sul bordo del cassettone, le scarpe lontane tra loro. Vado da lui. Entro veloce nel letto e mi sdraio quasi del tutto sul suo corpo. È sorpreso da tanta foga ma me ne infischio se già dormiva. Ho bisogno di tornargli vicino. Gli parlo tenendo attaccata la bocca alla sua. Non prova neanche a baciarmi. È immobile, forse arrabbiato e ne ha tutti i motivi.

«Sabato ci sarà uno di quegli incontri di autoaiuto di cui ti ho parlato. Viene condotto dallo psicologo del servizio di psichiatria del San Camillo.»

Ancora chiusa la sua bocca. Ancora immobili le sue mani, abbandonate ai lati del corpo. Abbasso il tono per non disturbare Giorgia. «Seguo un paziente che sta male e deve frequentare questo gruppo. Non ha appoggi di nessun genere e da solo non ce la fa.» Percepisco il calore del suo viso, lo immagazzino in me, avendone bisogno. *Tu prendi il mio.* Sospiro.

«Perché?» Lo percepisco forte anche se è un sussurro.

Mentre parlo gli ho inumidito le labbra e la barba mi ha infiammato la bocca.

«Perché è una cosa importante.»

«Perché?»

«È una persona importante.» Mi pento di averlo definito così. Francesco non è più importante di Davide. Non è più importante del nostro viaggio. Non è più importante del desiderio di stare con i miei genitori. Ma Francesco è importante per Davide. E non posso dirlo.

«È importante» ripete lui, e dà valore proprio alla parola che avrebbe dovuto ignorare.

«Sì» sospiro profondamente e lascio che il fiato lo avvolga. «È necessario che io gli stia accanto in questo periodo. Ne va della sua vita.» E finalmente i suoi palmi raggiungono la mia schiena. La esplorano salendo alle scapole, sotto le braccia. Mi tira del tutto su di lui, sul suo costato, tra le gambe un po' spalancate e con i piedi all'infuori. Quelle gambe non si stringeranno mai a me. Saranno sempre distese e immobili. Solo qualche contrazione involontaria le attraversa e i crampi che si fanno più frequenti, nonostante i farmaci. Ma mai mi aggranceranno. Con la mano ne stringo una, me la tengo vicina senza riuscire ad accavallarla su di me. Premo, tiro, pretendo che faccia ciò che non può fare. Vorrei tanto averlo tutto attorno. Dopo un po' mi accontento delle sue braccia e della sua testa che tiene ferma la mia nell'incavo della spalla.

«Lo capisci?» gli chiedo mentre mi stringe con forza.

«Sì, ma non approvo. Non puoi occuparti di tutti i randagi che incontri. Non devi lavorare oltre l'orario di lavoro e privare Giorgia della tua presenza.»

Poi mi stritola a sé e il suo tono cambia. La nostra pelle si unisce e si inumidisce a contatto.

«Non devi privarmi di te. Io ti voglio» mi sussurra con la bocca stretta a una tempia.

Sono di nuovo sulla sua bocca ma non per confessare le mie mancanze. Ci cerchiamo. La mia lingua non formula parole ma lo accarezza e chiede perdono. Un po' la maltratto, pretendo di più, forzo come se volessi entrargli dentro. E lui apre, cede, si arrende, mi concede. «Io non ti voglio, Davide. Io ti amo.»

Ed è questo che fa di noi una coppia. Il cercarci ancora anche quando abbiamo tutto dell'altro. Il tenerci stretti quasi fino al dolore, anche se solo metà di lui riesce a tenermi. Il morderci per cercare di far capire all'altro che ormai siamo fuori controllo, al cannibalismo pur di non perderci. Lo sento eccitato. Mi sbrigo a togliermi gli slip, voglio che questa sera sia perfetta, voglio un rapporto completo, con lui dentro. A volte mi accontento della sua bocca e delle sue mani, ma non stasera. «Presto, facciamo l'amore.» Ho paura che la sua erezione passi, che non la tenga a lungo, che l'immobilità lo renda impotente. Ed è un piacere sentirlo ancora duro mentre lo lascio scivolare nel mio corpo umido. Lo accolgo e mi muovo veloce.

«Piano, c'è Giorgia» mi dice, sentendomi ansimare. Ho i suoi palmi sui glutei, mi stringe il sedere, mi spinge, mi tiene. E le sue gambe sono abbandonate e ferme.

«No, veloce, Davide. Voglio fare l'amore veloce, voglio arrivare presto alla fine. Voglio guardarti mentre mi vieni dentro.»

Chiude gli occhi, li riapre, li richiude buttando la testa all'indietro. Scavo la sua pelle con le unghie. *Lo capisci che ti amo? Che tenerti segreta la storia di Francesco fa male?* Ma non posso dirlo. Non posso confessare. «Dimmi che mi ami. Dimmelo adesso.»

Ho la testa tra le sue mani, il movimento del corpo è fuori controllo, un po' avanti, un po' di lato. Vedo come è incupito da questo amplesso fuori programma. Lo incalzo e poi mi fermo. «Dimmelo o scendo» lo minaccio, ma lui sorride.

«Scendi» mi sfida. «Però non posso garantirti che domani riuscirò di nuovo ad avere un'erezione.»

E mi sanguina il cuore al pensiero che forse non riusciremo più. Ma per ora è così e io lo tengo più stretto che posso. Stretto tra le braccia e stretto dentro. Mi muovo come piace a Davide, e in fretta arriviamo all'orgasmo. Lui con un lungo sospiro e la bocca serrata per non farsi sentire. Io con un gemito che soffoco sulla sua gola. E poi c'è solo il battito veloce dei cuori, il respiro che ancora non si regolarizza, l'abbraccio che da disperato diventa affettuoso. Trovo un fazzoletto per pulirmi e pulisco anche lui, che ha la bocca tirata in un sorriso ampio. Mi osserva mentre lo detergo con le salviettine e gli sistemo gli slip. So che può farlo da solo ma io amo toccarlo in ogni momento. Scivolo accanto a lui, con la testa sulla sua spalla.

«Adesso è un po' meno importante quel tuo paziente?» mi domanda.

Non rispondo subito. È sempre Francesco. È sempre il suo amico in difficoltà. «Sì, un po' meno.» Ed è una bugia.

CAPITOLO UNDICI

Gisa si alza e Micaela mette a posto le cartelle. Jacopo, invece, è già alla porta della sala riunioni.

«Ho bisogno di parlare di un caso» dico all'improvviso.

Il coordinatore del dipartimento di servizio sociale si ferma e mi guarda storto. Be', fino a qui nulla di nuovo. «Non è all'ordine del giorno. Avresti dovuto mettere almeno una nota in varie ed eventuali.»

«Ho riflettuto adesso sull'opportunità di parlarvi di...»

«Non sei all'ordine del giorno. Il tempo per l'équipe è finito. Inserisciti pure al prossimo incontro.»

«Ma è tra quindici giorni!»

Jacopo si stringe nelle spalle e se ne va. Non mi aspettavo nulla di diverso, però ora mi sento un po' declassata a inserviente. Anche se ho i capelli annodati sulla nuca, come faccio quando voglio essere incisiva, non ho trovato la forza per impormi. Eppure devo parlarne con qualcuno di competente. Gisa segue Jacopo e io me ne torno nell'ufficio a pensare, mentre Micaela finisce di firmare i verbali. Lascio la porta aperta, tanto tra mezz'ora avrò un colloquio. Dondolo sulla poltrona, allungo le gambe e spingo sulle rotelle. La sedia dell'ufficio non ha nulla della sicurezza di una carrozzina. Vibra, si inceppa se si muove di lato e rischio di cadere quando una rotella si blocca del tutto. Mi salvo mettendo i piedi a terra e torno verso la scrivania tirandomi con i talloni. Solo quando sono al mio posto mi accorgo che Gisa è ferma sulla porta e mi sta guardando con un sopracciglio alzato. Potrei spiegarle che stavo provando a spostarmi nello stesso modo di Giorgia e

Davide. Oppure che mi rilassa andarmene in giro per lo studio muovendomi sulla sedia. «Bah!» dico soltanto e lascio che pensi ciò che vuole. Che ne sa di come avvengono gli spostamenti in casa mia?

«Caffè?» propone e, più che un invito, sembra un ordine.

«L'ho già preso, grazie.»

«Ti aspettiamo comunque.»

Quando si gira e se ne va, mi viene voglia di farle le corna con la mano. Giorgia l'ha imparato da poco e Davide la loda sempre. È un modo per esercitare la funzionalità delle dita, dice scusandola. Ma è sempre una cosa brutta che prima o poi dovremo vietare. Mi alzo pronta a rifiutare a gran voce un caffè imposto e che mi agiterebbe ulteriormente. Rischierei di prendere a calci il prossimo utente. Attraverso il corridoio luminoso, le piante sempreverdi sono al massimo della loro crescita e il ficus ha foglie tanto lucide da rispecchiare. Trovo Gisa e Micaela sedute nel cucinino. «E il caffè?» Non vedo né macchinette sul fornello, né sento l'odore.

Hanno tra le mani un biscotto integrale a testa. Gisa morde il suo e mi fissa. «Abbiamo a malapena dieci minuti. Raccontaci.»

Micaela mi sorride e fa finta di mangiucchiare il suo. È a dieta, come ogni lunedì mattina, ma sappiamo tutte che, al giovedì, ha già interrotto. Mi accomodo sull'unica sedia libera e le nostre ginocchia quasi si sfiorano. A volte sono ginocchia stronze. A volte disposte a venirmi incontro, come oggi.

«Mi costa troppo tenere il segreto. Francesco mi costringe a non dire nulla e ogni volta che sto con Davide mi sento lì lì per sputare il rospo. Mi trovo addirittura a evitarlo in casa.» Granito e ceramica non stanno più bene vicini.

«È un caso professionale. Hai l'obbligo della segretezza. Punto.» Gisa riduce tutto ai minimi termini. Semplice, per lei che non ha un compagno. e Spero che quel biscotto le vada di traverso.

«Il dottor Orlandi l'ha invitato a partecipare a un gruppo di mutuo aiuto. Gli ha quasi raddoppiato il dosaggio dei farmaci e...» Smettono di mangiare o di fare finta di mangiare e aspettano attente, come se stessi per rivelare il nocciolo del problema. Ed è così. «Devo partecipare con lui. Mi si attacca come un bambino, mi tocca le mani e neanche se ne rende conto. Sono in tutto e per tutto il suo appoggio. Sto andando molto oltre i compiti previsti. E cavoli, se mi pesa.» Non voglio dargli ciò che mi chiede.

«Ma smettila. Ti ritiene capace di aiutarlo. È accompagnamento e non parlo della semplice azione fisica di scarrozzarlo a destra e a manca. Lo accompagni mentalmente, gli faciliti l'inserimento in un gruppo, lo avvicini al percorso di guarigione. Lo facciamo tutti i giorni anche noi.»

Ma Gisa e Micaela non mentono ai loro uomini e non se ne vanno in giro con altri. Non immaginano cose strane che ancora non riesco a verbalizzare. «Non ce la faccio a trovare tante scuse.»

Ora entrambe stanno zitte. Micaela inizia a mangiare per davvero. «Non ci si può fare nulla, Lorenza. E comunque è per un periodo di tempo limitato. Cerca di resistere ancora per un po'. Quando sarà più compensato potrai allontanarti da lui.»

«Ma Davide...»

«Davide non c'entra» sostiene Gisa.

Mi si ferma il fiato in gola. Davide non c'entra. Come se potessi separare vita privata e professionale con tanta precisione. Come se lui non fosse presente nella mia mente mentre mi siedo alla scrivania, quando chiudo una cartella sociale, oppure mi spingo sulla sedia dello studio. Anche quando sposto i bidoni della spazzatura che ingombrano i marciapiedi, lui è con me. È presente anche quando i problemi degli utenti sono così complessi che avrei voglia solo delle sue braccia e dei suoi piedi rivolti all'esterno accanto ai miei. «Davide è il mio uomo.»

«Non devi tradirlo. Solo aiutare il suo amico.» Sono tre i biscotti a testa. Ne mangiano a chili e poi sostengono di stare a dieta. Io almeno mangio e sto zitta. «Non lo tradisco mentendogli?» Avrei potuto risparmiarmi la domanda, tanto conosco già la risposta.

Micaela si arrotola una lunga ciocca al dito e le briciole le finiscono sui capelli. «Hai forse scelta? È il lavoro che si mescola alla vita. Davide non è uno sciocco; dagli fiducia e vedrai che capirà.» Tira il boccolo e lo strizza. «Sbrigati a rimettere in piedi Francesco. È un peccato che stia tanto male.»

E questo malessere che si mescola al senso di colpa che percepisco in me cos'è? Lui vuole... cosa vuole da me?

Jacopo passa davanti al cucinino, ci guarda storto e noi ci alziamo tutte nello stesso momento.

«Grazie, ragazze» dico ed esco veloce. Non sto fuggendo. Voglio solo stare sola e convincermi che non accadrà nulla di male. Capirà. Quando gli spiegherò la situazione, non potrà non ringraziarmi. Mi siedo sulla poltroncina dello studio in attesa del prossimo colloquio e comincio a spingermi per la stanza come fa Davide quando gira per la nostra cucina. In questo modo lo sento ancora più vicino. Guardo la Pieris nel suo vasetto. Sta crescendo. Prima o poi dovrò trapiantarla in uno spazio aperto e darle l'opportunità di diventare ciò che è: un arbusto rigoglioso e colorato. Ma ora, mi fa compagnia, nonostante sia… sproporzionato. La chioma è larga e il vaso piccolo. È come Davide. Parte superiore del corpo vigorosa e vitale, parte sottostante appena abbozzata, quasi scompare. Penso al mio "sproporzionato" e sento di volerlo ancora di più.

CAPITOLO DODICI

Oggi giochiamo in casa. Il palazzetto dello sport di Chieti Scalo è pieno di spettatori e Lorenza è nello spalto dietro la panchina della squadra. I ragazzi sono gasati dall'ultima vittoria. Scherzano e un po' mi danno fastidio. «Dove cazzo è andato?» Do un pugno al bracciolo della mia ACE. Mi viene voglia di risalire in macchina per andare a vedere cosa cacchio frulla in testa a Francesco. «Simone, l'hai più sentito?» chiedo e mi giro di scatto verso di lui.

«No, neanche un messaggio da parte sua. Era un po' in tensione per la Torino sport pro. Volevano ingaggiarlo, ma lui non era contento.» Simone si aggiusta i guanti e prova la presa sul corrimano. Prima spinge la ruota e poi la blocca all'improvviso. Di nuovo spinge e blocca. «Non so che dire. È un mese che non lo sento, Davide.»

«È molto più di un mese» rettifico e la rabbia sale. Francesco sa quanto è importante per me la squadra. E anche vincere il campionato lo è. È nell'elenco dei desideri di Lorenza, non posso ignorarlo. Vinco per me, ma più per lei. Affinché continui a guardarmi sempre come se fossi un campione. Mi giro verso l'arbitro. Non si può più aspettare un giocatore che non avvisa. «Stronzo, lo gonfierò di botte.

Andiamo, ragazzi. Stessa formazione dell'ultima volta e stesso schema iniziale. Giovanni, attento ai lanci lunghi e tu, Simone, evita i falli inutili. E palleggio, mi raccomando» rincaro tanto per prendermela con qualcuno. Ci schieriamo, ci salutiamo e poi prendiamo posto. «Ognuno al proprio» grido. Mi posiziono al centro del campo, entro il cerchio, di fronte all'avversario. Non ci guardiamo in viso perché i nostri occhi seguono la palla in mano all'arbitro. Quando la lancerà in alto diventerà *viva*: una palla da giocare, da prendere e portare a canestro. Mi allungo e quasi sento la carrozzina staccarsi da terra. Tocco la palla a spicchi con i polpastrelli e la spingo verso Simone. Ci siamo allenati fino allo sfinimento provando le varie strategie, ma oggi mi sembra tutto debole e poco incisivo. Se Francesco fosse qui! Tra noi c'era intesa con un solo sguardo.

È iniziata e devo combattere.

Non sento più incitamenti, né fischi quando gioco. Il cuore pompa veloce, gli schemi si succedono, alcuni diventano punti, altri si vanificano sotto schemi avversari. Allo stop dei primi dieci minuti sono già madido di sudore.

«Davide, vuoi una bottiglia d'acqua?» Qualcuno me ne lancia una e me la trovo sulle gambe. Sono ancora incazzato. E lei è qui davanti a me, dietro il vetro protettivo della tribuna. Mi sorride con quel rossetto sempre più rosso. Ha su gli occhiali. Bene, nessuno vedrà quant'è bella con quegli occhi blu del jeans scolorito. Le faccio un cenno. Vincerò per te, amore, dico dentro di me e intanto penso che a fine partita andrò da Francesco. Non è così che si comporta un professionista. Si porta rispetto alla squadra e ai propri compagni di gioco. Eppure, Francesco è sempre stato corretto, anche quando giocavamo in nazionale. «Dai, altri dieci minuti, ragazzi. Non dimentichiamo che è una partita di serie A. Questi ci fanno il culo se non ci svegliamo!» li incoraggio. Metto un po' di polvere di magnesio sulle mani. Sudano, perdo la presa e il guanto mi stringe troppo. Anche se ho rivestito il corrimano con il silicone ho bisogno di sentire la presa ferrea. Mi spolvero, raddrizzo la schiena, guardo avanti. Ho il petto colmo di emozioni. Non è più un gioco è il desiderio di Lorenza.

Voglio vincere.

Carico, scarto, tengo la palla al petto più che posso difendendola con il corpo. Sono un pivot agguerrito, quasi impazzito. «Giacomo, datti da fare. Simone stringi la difesa…» In un attimo mi ribalto in avanti spinto dalla carrozzella di un giocatore avversario. I palmi mi scottano nei punti che si ostinano a tornare morbidi. Mi tiro su e i bicipiti si gonfiano. Mentre cadevo ho sentito il grido degli spettatori. Forse anche Lorenza si è spaventata ma lei mi conosce bene. Mi rimetto in posizione. Cadevo in nazionale e cado adesso. Anche sulle gambe finivo faccia a terra.

«Come va? Tutto bene?» Mi chiede l'arbitro.

Gli faccio un o.k. con le mani. Ho battuto un lato della faccia e piegato male un gomito, ma sto bene. Il tabellone in alto scoraggia lo sguardo. Se Francesco fosse qui, non salirebbero tanto i punti di svantaggio. Se lui fosse in campo, coprirebbe la difesa di Simone che è troppo lenta in questa partita e faciliterebbe i passaggi. Ha della stoffa, ecco perché è così conteso dalle squadre italiane. Un giorno, ero anche io come lui.

Un fischio, un applauso. Scusami Lorenza. E un altro punto è perso.

Scusami, penso con dolore quando l'arbitro fischia la fine della partita e gli avversari esultano per la vittoria. Avevo intravisto la sconfitta sulle spalle ingobbite di Simone, sulle incitazioni dalla panchina. È serie A, questa, è tutto più veloce e potente. «È solo una sconfitta, ragazzi e anche meritata. Però abbiamo un campionato intero davanti a noi» li rincuoro, ma è amaro il sapore di questa giornata. Facciamo una fila ordinata al centro del campo, battiamo le mani e salutiamo avversari e spettatori. Anche Lorenza si alza, ma ha su gli occhiali e non capisco se è delusa. Ma come potrebbe non esserlo?

Oggi ho perso.

Il suo desiderio di vedermi sempre vincente si è appena infranto.

«Scusami» dico a voce bassa rientrando nello spogliatoio. Sento la mancanza di Francesco. Sei stato un cesso, mi avrebbe detto. Oppure, hai giocato proprio come se non avessi le gambe, né il cervello, e io gli avrei dato un pugno che lui avrebbe incassato. E poi, avremmo rivisto insieme i video della partita per capire i punti deboli del nostro gruppo.

Mi manca. Io e lui siamo amici. Siamo di più, quasi fratelli. Alla prossima partita di ritorno li schiattiamo, Davide, mi sembra di sentirgli dire. Ma oggi non c'è e io mi lavo in silenzio, ancora incazzato e infelice. Mi strofino come se potessi togliere la sconfitta con acqua calda e sapone. «Scusami» dico a voce più alta pensando a Lorenza e mi accorgo che Simone mi ha risposto: «Di niente!»

Mi sposto dallo sgabello sotto la doccia alla mia carrozzella. La bagno tutta e ignoro l'assistente che ci è stato fornito e che accorre con un telo. Mi muovo da solo e in un attimo sono vestito. Posso comprarmi un camion di carrozzelle, se ne avessi bisogno, penso stizzito. Ma non è mio solito trascurare le cose importanti. Asciugherò l'acqua sulla seduta e che è colata lungo il supporto di titanio, olierò le parti mobili e gli ingranaggi, stringerò le viti dei castors che ho allentato prima della partita per avere meno attrito. La curerò come faccio con Giorgia, quando le distendo le gambe che le fanno male dopo un allenamento o le cambio il pannolino che porterà a vita. Presterò attenzione come faccio con i ragazzi della palestra che ci guardano con ammirazione e sperano. Oddio, oggi vedo tutto nero. Mi carico il borsone sulle gambe e mi avvio al parcheggio. «Ci vediamo, ragazzi. Allenamento come al solito.» Loro torneranno in pullman mentre io e Lorenza condivideremo la nostra auto. Quando la vedo alla fine del corridoio mi viene voglia di salire con i ragazzi, ma è un pensiero cattivo che allontano subito dalla mente.

«Davide, come stai?» Lorenza mi corre incontro. Si è messa gli occhiali sulla testa e ha scoperto il viso. È bella e io mi chiedo ancora come abbia fatto a conquistarla. Si muove veloce e ce l'ho quasi sopra. «Hai battuto il viso, cadendo. Hai lo zigomo rosso e gonfio.» Mi passa il palmo sulla guancia calda di doccia.

Avverto il dolore ma non lo dico. Peggiorerei il tutto. «Cado sempre» minimizzo.

«Ma questa volta non ti sei protetto con le mani. E il polso è capitato sotto.»

«Non è niente. Mi verrà un livido e tra qualche giorno scomparirà.»

«Mettiamo del ghiaccio.»

Mi sfiora ancora e quella bella bocca rossa dice tante cose dolci. Ma io la fermo mettendoci sopra un dito. Ho i suoi occhi sul viso, sullo zigomo contuso. «Non è niente. Non voglio che tu esageri nel preoccuparti. Saprò pur valutare se è grave o no, ti pare?»

Fa il broncio e si raddrizza. Toglie le mani dalla mia faccia. Mi dà fastidio il passo indietro che fa. La vorrei addosso ma non come una madre preoccupata, bensì come la compagna di un giocatore che si è difeso fino allo stremo. Un giocatore che è stato sconfitto. «Abbiamo perso» le comunico come se non fosse stata tra gli spettatori.

Lei scuote le spalle e non mi guarda. «Non fa nulla. Avete all'attivo molti punti e il campionato è lungo.»

Tu mi volevi sempre campione, grido nella mia testa, ma resto in silenzio perché so che è un desiderio irrealizzabile che ha preso piede nell'attimo in cui lei lo ha formulato.

«Torniamo a casa, dai.» La precedo dando un colpo deciso di polso. Porto la ACE con me e lascio Lorenza indietro. Quasi scappo via. Poi comprendo che il mio è un comportamento da scemo. Abbiamo Giorgia, una casa insieme piena di stupidi Thun, eppure combattiamo. A volte la sfido, la maltratto come se volessi mandarla via, metterla alla porta, e alla prova. E poi mi accorgo che è solo paura di perderla. Più la spingo e più voglio che lei faccia resistenza. Mi fermo a un passo dalla mia Audi Q7, accessoriata e con i comandi manuali. Costa un botto ma ogni ausilio è utile a farmi sentire capace di vivere al meglio. Mi giro e lei si è rimessa gli occhiali. Non sa che quegli occhi sono miei? Sono io che decido quando deve coprirli, mostrarli e a chi farli vedere. Le vado incontro e lei si scansa per andare al suo posto. «Calma» le dico vedendo che accelera il passo. «Vieni qui, Lorenza.»

«No, non hai bisogno che io ti stia vicino, né che ti tocchi. Andiamo!» apre lo sportello e sta per salire. Ma la blocco avvicinandomi così tanto alla fiancata dell'auto che quasi la graffio con la carrozzella. Ma che me ne importa? È così semplice prendermela con lei e poi fare pace. A volte è la mia valvola di sfogo. Mi piace questo gioco del fuggire per poi tornare più stretti di prima. «Dai, aspetta solo un momento. Scusami.» Le prendo un polso e la trattengo. La sua pelle mi scotta nel palmo. Si gira di scatto e mi guarda. Abbasserei con la forza quel sopracciglio alzato che sovrasta la montatura degli occhiali, perché significa che è arrabbiata.

«Scusami, ma mi tratti come se fossi tuo figlio. Mi tocchi come fai con Giorgia quando si fa male.» I suoi lineamenti si ingentiliscono. La tiro a me e lei si avvicina, la costringo a sedersi sulle mie gambe. Ecco, ora sì che siamo nella posizione giusta: Lorenza tra le mie braccia. Non ho punti da regalarle, né vittorie, ma le dono lo sforzo, l'impegno, la volontà di renderla felice. E se ci riesco non so dirlo. Le accarezzo una guancia e con il dito mi imbatto sulla bocca rossa. Mi macchia il polpastrello e divento crudele nello spalmarle il rossetto fuori dal contorno delle labbra. Ma poi la guardo e scopro che potrei anche colorarla di nero, però la vedrei sempre troppo bella. Le bacio il mento. «Avrei voluto vincere, ma oggi è stato impossibile.»

«Avrei voluto nascere maschio, ma non ho avuto scelta» mi sfotte e mi ruba un sorriso.

Sbatte le ciglia e mi basta questo gesto semplice per andare fuori di testa. «La squadra è sbilanciata senza Francesco» le confido. Il dispiacere e la rabbia ricompaiono e anche in lei noto un cambiamento: abbassa le palpebre e vedo solo una piccola porzione bianca di cristallino. E il blu dov'è? Cosa sta guardando?

«Secondo te, cosa gli è successo?» mi chiede e ha un tono triste come se fosse scomparso per sempre.

Scuoto la testa e guardo lontano, oltre il tiglio che fa ombra alla macchina, lungo la linea dell'orizzonte che tocca il mare. Atri sovrasta la costa, ha i colori dell'Adriatico e del verde degli uliveti. «Non lo so. Ma non risponde alla chiamate e non viene agli allenamenti. Penso che sia partito, ma è una latitanza strana, come non ne ha mai fatte.»

Annuisce e appoggia la fronte alla mia. Mi sospira in faccia e io socchiudo la bocca affinché il suo fiato mi finisca dentro.

«Tu puoi farcela anche senza di lui, Davide. Non hai bisogno di Francesco.»

La scosto un po', solo per capire perché mi parla come se il mio compagno fosse morto. Cerco di leggerle dentro. Nel parcheggio, sotto i rami di un tiglio, a fianco delle auto che piano ripartono, riparati dalla portiera aperta, lei chiude gli occhi. «Davide, lui...»

Ma i rumori ci riscuotono. Le foglie mosse da un vento improvviso ci piovono addosso, le nuvole stratificate avanzano verso la montagna. Già Monte Camicia è coperto di nebbia. «Continua» la invito a confidarsi.

Lei sorride e torna su con quel blu che a volte mi fa davvero male. O davvero bene. «Cavoli, quanto corri con questa carrozzella. Rischio il collasso ogni volta che ti guardo giocare.» Il suo sorriso si allarga e con il rossetto sbafato è ridicola. Mi spiazza la velocità con cui cambia argomento. Vorrei sapere da cosa dipendono quei momenti di assenza, in cui lei è lontana. Vorrei estirparli e mettere al loro posto immagini belle di noi. Di me. Vorrei riempirle la vita.

«Non smetterò di andare veloce, Lorenza. È l'unico modo per vincere.» E per darle il suo sogno.

«Vincere non è sempre importante.»

Lo è per te, tesoro.

«Be' sai, una stronza vicino a me ha detto che hai delle spalle da urlo» mi racconta imbronciata Me le tocca, ci passa il palmo aperto. «E che i pettorali sono micidiali.» Si sposta sui capezzoli, me li accarezza con delicatezza sapendo che non amo sentirmeli strizzare. «Sono miei» mi dice furiosa. «Ha detto che sei bello e che ti avrebbe avvicinato dopo la partita. Poverino, chissà se c'è qualcuno che se lo spupazza, ha confidato alla sua amica.»

Il piacere mi scoppia dentro, e non per le parole della sconosciuta, ma per la gelosia che sento in lei. Oddio, sì, è ciò di cui ho bisogno adesso. Di sentirmi così desiderato, quasi posseduto anche se ho appena perso una partita importante.

Poi il rossore le colora la pelle della gola. «Sai cosa le ho detto?»

«No e non riesco neanche a immaginarlo.»

«Che non soltanto ti bacio, ma che ti scopo ogni notte.» Lo dice piano quasi sottovoce, come se si vergognasse di essersi lasciata andare a pensieri sconci.

Rido. Di lei, dell'ingenuità con cui ha risposto e ha rivendicato il suo posto. «Tesoro, io non riesco a fare l'amore ogni notte» le ricordo e sento un pizzico di dispiacere perché davvero vorrei riempirle il corpo ogni momento, saziarla in modo che non ci sia posto per nessun altro. E la paura che ciò che le do non le basti mi fa tremare. Una foglia le cade sulla testa e resta in equilibrio per un momento prima di scivolarle dietro la schiena.

«Neanche io riesco sempre» mi sussurra all'orecchio.

La sua bocca è così vicina e macchiata che non posso non baciarla. Anche se il pubblico sta defluendo dalla palestra e si muove nel parcheggio, se i giocatori della mia squadra fischiano e mi sfottono mentre salgono sulla pedana mobile dell'autobus, e se le auto lasciano l'area inondandoci di gas di scarico, io la bacio. La bacio e non mi importa se oggi non ho vinto, se Francesco è sparito, se non porterò mai la fiamma olimpica. La bacio e lei bacia me, toccando spalle, pettorali, dorso, collo e nuca che mai altra donna toccherà. La bacio e che importa se restiamo così una vita intera?

CAPITOLO TREDICI

«Era arrabbiato con te. Lo è ancora e non gli passerà molto presto. Almeno potresti mandargli un messaggio e dirgli che sei fuori Chieti per... non so, inventa qualcosa di credibile. Comincia a preoccuparsi davvero e non è giusto che tu lo tratti in questo modo.» Dall'asse attrezzato vediamo le luci di Villamagna, in basso e più lontano Francavilla al mare. I lampioni dell'area industriale di San Giovanni Teatino sono dietro di noi. Entriamo nel centro storico, con i suoi mille sensi obbligatori che ci fanno girare in tondo e Francesco inizia ad agitarsi. Do uno sguardo veloce alla facciata della cattedrale di San Giustino e mi immetto in una laterale. Via Arcivescovado è antica, come tutto il centro città. Mi fermerei volentieri davanti alla gioielleria Rossi che ha dei pezzi introvabili di Thun mescolati a ori e pietre preziose. Quando posso, acquisto qualcosa, ma lo faccio sempre meno ora che Giorgia vive con noi e ha bisogno di scarpe, vestiti e giocattoli.

«Ecco, siamo arrivati. Guarda che fortuna, un parcheggio proprio vicino all'ingresso.» I lampioni a luce gialla ingentiliscono le facciate dei palazzi, ma Francesco non guarda e non risponde. Lo sento respirare forte più volte. Ruota la testa in un senso, poi nell'altro. La pena si mescola all'insofferenza. Scendo in fretta per non dargli tempo di pensare e gli apro la portiera. Le sue lunghe gambe sono piegate. «Anche Davide ci sta stretto» gli dico per condividere con lui un'immagine positiva. «Tu quanto sei alto?»

«Uno e novantadue.»

Esce e mi sovrasta di trenta centimetri abbondanti. Ha perso peso, gli occhi e le guance sono incavati e sembra ingobbito. Gli psicofarmaci lo fanno dondolare però lui si riprende appoggiandosi al tettuccio dell'auto.

«Entriamo e diamo uno sguardo.»

Mi affianca e facciamo qualche passo verso il portoncino di legno ristrutturato sulla cui targa c'è il numero settantadue. «È qui.» La spingo e ci ritroviamo in un cunicolo che porta a un giardino interno alle quattro mura. La luce soffusa dei lampioncini bassi non è di aiuto a chi ha bisogno di sicurezza. Infatti, Francesco si fa più vicino e si guarda intorno smarrito.

Aiutami!

«Vieni, è di là.» Accelero il passo e spero che non si lasci andare all'ansia, ma è così carico di farmaci che penso non ricordi neanche il suo nome. Eppure, la mente riesce a farlo sentire perso, nonostante tutto.

«È troppo vecchio. Non è sicuro stare qui dentro» mi dice. Fa dei passi di lato, si avvicina al giardino e guarda in alto dove si vede il cielo racchiuso tra le quattro mura del palazzo.

Riconosco alcuni sintomi della claustrofobia: si allarga il collo della maglia, respira a tratti e in modo superficiale.

«Francesco, no, ci sono stata altre volte. Ogni palazzo di Chieti è stato esaminato dopo il terremoto di L'Aquila. È sicuro.»

«No, no. Se entriamo potremmo restare incastrati e…»

Dammi ciò che hai dato a lui!

Gli vado vicino e gli prendo una mano. Gliela stringo così forte che lui si calma. Ha già la maglia inzuppata e anche il palmo è scivoloso, ma io stringo e mi faccio più vicina fino a che non respiro l'acido del suo sudore. «Il dottor Orlandi è lì dentro. Ciò significa che è tutto a posto. Io entrerò con te, non avere paura.» È questo che vuoi da me? Rassicurazioni? Mani che si stringono e si fanno forza vicendevolmente? Ma io non do queste cose a Davide. È lui che le dà a me.

Chiude gli occhi e io sono fuori dal contatto visivo. Gli tocco una spalla per riportarlo a me. Lo tiro un po'. «Passerà tutto. Ci penserò io. Risolverò ogni cosa. Fidati. Se non fosse sicuro non entrerei mai in questo palazzo.»

Paure immotivate, ansie inutili, questo è ciò che troveremo all'interno, nel gruppo di mutuo aiuto. Questo è ciò che anche Francesco porta con sé. Eppure, quando penso che sia sull'orlo di una crisi di ansia, fa un passo avanti, mi stritola la mano e ho il dubbio che stia per abbracciarmi.

Non voglio!

Non lo fa, ma è così vicino che potrei baciarlo e la sua testa è tanto china che potrebbe poggiarla su una mia spalla. Siamo impacciati. È una vicinanza che non desidero ma la paura in lui mi fa pena. Un'emozione che mai dovrei provare e invece eccola qui. Mi fa fare cose strane che non gradisco e non so neanche perché. «Le tue insicurezze dipendono dall'ansia. Proviamo a dare loro un calcio nel sedere.» Stringo tra le mie le sue dita. Stringo e piano piano torniamo a camminare. Stringo e sono al suo fianco, sulla porta del salone destinato agli incontri con tutto il suo peso su una mia spalla. Tocco il battente come fosse la Porta Santa e, quando il chiarore dell'interno si riversa su di noi, benedico chi ha inventato i neon.

«Benvenuti» ci accoglie il dottor Orlandi uscendo da un ufficio. «Avete fatto fatica a trovare la struttura? I faretti nell'ingresso hanno scelto proprio questa sera per non funzionare. Fuori è un po' scuro ma qui si sta bene.» Mai ha abbandonato Francesco con lo sguardo e so che ha notato il sudore eccessivo, i capelli attaccati alla fronte, le nostre mani unite, i nostri fianchi a contatto. Entriamo usando lo stesse piede di appoggio, la stessa lunghezza della falcata, la stessa pausa tra un passo e l'altro. Oddio, Davide, dove sei? Non è come se camminassi con lui. I nostri sono passi disuguali: una spinta di mani equivale a due mie falcate. Voglio di nuovo quello squilibrio, quella sproporzione che non smetto mai di desiderare.

Destro.

Sinistro.

Destro.

Fermi.

«Iniziamo» dice il dottore e io e Francesco ci sistemiamo in un salone con le luci così forti che mi feriscono gli occhi. Neanche a dirlo, scegliamo sedie vicine che Francesco sposta fino a che i telai si toccano. Mi siedo a disagio e guardo le facce dei presenti.

«Benvenuti» mi saluta una signora al di là del cerchio. Le rispondo con un sorriso così come faccio con un signore che agita una mano verso di noi. Un altro paziente trema senza sosta e so che gli attacchi di panico sono diventati, per lui, cronici e continui. Senza pensarci riprendo nella mia la mano di Francesco. Non lo farò tremare, non permetterò che diventi come uno dei pazienti qui presenti. Per lui c'è speranza e, se dovesse essere necessario, infrangerò la promessa e informerò Davide. Lui gli romperà la testa e lo riporterà a galla. Lui potrebbe... ma non posso ancora parlargliene. Ho un segreto professionale da rispettare. Un segreto che mi fa sentire sporca.

«Bene, ora che ci siamo quasi tutti possiamo iniziare.» L'attenzione del gruppo si sposta sul dottore. «Qualcuno sa perché Giulio non è presente questa sera?» chiede e controlla una cartella.

«Io non l'ho sentito» risponde una signora.

«Neanche noi» dice una coppia al di là del cerchio.

«È in clinica» interviene il dottore. «Scusatemi, avrei dovuto parlarvene prima ma…»

I presenti attendono, mentre il medico sembra pensarci su. Poi, appare chiaro che sceglie di dirci la verità. «Un tentato suicidio andato quasi a buon fine. Parliamo spesso della morte nei nostri incontri, vero? Per questo è importante non isolarsi mai. Frequentate questo gruppo e qualsiasi altro posto dove si possa parlare e stare insieme, che sia la parrocchia, il bocciodromo, il circolo di briscola o il gruppo di punto croce, ma non restare troppo soli. Qualcuno si accorgerà se siete tristi o se avete cambiato umore e modi di fare. È importante che le persone vicino a voi osservino affinché si possa evitare drammi del genere.»

Un silenzio freddo si spande per il salone. Tengo le dita di Francesco poggiate su una gamba. Non so se è stato lui a mettercele o io, ma non importa. Questa sera facciamo squadra contro qualcosa di cui abbiamo entrambi paura. Fino a che mi seguirà non lo lascerò scivolare.

Non andrà via, te lo prometto, Davide.

Dammi ciò che hai dato a lui!

Gli concedo la possibilità di toccarmi, un po' lo tocco anch'io, ma non è la stessa cosa di Davide. Non è lo stesso modo in cui io sento il mio compagno. Sono tocchi diversi, finalità diverse, sentimenti che mai potranno essere uguali. *Io non ti darò ciò che do a lui!*

Torno a casa che è quasi l'una di notte. Ho le storie di tutti quelle persone addosso. Mi pesano da morire e non le sopporto. Storie fatte di paure, di tentativi di razionalizzare, ricadute, combattimenti contro l'insensato della mente. Ma Francesco sembra abbia trovato giovamento. Ogni volta che si ritrovava in uno stato d'animo altrui annuiva e la sua mano ha smesso di stringere tanto forte la mia. Ma io non ce la faccio più. Davide è già a letto. Vorrei chiedergli come ha passato la serata. Se è stato alla Galleria dei Ribelli, se è andato a fare un giro o se mi ha aspettato a casa. Mi spoglio e resto nuda. E spero che l'aria che nel salone si era fatta irrespirabile resti nel tessuto dei vestiti. Mi infilo a letto e divento la sua seconda pelle. La sua mano arriva non appena mi percepisce, mi tiene un fianco, scivola sentendo solo carne calda. Va su e giù fino a che non capisce che non troverà pigiama, né biancheria intima. Ma non dice nulla. Si ferma su un seno e io lo lascio fare. Poi torna in basso, tra le gambe. Un dito strofina, ruota e io permetto che accada. Il callo trasversale che ha sul palmo graffia un po', ma mi piace lo stesso. Chissà se sta cercando di rendere meno *importante* l'utente di cui non conosce il nome? Chissà se sta cercando indizi di un eventuale tradimento? Non sa che sto tradendo solo la sua fiducia e che neppure vorrei farlo. Allargo le gambe e gli permetto di bagnarsi le dita, perché anche se il segreto è pesante io gli rispondo come non mai. I miei occhi si abituano del tutto al buio, cercano il chiarore rosso che la radiosveglia proietta sul comodino, vedono la coperta muoversi al ritmo delle sue carezze. Non posso farci nulla se nel cerchio delle sue braccia io mi sento in paradiso, del tutto al sicuro da ciò che potrebbe succedere in futuro.

Non ti darò ciò che sto dando a Davide. Non avrai mai l'accesso al mio corpo. Eppure, l'idea che Francesco mi stia chiedendo anche questo mi disgusta. È ciò che ho evitato di approfondire. Che ho tentato di non vedere. Ma adesso che Davide è su di me, non posso fare finta di non capire. E ciò che vedo mi spaventa. Nessuno. Nessuno mai avrà ciò che io do a Davide. E mentre il piacere comincia a salire, non ci sono "SEMPRE" che mi facciano paura. Non ci sono "AIUTAMI" che mi facciano stare in ansia. Non esiste alcun "dammi ciò che dai a lui".

CAPITOLO QUATTORDICI

«Allora, ci andiamo? È un posto davvero...» Davide si sposta per la cucina. Lo sento parlare e il suo tono mi rasserena. Ma Francesco non ha telefonato. Sono quattro giorni che non lo sento. Forse sta meglio e si è dimenticato di mandarmi un messaggio. Forse sta peggio e non è in grado di comporre frasi sul cellulare. Mi vengono tante di quelle idee che mi si chiude la gola. Non avrei mai voluto considerarlo, ma il suicidio è un atto con una percentuale alta nei casi importanti di ADP. Eppure Francesco è così fatto di farmaci che non credo ce la faccia a pianificare alcunché. Ma telefonarmi è un suo dovere. Gli ho chiesto di non farmi preoccupare, di mandarmi un semplice messaggio. Di dirmi se sta male, se sta bene o se è soltanto in vita. È il nostro accordo e lui non lo sta rispettando.

«...non è proprio montagna ma il paesino è carino...» Davide mi viene dietro con la carrozzina. Non riesco a concentrarmi sulle sue parole mentre cammino per la cucina senza fare nulla di concreto. Una carrozzella di Giorgia è vicino al caminetto e un paio di scarpine ortopediche sono finite sotto il tavolo. Le ripesco tenendole in mano e sbuffando forte. Le piazzo sulla mensola tra le cornici di metallo e Thun.

«Non posso portarti a fare una passeggiata tra i boschi ma...» Davide continua a parlare.

Tiro fuori il telefono dalla tasca. Nessuna chiamata, nessun messaggio da Francesco. Capisco solo che Davide sta raccontando di un paese dal nome più che religioso, Sante

Marie, e la sua voce è così rassicurante che vorrei continuasse per sempre, anche se non ho capito un accidenti.

Mi decido a mandare un messaggio a Francesco. Un semplice: «Ciao. Come stai?» Scrivo in fretta e aspetto. Passo alcuni minuti con il telefono in mano. Questo restare in attesa è la cosa più brutta che mi sia capitata da tanto tempo. Vorrei troncare questa nostra relazione ma non posso farlo. Mi sento responsabile per lui, e non dovrei. Pensavo di averle provate tutte, invece c'è sempre qualcosa di nuovo, e negativo, da sperimentare. Accolgo il suono di un messaggio in arrivo come una benedizione ma quando apro e vedo il nome di Micaela mi vien voglia di tirare il telefono contro il muro. Lo appoggio sul tavolo per evitare di spaccarlo e solo ora mi accorgo del silenzio. Davide ha smesso di parlare. Mi giro per cercarlo e lo vedo fermo vicino alla portafinestra. La luce del sole pomeridiano gli scivola sulla pelle e i suoi capelli sembrano più chiari. Il viso è ingentilito ma la bocca è stretta in una linea di amarezza. Cacchio, non ho capito nulla di ciò che mi stava proponendo e il senso di colpa si aggiunge alla preoccupazione. Lo conosco così bene da sapere che quella linea a fianco delle labbra significa delusione. «Scusa, non ho capito cosa mi stavi dicendo.»

Non si muove, ha le mani strette ai braccioli e ora è lui quello che sta pensando ed è lontano mille miglia da me. Gli sorrido come fa Giorgia quando fa una marachella, ma non funziona. «Scusa, puoi ripetere?»

Ha lo sguardo di uno che vuole gridare vaffanculo. E io percepisco quel dolore che il non potermi confidare mi fa provare. Ormai pensare a Francesco mi crea un malessere, un disagio sotterraneo che mi fa intristire. Eppure adesso che

Davide è deluso mi viene voglia di fregarmene e confessare, corrergli incontro per sedermi sulle sue gambe e passare le mani tra i capelli scaldati dal sole. Cercare per tutta la cucina le parole che ha pronunciato poc'anzi, e a cui non ho dato importanza, ricomporre le frasi e poter rispondere. Ma dico solo: «Scusami, ero sovrappensiero.» Mi fissa solo dopo un po'. Lui fermo davanti alla portafinestra, io contro il pannello del frigorifero. Granito e ceramica mai mescolati. La sua sproporzione, la mia inquietudine.

«È lui?» fa un cenno verso il telefonino che ho lasciato sul tavolo.

Non vorrei rispondere. «Chi?» non mi nego al suo sguardo così attento. Sta cercando delle tracce a cui dare valore per capire ciò che mi porta lontano.

«Quello importante.»

Vorrei chiudere gli occhi e fare finta di non aver udito la gravità con cui ha pronunciato l'ultima frase. Mi trovo a sospirare così forte che i polmoni mi bruciano. «Sì, sono preoccupata. Doveva mandarmi un messaggio per farmi sapere se sta bene. Ma non l'ha fatto. Gliene ho mandato uno io e non ha risposto.» Non mi sto giustificando ma gli sto dando una parte di verità.

«Perché a te e non a un parente, un amico, un vicino?»

Dammi ciò che hai dato a lui! Ed è ciò che non so. Perché Francesco ha scelto me e rifiutato il suo miglior amico, la sua famiglia, la sua squadra, il suo agente, il suo contabile? Perché proprio io? Ma ci sto dentro come non mai e so per certo che questa storia a tre mi costerà la tranquillità. «È come se mi avesse scelta tra tanti. Forse mi reputa competente e per questo si è legato a me.»

«Lo sei» mi dice mentre un raggio lo illumina da dietro.

Scuoto le spalle. «Ti prego, dimmi di cosa mi stavi parlando.»

Anche lui scrolla le spalle e si volta a guardare fuori. Ha messo a dimora delle piante rampicanti che fioriranno in primavera solo perché sa che le adoro. Ora le guarda e chissà se le sta rinnegando.

«Volevo portarti a Sante Marie. C'è la sagra delle castagne. Non è come passeggiare tra i boschi ma è un paesino caratteristico all'interno del castagneto. Mi sarebbe piaciuto andarci.»

«Sarebbe bello davvero. Non ci sono mai stata» e spero che la mia voce non tremi perché adoro questo suo modo di farmi conoscere i luoghi in cui è stato. Ma Davide si volta e dal viso capisco che non è più un'offerta valida.

«Sarà per un'altra volta. Sembra che tu sia indispensabile qui. Meglio non allontanarci.»

Mi sta punendo però non fa del male solo a me. Tiene i pugni chiusi e la mascella è serrata. Un muscolo sulla guancia pulsa. Lo percorro con gli occhi, il tronco imponente, molto più di quando l'ho conosciuto. Le sue braccia scoppiano di muscoli, il petto è largo e il busto definito. E poi tutto il resto, ed è un resto diverso, quasi sofferente, dal bacino, alle gambe, ai polpacci quasi del tutto inesistenti, ai piedi ossuti e nervosi, nascosti sempre nelle Converse alte. È la sproporzione fatta persona. Ma è il mio Davide e non provo pietà per lui. Constato solo come il tempo e l'immobilità lo cambiano. E lo accetto. Accetto i suoi abbracci a metà, il suo peso che schiaccia, il suo strisciare sul letto o in bagno. Lo accetto e lo amo. Così come mi piace l'odore che ha dopo l'allenamento e come gli stanno i capelli incollati alla testa dal sudore. E amo quando è con Giorgia, la porta su di sé, le tocca le mani con i pollici in fuori e le lava i denti. Amo quando parla e mi propone di uscire con lui. Ma odio quando mi punisce senza senso, come sta facendo adesso. «Sei proprio stronzo, lo sai?» Aspetto che il cuore si calmi un attimo, ma sono arrabbiata con lui che non capisce. «Sì, è importante che io stia qui» gli dico feroce. «Per qualcuno sono davvero importante.» È una ripicca, un battibecco che non è utile a nessuno, però lui sa tirare fuori il peggio di me. Me ne vado in camera e sbatto la porta. Non ho scelto io di occuparmi di Francesco. Non volevo sentirmi tanto in ansia. Cerco di non farlo affondare e, invece, affondo io e rischio di perdere la tranquillità con il mio uomo. Mi siedo sul letto e osservo la nostra camera. Dalla mia parte, ho il comodino ingombro di cose inutili, tra cui un uccellino di Thun, fazzoletti e burrocacao. Un tappeto peloso accoglie i miei piedi. Non c'è nulla dalla parte di Davide che ha bisogno di spazi sgombri per arrivare il più vicino possibile al letto. Non alzo la testa quando lui entra e si ferma a un millimetro dai miei piedi, arrotolando il tappeto. Lo ignorò perché è il mio modo di affrontare le discussioni: mi isolo, sparisco. Sento il piacevole profumo di agrumi del detersivo con cui pulisco la nostra casa e cerco un'emozione positiva, ignorando la sua presenza, la sua sproporzione così d'impatto su di me.

«Spiegami di più. Così non posso capirti, Lorenza.»

Tolgo un pelo sulla coperta. «Non posso parlartene. Il segreto professionale mi impone la segretezza assoluta.» E Francesco non vuole che tu lo sappia.

«Sei strana. Assente a me e a Giorgia. Non è piacevole venire ignorati.»

Amo sapere che mi ha guardata, che pensa a me. «Cerco di fare del mio meglio, Davide.» Poi trovo il coraggio di guardarlo in faccia e mi annodo i capelli sulla nuca, come faccio quando sono decisa a raggiungere un obiettivo. Spiegargli è di vitale importanza, adesso. Il nome di Francesco è sul punto di uscire dalla mia bocca. Accidenti, no! La chiudo con uno scatto. «Sai cosa sono gli ADP?»

Scuote la testa mentre mi concede tutta la sua attenzione.

«Attacchi di panico. Crisi d'ansia. Sono improvvisi e così violenti che chi li prova pensa di morire. Sono molti i casi in cui si prova a fuggire a questa sensazione devastante con... il suicidio. Certo, si può guarire, conviverci, controllarli, ma il percorso è lungo. Quando non ricevo notizie, il primo pensiero è che lui stia facendo qualcosa di irreparabile. O che sta così male da non poter chiamare. Sai, è in casa da solo.» E ha riversato su di me tanta di quella responsabilità che mi sta schiacciando.

La testa di Davide oscilla in un sì che risolleva il mio animo. Quando mi prende le mani tra le sue sono pronta a dirgli tutto. La reazione dei nostri corpi è immediata. Le nocche si piegano, le dita si incastrano, le unghie entrano nella carne dell'altro. Il nostro modo di toccarci e sentirci è più forte di tutto. A volte esagerato. Forse è il modo in cui io e Davide viviamo la vita. Lui al massimo della velocità. Io sempre di corsa dietro le sue ruote. Non mi piace mentirgli ma per ora è necessario. Domani parlerò con Francesco e gli dirò che non posso più assecondarlo. «Mi spiace, Davide. È un periodo del cavolo.»

«Eh già!» Una sua mano si sgancia e io gliela prendo non volendola lasciare. Ma non va via, mi accarezza una guancia e mi tira a sé. Gli cado quasi addosso e non mi resta che sedermi sulle sue gambe, nel punto in cui ho fatto il mio nido. «Che casino.»

Ce ne torniamo in cucina, dove la luce è più forte.

«Ho fame. Stasera ho un doppio allenamento.»

«Ti preparo qualcosa» gli dico felice, perché il mio progetto di vita è curarlo, nutrirlo e amarlo, non mentirgli. Al diavolo Francesco. Questa sera voglio riempirgli la pancia, gonfiarlo di attenzioni, saziarlo di parole e sogni, e pensieri e progetti per il futuro.

«Aspetta.» Mi porta vicino al mobile e dall'anta a scomparsa tira fuori il barattolo di cioccolata. Glielo prendo di mano e ci butto dentro un dito. «Mi piace questo spuntino.»

Succhia e lecca e quando il dito è pulito lo ricarico e torno a offrirglielo.

«Ora a te» mi dice e il suo sguardo è adorante, e anche vorace. Ci baciamo e abbiamo ancora la Nutella nelle nostre bocche. Mando giù il suo sapore e non penso a nulla che non sia lui. Ci mangiamo a vicenda, ci lecchiamo e poi il suono di un messaggio che arriva sul mio telefonino mi fa saltare. Lo ignoro e continuo, ma lui si stacca. Mi allontana spingendo via la mia faccia chiusa tra le sue mani ed è di nuovo scuro in viso. Di nuovo granito che non si può ammorbidire.

«Devo andare. E tu hai da fare.»

Vorrei gridare che è Francesco, renderlo reale e non un fantasma innominabile. Vorrei. Invece aspetto di udire l'auto di Davide che esce dal vialetto di casa. In un atto di rifiuto lascio perdere il telefonino e mi avvio verso il bagno. Ho lo stomaco sottosopra, ma poi torno indietro. È un comportamento infantile il mio che va combattuto. Apro la posta e leggo le due semplici parole: «Tutto bene», che hanno fatto scappare Davide.

«Vaffanculo, aiutati da solo» dico a voce alta anche se non serve a tranquillizzarmi e resto dolorante dentro.

****

Ho il fiatone e la visione di Sante Marie negli occhi. L'ho vista facendo una ricerca su Google. Un tipico paesino montano con le case asserragliate le une alle altre, immortalate in vari momenti dell'anno: sotto la neve, con il sole splendente dell'estate, con la gente lungo le vie e tutto il bosco di castagni attorno. Non so perché avesse scelto di portarmi lì, ma mi sarebbe piaciuto andarci. Per colpa di Francesco mi sono persa questa occasione. Il comportamento di Davide non è stato dei migliori. A volte mi passa sopra come un carrarmato. Forse è questa la rivalsa che si prende rispetto alla vita e alle relazioni. Mi fa pagare lo scotto dell'handicap. Mi tolgo la giacca e lascio i sacchetti della spesa a terra. Le serate di fine ottobre sono fresche però, a volte, sono così limpide da fare invidia all'estate. L'inverno arriverà presto e già il Gran Sasso ha un cappello di neve. Giorgia è con Filippa e io ho un regalo per Davide. Sospiro mentre scosto la tenda e guardo fuori. Questo panorama è tanto diverso da quello di Modena dove potevo scorgere solo il muro del palazzo di fronte e un pezzetto di cielo, in alto tra i cornicioni. Lontano, ora vedo i filari macchiati di rosso di Tollo e so che la vendemmia è ancora in corso. Respiro il profumo della mia casa chietina e sento di appartenere a questo posto.

Ho per Davide un dono di pace. Non saranno come quelle di Sante Marie, ma sono castagne acquistate con la speranza di fargli dimenticare l'utente *importante* che ci sta avvelenando l'anima. Tutto sta andando per il meglio. Francesco non ha avuto neanche una crisi in questa settimana e i colloqui con il dottor Orlandi, uniti agli incontri con il gruppo di aiuto, stanno procedendo senza intoppi. Mi rincuoro perché presto tornerà tutto a posto e io potrò allontanarmi da lui.

«Allora, ho deciso che le lavo.» Anche se il fruttivendolo mi ha detto di non farlo, io passo le castagne sotto il rubinetto e le sciacquo dalla polvere.

«Ora le taglio. Anzi, le castro.» Ripeto i passaggi che devo fare e un po' questa parola mi sembra sporca sulla mia bocca. Taglio la buccia e le metto in una padella. Andrebbero sulla brace, ma non ho idea di come preparare una fornacella.

«Bene, accendo il fornello e le cucino.» Sono così felice di averle comprate che neanche il fumo che comincia a riempire la cucina mi preoccupa. E poi il sorriso si congela. «Cacchio, qui si brucia tutto.» Eppure non sono cotte e all'interno restano dure. Corro da una parte all'altra per chiudere le porte delle camere e circoscrivere il fumo alla sola cucina. Mi pizzicano gli occhi e non so se spegnerle e lasciarle crude o continuare a cucinarle e arrostire anche i muri. Doveva essere tutto perfetto e invece…

Quando lui entra in cucina resta sorpreso dalla nebbiolina acre che mi circonda. Si guarda attorno stupito mentre alterna lo sguardo dalla mia faccia al mestolo che ho in mano.

«Non so che fare. Bruciano ma non cuociono» mi trovo a dire. So che non capisce, ho omesso una buona parte della spiegazione. «Sto cucinando le castagne» puntualizzo. E sono in difetto perché erano le castagne del perdono e io le sto bruciando lasciandole crude.

«Va bene, ma non c'è bisogno di mandare a fuoco la casa» mi dice, come se non lo sapessi. Ora sembra indeciso se preoccuparsi o sorridere. Intanto lascia la porta aperta per far prendere aria all'ambiente. È proprio in questo momento che qualche castagna non *castrata,* usando il termine del fruttivendolo, scoppia con un rumore simile a una fucilata. Alcune schizzano fuori dal tegame e io grido. Solo allora Davide ride e viene verso di me.

«Mio Dio, Lorenza. Sei senza speranza.» Mi prende il mestolo di mano, raccoglie le castagne saltate fuori e poi copre il tutto con un coperchio. «Se abbassiamo il fuoco al minimo avranno tutto il tempo per cucinarsi senza carbonizzare» mi spiega mentre guarda i fornelli. «Cosa c'è per cena?»

Non ci sono altre pentole. Scuoto le spalle e nascondo le mani dietro la schiena. «Castagne per primo, secondo e contorno.»

Il suo sorriso si allarga e anche io mi lascio andare a un sospiro liberatorio. Ci sono cose che non riuscirò mai a fare bene e la cucina è una di queste.

«Perché proprio le castagne?» È tornato serio mentre me lo chiede. Ne prende in mano una spappolata dallo scoppio, la esamina, l'annusa, ne assaggia l'interno bianco messo in evidenza dalla buccia bruciacchiata.

Quasi non me la sento di dirgli la verità, ma sono tante le cose che gli sto tacendo che il tutto viene fuori con semplicità. «Per chiederti scusa del momento critico. Avevo tanta voglia di venire con te a Sante Marie ma... È un piccolo segno di pace. Un giorno ci andremo, vero?»

Davide ha lasciato andare la castagna. Mi osserva e ogni volta che lo fa vorrei essere più bella, più indispensabile, più di ogni altra donna. Vorrei farmi carico di tutti i suoi problemi, ma non ce la farei mai a fare tutto ciò. Mi pettino i capelli all'indietro e inspiro l'odore di bruciato che ristagna in cucina in una nebbiolina alta, vicino al lampadario. «Scusami, molto presto te ne parlerò» gli prometto. L'ombra di un uomo torna tra noi, nei suoi occhi. Io so che connotati dargli, ma per Davide è solo un fantasma pericoloso che mi prende i pensieri. Nonostante si sia incupito, mi tende la mano e io corro da lui, su quelle gambe in cui ho fatto il nido, tra quelle braccia che sono diventate così forti da stritolarmi e sopra i braccioli la cui pelle è consumata dall'uso. Sostengo il peso del suo mento sulla testa e gli spingo il naso nell'incavo del collo. Siamo due pezzi ben incastrati, siamo buccia e polpa di una coppia, sangue e titanio di una relazione, ossa e fiato di un'entità fusa. Granito e ceramica.

«Castagne per primo, secondo e contorno» ripete sottovoce e immagino il suo sorriso. «Sai che significa, Lorenza?»

Muovo appena la testa per negare. Non mi sposterò da qui neanche per respirare.

«Che morirò di fame, stasera. E la Nutella è quasi finita.»

Lo abbraccio stretto, il mio uomo dalla fame atavica, dall'appetito insaziabile e dalla forza di un ariete. Lo abbraccio stretto e non so cos'altro dargli da mangiare, come se l'affetto passasse dalla sazietà di uno stomaco. «Faremo l'amore?» gli chiedo senza pensare ad altro che a noi e al nostro stare incastrati. Mi sento sparire ancora di più tra le sue braccia mentre mi stringe.

«Vuoi farlo?»

«Sì che voglio. Stasera ancora di più del solito.» Forse perché sono allo sfinimento con Francesco. Forse perché non mi va di non potermi confidare. Forse perché questi segreti ci porteranno solo guai, ma non mi sposto di un centimetro quando lui tenta di allontanarmi per guardarmi in faccia. Gli resto addosso e quasi dentro il collo ascolto il suo fiato venire su dalla trachea.

«Oddio, Lorenza, certo. Ogni volta che vuoi, ogni volta che me lo chiederai, ogni volta che riuscirò.»

Ho già la sua bocca su un orecchio, la sua lingua passa sul contorno di un lobo. Spero che le castagne abbiano appianato le cose tra noi, lo desidero e lui desidera me. Mi lascio togliere la maglia e aspetto che sia lui a chiudere il fuoco del fornello e a portarmi in camera da letto.

«Non essere arrabbiato con me, ti prego.»

«Non posso non esserlo. Sai, solo le cose che ti riguardano hanno il potere di mandarmi fuori di testa. Nessuno mai è riuscito a farmi stare così.»

Gli accarezzo il mento e gli stringo le guance mentre ci fissiamo. «Davvero? Allora dimmi cosa ti do io di speciale.» Trattengo il respiro e aspetto. Mi innamoro ancora cento volte di lui che alza gli occhi al cielo come in cerca di un aiuto divino.

«Segreti. Grattacapi. Problemi. Pensieri. Castagne crude e mezze bruciate. Segreti. Occhi blu. Thun dovunque. Culo perfetto. Segreti.»

È un elenco dissacrante. Mescolare "culo perfetto" a "segreti" è un'ingiuria.

Segreti.

Se sapesse perché. Se sapesse chi e con quali parole mi ha ingabbiato. «Ma quale culo perfetto.»

Lui ci passa sopra le mani, mi attira a se. Ci incastriamo e la nostra pelle si scalda.

«Tu non capisci quanto sei importante per me.»

«Voglio esserlo sempre di più, Davide, ma tu... tu resta sempre dalla mia parte.»

«Non hai bisogno di chiedermelo.»

Oh, sì che ne ho!

Le labbra di Davide si schiudono. Non voglio pensare. Non voglio segreti. Eppure, pensieri e segreti si mescolano come la nostra saliva. Come le mani che si intrecciano. Come granito nero e ceramica chiara che fanno a botte sul ripiano della cucina.

CAPITOLO QUINDICI

«Lorenza, che ne dici se invito i miei genitori a stare da noi per qualche giorno?»

Mi sbilancio e saltello di lato, con una scarpa in mano e l'altra slacciata al piede.

«Magari per il ponte di Ognissanti. Io e te staremo a casa due giorni e anche Giorgia resta con noi perché Filippa va… da qualche parte.»

Riprendo l'equilibrio e mi siedo sul bordo del letto. Devo ancora lavarmi, fare colazione, svegliare Giorgia e portarla all'asilo, e poi andare a lavorare. Se penso che per fare tutto ciò ho solo un'ora mi viene il panico. La proposta di Davide è una novità. È sempre stato restio ad aprire i suoi spazi personali. Il discorso genitori, poi, è controverso. «Sarebbe un'ottima idea» gli dico anche se mi sento già a disagio all'idea di avere gente per casa.

Davide passa con agilità dal letto alla carrozzina. Sono gesti che gli ho visto compiere così tante volte che non mi spavento all'eventualità che possa cadere. Non guardo più come mette le mani su entrambi i braccioli, né come fa scivolare un piede e poi l'altro. L'istinto di proteggerlo è quasi del tutto sotto controllo, perlomeno in casa. Fuori, è ancora in modalità vigile ma lo tengo a bada. «Dove li faremo dormire?»

Davide si spinge fino alla cabina armadio con le ante a scomparsa. Sceglie una tuta morbida, dei calzini lunghi, le solite Converse chiuse alla caviglia. «Metteremo un letto nello stanzino dove tu ammucchi tutto.»

«Entrare lì dentro è un'impresa.» Faccio finta di allacciarmi la scarpa, ma in realtà sto riflettendo sul significato di questo invito. Mi fa piacere e voglio che i rapporti tra loro tornino al meglio. «È una loro richiesta?» So che la madre vuole Davide a casa. Glielo propone a ogni telefonata, però lui è schivo. Tornare a Ortona gli crea disagio.

Per un attimo, mi guarda pensieroso. «Che c'è?» gli chiedo e scatto verso il comò per prendere i vestitini di Giorgia. Anche se dorme nella nostra camera non si sveglia neanche se parliamo con un tono normale.

Davide si avvicina al lettino. Copre una spalla della bambina e l'accarezza. Parte dalla guancia, sui capelli che le ricadono sulla faccia, e poi salta alla mano che lei tiene accostata alla bocca. Giorgia comincia a succhiarsi la lingua come se tenesse in bocca il ciuccio. È il suo essere ancora piccola, in cerca di rassicurazione. Osservo il modo in cui la mano grossa di Davide diventa delicata. Le tocca il pollice, tenuto in fuori quando è rilassata. Non glielo raddrizza, si limita a sfiorare l'unghia che lei non vuole mai farsi tagliare, la carne morbida tra pollice e indice nel punto in cui le si sta formando un callo. Diventerà come quello di Davide, spesso e insensibile e non proverà più dolore nello spingersi sulla carrozzina. È il modo in cui diventiamo più forti. «Li hai già avvisati?»

«Aspettavo di parlartene.»

Con i vestiti in mano mi avvicino a loro. È ora di svegliarla. «Per me va bene, a patto che mi aiuti in cucina. Farei una pessima figura se dovessi preparare tutto io.»

«Tranquilla, sanno già che non sai fare da mangiare.» Sorride e mi sfotte in silenzio, ma ha appena detto una verità che non posso smentire. «Ci arrangeremo, e poi sarà per poco. Mio padre ha sempre da fare in campagna.»

Mi prendo tutto il tempo di vedere come la tocca, come le sussurra in un orecchio per svegliarla e come Giorgia si nasconde sotto le coperte. Però, Davide si interrompe all'improvviso e mi guarda.

«È proprio necessario che tu vada con lui quando i miei saranno qui?» mi domanda.

Sento il gelo cadermi addosso. Non vorrei mai andare con *lui*, ma... Senza di me Francesco non esce neanche di casa. Significherebbe fargli saltare l'incontro di gruppo e rimandare la possibile guarigione. Lui mi ha detto che si è trovato bene e che vedere che molti non hanno più paura l'ha risollevato. Vorrebbe andare più veloce e guadagnare la sicurezza necessaria per tornare alla sua vita normale, ma siamo solo all'inizio.

Davide si tira indietro e torna alla cabina armadio. Mette su la sua espressione arrabbiata. «Non serve che tu risponda. Ho già capito.»

Mi passa accanto e se ne va in cucina. È di nuovo nero, come se gli stessi facendo un torto. Be', il torto lo faccio a me stessa perché devo restare zitta e mantenere un segreto che neanche voglio tenere. Lo sento sbattere gli sportelli dei mobili. Non mi resta che sospirare. Ma oggi è l'ultimo giorno. Non ce la faccio a continuare così. Mi sporgo sul lettino di Giorgia, tocco l'indice come ha fatto Davide. Sfioro la parte di pelle dura comparsa sul suo palmo. La massaggio e non so se sperare che vada via o che diventi più dura e protettiva. «Svegliati, patatina» le sussurro mentre inspiro il profumo di borotalco che le ho cosparso sulla pelle ieri sera.

Giorgia si muove, si gira solo con la parte superiore del corpo. Cerca di fuggire dalla mia voce, ma io l'abbraccio e scivolo nel letto con lei. Ho deciso: oggi farò ritardo. Mi prendo un momento per sentirmi al caldo con lei. Non sa che un uomo *importante* mi sta aspettando e che, probabilmente, ha paura. Mi allungo per prendere il telefonino e mando a Francesco un messaggio avvisandolo del ritardo. E vorrei gridare quando Davide mi passa accanto e osserva con durezza me e il telefono. Non serve dire nulla. Sa bene a chi ho appena mandato un messaggio.

«Non è come credi» cerco di difendermi. Ma Davide è già andato via. Lo sento sbattere la porta di casa e partire con una sgommata.

«Stupido!» Lo dico a bassa voce, Giorgia è così ricettiva che impara tutto al primo colpo. Le parolacce anche più in fretta.

CAPITOLO SEDICI

Non ho mai corso tanto come oggi. Sono arrivata in ritardo a scuola, al lavoro, all'incontro con Francesco. Da lui, mi aspettavo un semplice messaggio di risposta in seguito all'avviso che gli ho mandato, invece, le due parole che ho trovato sul display mi hanno fatto tremare.

Sto troppo male.

Sa come farmi galoppare il cuore di terrore e annodarmi lo stomaco dallo sconforto. Ho chiesto a Jacopo di avvisare gli utenti e mi sono fiondata fuori dal dipartimento di servizio sociale come una che corre per le olimpiadi. Ormai conosco ogni via di Chieti. Il traffico del mattino è ancora caotico e lo schivo a suon di clacson e sterzate. Questa volta sono io che ho la felpa inzuppata dal sudore freddo della paura. La sfortuna vuole che non trovi alcun parcheggio dinanzi al suo palazzo e mi tocca infilarmi in un vicolo laterale a Via Rovigo. Sosto per metà fuori dalle strisce bianche, davanti all'accesso di scarico di un magazzino, ma me ne infischio, anche se in tutta probabilità mi rimorchieranno l'auto e mi toccherà inventare chissà quali scuse, e procedo.

Intanto corro da lui.

Intanto sono qui.

Intanto mi ritrovo a combattere con ansia e fastidio.

Il portone è già aperto e salgo le scale facendo un rumore incredibile per la rampa desiderando che qualcuno mi senta, nella vana speranza di non trovarmi sola con lui. Anche la porta del suo appartamento è socchiusa. «Francesco, dove sei?» Il cuore non può pompare più di così. Ho le arterie indolenzite dalla potenza delle pulsazioni e la trachea è tanto stretta da farmi soffocare. «Ci sei?» Faccio un passo ed entro, ma mi manca il coraggio di chiudere la porta dietro di me. Mi do della sciocca e sento lo scatto della serratura che mi fa rizzare i capelli sulla nuca. E poi lo trovo. Ci metto qualche secondo a capire e a correre da lui. È rannicchiato a terra e accanto ai suoi piedi c'è una pozza di vomito. Si tiene lo stomaco e si contorce, a volte in silenzio, altre con un gemito.

Aiutami!

«È una crisi?» Quasi sento me stessa andare nel pallone. Ma lui scuote la testa.

«No. Ho dolori così forti da stanotte. Non ce la faccio più» Francesco si lamenta.

Gli tocco la fronte tanto per fare qualcosa di utile ma non so se scotta o è gelata. Oppure se è la mia mano a bruciare o a ghiacciare. «Chiamo il 118.» Sono affannata mentre cerco il telefonino dentro la borsa. Rovisto in fretta e faccio cadere l'astuccio dei farmaci e il pacchetto di fazzoletti. Il rossetto che stamani non ho messo rotola a terra verso Francesco.

«Lorenza...» mi chiama spaventato.

Lo ignoro. Non può sempre andare come vuole lui. Questa volta decido io chi chiamare e cosa fare. Ci metto una vita a sbloccare il display. «No, non si può andare avanti così» dichiaro a lui, a me, forse anche a Davide. Sono così decisa che sbaglio numero. Premo tre volte l'uno e l'otto lo salto. Cancello e riprovo. Sbaglio ancora. Pesto un piede a terra e mi prendo le tempie con le mani.

«Ti prego, non voglio andare in ospedale» sussurra disperato.

«Non stai bene, cazzo. Guardati. Io non so cos'hai e non mi importa se non sei d'accordo. Ora chiamo…»

«Non farlo.»

Poi lo guardo rannicchiato, sporco, si tiene l'addome con le mani e piange. Ha il volto bagnato e così stravolto che non lo riconosco. L'amico di Davide, l'uomo che mi ha aiutata, che gli ha dato il suo SEMPRE fatto di fedeltà… non può essere lui che ora rigetta tutto, che si allontana dagli amici, che ha paura degli spazi aperti, dei vecchi palazzi e della gente.

«Per favore, hai bisogno di aiuto» e il mio è un lamento uguale al suo "aiutami" che ha saputo mandarmi al tappeto. Ma non ottengo l'effetto voluto. Francesco continua a negare. Ho le braccia lungo i fianchi e stritolo il telefono sul cui display ho digitato troppi uno e nessun otto. Sento di nuovo il vincolo del patto stretto tra noi e un nodo allo stomaco che mi fanno perdere la partita.

«Sai cosa facciamo?» mi sussurra e l'uso del plurale mi lega sempre più a lui. Non siamo un noi, neanche un noi terapeutico. «Alle dieci il mio medico di famiglia sarà reperibile. Chiamerò lui e gli chiederò di venire qui, ma non voglio stare in ospedale.» Cerca i miei occhi con i suoi, bagnati, rossi e doloranti. Ha una contrazione al corpo e quasi guaisce. Gli corro di nuovo vicino e penso che sono solo le nove del mattino e morirà. Mi accoscio al suo fianco e in un attimo mi artiglia la mano.

Non toccarmi!

Ho il suo respiro acido addosso e la puzza di vomito si fa insopportabile. Apre la bocca per dirmi qualcosa, poi ci ripensa e appoggia la testa sulla mia spalla.

Dammi ciò che dai a lui!

Francesco si prende la libertà di avvicinarsi. Dovrei allontanarmi e mantenere le distanze, invece gli accarezzo i capelli e lo stringo in un abbraccio che ha del consolatorio, dell'amaro, del rabbioso e del disperato. Mi ha contaminata con questa storia di menzogne. Anche se a fin di bene, resta sempre una sporca bugia ai danni di Davide. Resto accanto a lui perché ho dato la mia parola, e perché non so cosa diamine fare di diverso.

«Francesco, ci sei? Francé? Sono Davide, aprimi.»

Saltiamo sorpresi alla voce di Davide. Il mio cuore corre impazzito e io sono alla porta prima che me ne sia resa conto. La sua voce è forte e anche arrabbiata. A volte chiama, altre batte contro la porta, altre ancora suona il campanello. Mi giro in una frazione di secondo e lascio cadere la mano sulla maniglia, pronta a farlo entrare, con il respiro affannato di chi è disperato. Francesco ha un tremito e la sua testa oscilla in un *no* senza appello.

I colpi alla porta si susseguono. Immagino Davide seduto a terra dopo aver fatto le due rampe di scale, come fa insieme a Giorgia quando le insegna a salire e scendere i gradini di legno della piattaforma per l'allenamento. Appoggio la testa dove penso stia battendo con il pugno. È così vicino che mi sembra di sentirmi meglio.

Fallo entrare! Fallo entrare!

Torno verso Francesco e i miei occhi lo pregano. Chiudo un po' le palpebre quando capisco che non lo lascerà entrare.

«Ti prego, provaci.» Il mio sussurro finisce nel nulla. Mi siedo a terra, le nostre mani sono vicine ma non lo toccherò, cascasse il mondo. Sono costretta ad accettare le sue condizioni, ma non per questo le capisco e le condivido. Non devo influenzarlo, recita il mantra della perfetta assistente sociale. Non devo spingerlo verso una decisione. Autonomizzarlo. Ma quant'è difficile quando il mio uomo è fuori dalla porta e io dentro, e non so che fare.

«Fammi aprire la porta» lo imploro.

Francesco piega la testa verso il basso e io vorrei dargli un pugno. Dopo un ultimo richiamo, dal pianerottolo arriva di nuovo il silenzio. Davide se ne sta andando e io e Francesco abbiamo perso l'occasione di fare un salto in avanti in questa storia di pazzi. Un conato di vomito a secco mi sale alla bocca. Mi piego in avanti senza preoccuparmi di sporcargli il pavimento già lurido. Sento che mi stringe una spalla ma non mi giro.

Vattene!

Sono arrabbiata, disperata e stufa. E ora anche nauseata. Do un calcio al rossetto rotolato vicino al divano e lo mando dall'altra parte della stanza. È quello rosso che amo portare e che Davide odia vedermi sulla bocca. Me lo toglie sempre a furia di baci e, in tutta onestà, un po' lo metto per farmi baciare. Ma non ci saranno baci, quest'oggi. La mia non è una bocca che merita di essere baciata. Ha detto troppe bugie.

Tengo lo sguardo fisso sulle mattonelle non so per quanto tempo. «Dove tieni gli stracci?» E la mia voce è monocorde. Morta.

«Lascia stare, ci penso io. Siediti e riposa anche tu.» Francesco continua a tenermi la mano sulla spalla. Pesa e non mi resta che sedermi all'indietro, contro il muro, al suo fianco. Ce ne stiamo ad aspettare che il tempo passi e che lo studio medico apra. Il tempo è così lento che mi trovo ad appoggiare la testa alla sua nonostante la rabbia che ho dentro. Nonostante il disgusto. Eppure dovrei essere la più forte, quella che conduce l'utente alla soluzione del problema. Ma il malessere di Francesco mi ha riempito la mente e lo stomaco e ho la nausea, come se lui mi facesse schifo. «Davide.» Sussurro il suo nome un po' per non farlo sentire a Francesco. Un po' per farglielo sentire. E la sua testa si appoggia alla mia con più forza.

Dammi ciò che hai dato a lui.

Mai Davide mi avrebbe chiesto un sacrificio del genere. Mai Davide avrà bisogno di una compagna che si costringe a fare ciò che è giusto. Il nostro rapporto è diverso. Brucia come benzina e ci arrostisce la carne e poi torna così dolce da guarirci. Ma non ha mai avuto il sapore del disgusto. È ora di capire perché Francesco mi crea tanto disagio. Le sue parole hanno avuto un impatto emotivo troppo forte che va al di là del suo malessere. È ora di riflettere e di fare una bella chiacchierata con me stessa.

****

Reazione ai farmaci. Dosaggio eccessivo. Debilitazione generale dovuta allo stato di prostrazione fisica e psichica. Il dottore organizza una serie di visite a domicilio e si mette in contatto con psichiatra e psicologo. Dopo che Francesco ha rifiutato il ricovero si è visto obbligato a tamponare con misure alternative e più massicce, oltre che con una nuova cura per lo stomaco bombardato dai farmaci. Aspetto che gli faccia una puntura di ansiolitico. L'intontimento è immediato, ciondola con la testa ma è a letto, scivola giù e si addormenta all'istante.

«Lo vegli per un po'» mi ordina il dottore come se io potessi stare con Francesco tutto il tempo. Devo tornare a casa, prendere Giorgia dall'asilo, cucinare per loro. Ma soprattutto, voglio allontanarmi da qui. Mi è rimasto un tale malessere addosso che fatico ad alzare i piedi. Eppure non posso lasciare Francesco da solo. «Va bene, dottore» acconsento.

«Ripasserò stasera, dopo la chiusura dello studio» promette. Quando se ne va mi stendo sul divano, stremata come non mai. Il mio telefono è rimasto sul tavolo. Mi costringo a prenderlo e digito un messaggio veloce per Davide. «Torno tardi. Non so dirti di preciso quando. Ho avuto un'emergenza.» So che quando lo leggerà collegherà *emergenza* a *utente importante*. Lo so e mi spiace, ma presto gli spiegherò. Forse lo farò stasera, al mio rientro, perché non ce la faccio più a stare in questo casino.

Non so se l'appartamento di Francesco mi piace. Denota mascolinità nei pezzi di arredamento scarni all'estremo, nelle linee definite del legno scuro e nell'assenza di suppellettili che ingentiliscono gli ambienti. Il soffitto rappresenta per me un'attrazione senza pari, adesso che in casa c'è silenzio. Farmi toccare con la familiarità con cui Francesco mi tocca mi mette a disagio. Pensare che qualcun altro, oltre Davide, possa avere questa pretesa ha dell'idiota. Il mio corpo reagisce d'istinto, si allontana, cerca la via di fuga, rigetta la vicinanza ma, più di ogni altra cosa, cerca Davide. Per non parlare del mio cervello, che si impunta e nega. C'è una sola spiegazione: nessuno potrà mai prendere il posto che ho donato a Davide. Forse è questo che vuole Francesco. Una persona che gli conceda un pensiero speciale, un'attenzione particolare, una speranza unica. Be', ha sbagliato di brutto. Io non potrò mai donargli queste cose. Non potrò mai regalarle a nessun'altro, al di fuori di Davide. Mai. Per tutta la vita.

Sono quasi le otto e parcheggio la mia auto vicino a quella di Davide. Sono affiancate, quasi ci fosse una linea da non superare. Apro il portone con un tremito alla punta delle dita.

«Lorenza, guarda che ho creato?» È incredibile come Giorgia abbia fatto passi da gigante con la logopedia. Ora dice ogni parola. Non la sento più chiamare Dadive, come faceva all'inizio, ma mette attenzione, e anche tanto affetto, nel posizionare ogni lettera al giusto posto.

Lei è sulla carrozzina che la tiene in posizione eretta. Si spinge con una mano e viene verso di me, che ho fatto solo pochi passi e mi fa vedere un salsicciotto verde che tiene in una mano.

«Il serpente ti mangia» mi avverte e me lo spinge contro la pancia.

«Che paura. Io i serpenti non li sopporto e questo è proprio spaventoso» le sorrido e faccio un saltello all'indietro per farla ridere. Sul tavolo trovo pagnottine colorate di pasta da modellare. Anche davanti a Davide ci sono dei lavori che lui ha fatto insieme alla bambina: un fiore, una lumaca, un sole, un dado, un cuore.

Davide.

È così dolce mentre con le sue mani callose da cestista arrotola un panetto rosso. Lo allunga e poi lo rimpasta. Davide che ha giocato con Giorgia tutta la sera. Davide che mi guarda arrabbiato e anche preoccupato.

Davide.

Vorrei correre da lui e mettermi sulle sue ginocchia e dimenticare questa giornata. Mi è rimasto addosso il malessere, la nausea e non so come liberarmene. «Cosa avete mangiato?» chiedo. In questo momento, gli sto dando solo bugie.

Giorgia ritorna al tavolo e riscalda tra i palmi un panetto verde. Io mi muovo per la cucina tanto per non stare impalata.

«Hamburger, ce n'è anche per te» dice Davide.

Sorrido perché è un modo diverso di chiamare le solite polpette che mangiamo quattro volte a settimana. Ma sono teneri ad avere pensato a me. Mi viene da piangere senza motivo, per un gesto che io compio ogni giorno per loro. «Prima mi lavo le mani.» Ma non vado lontano. Quando passo vicino a Davide mi ritrovo con le dita tra le sue. La mia mano si è chiusa naturalmente, senza pensare. Intrecciate così strette, ho male alle giunture delle falangi. Finalmente chiudo quella porta mentale dietro cui c'è Francesco e riesco a sorridergli. Poi lui mi tira a sé e le nostre braccia si aggrappano. Sospiro e mi svuoto. Non ho bisogno di altro. Resto immobile fino a che lo stomaco brontola e anche Giorgia lo sente.

«Hai fame. Ora mangia» mi invita Davide e mi lascia libera di scendere in qualunque momento. Non sembriamo capaci di dire cose importanti e non ne abbiamo neanche voglia. Non sa che ho finalmente realizzato che mai nessuno potrà avere ciò gli regalo ogni giorno. I mei pensieri, il mio affetto, le mie bugie a fin di bene.

«Ho saltato il pranzo» gli confido e lui torna a stringermi più forte di prima.

«Non farlo più. È lavoro, ricordalo. Non deve avere la precedenza su di te.»

Annuisco soltanto, mentre Giorgia elenca le sue creazioni di pasta. È abituata a vederci abbracciati e a infilarsi tra noi, ma stasera è interessata ai panetti colorati e ci permette di godere di un momento di vicinanza fisica.

«Sono stato a casa di Francesco, stamani» mi confida Davide.

Sento il mio corpo reagire, irrigidirsi e stare all'erta. «E...?» Rivivo il momento in cui stavo per farlo entrare, incurante del volere di Francesco, conscia solo del sollievo di averlo vicino. E la voce con cui lo ha chiamato molte volte è chiara e forte nelle mie orecchie. E poi il silenzio ritornato sovrano mentre se ne andava. L'ho immaginato mentre scendeva, un gradino alla volta, attento a non battere le gambe, né a trascinarle, pena ematomi e lacerazioni.

Gli stringo un polso, doveva avere i palmi sporchi e impolverati. Ora sono macchiati solo dal colore della pasta da modellare.

«Non era in casa, ma le tapparelle erano alzate e la sua auto nel parcheggio. Ho aspettato quasi un'ora sotto casa sua per vedere eventuali movimenti alle finestre. Ho chiamato anche i suoi genitori. Loro hanno ricevuto un messaggio da Francesco pochi giorni fa. Sanno che è a Chieti. Però il campionato è iniziato ma non l'ho visto giocare con la solita squadra. Non capisco cosa stia succedendo.»

Mi poggia il mento sulla testa ed è piacevole questo peso. Voglio averlo tutto addosso, nascondermi sotto di lui e ricaricarmi. Me ne sto zitta un attimo ma non resisto a lungo. «Prova a sentire altre persone. Magari i suoi colleghi. O l'allenatore della sua squadra. Il suo agente, il suo medico... non so, qualcuno vicino a lui.» Lancio questo messaggio e non so se ho fatto bene o meno. Davide è preoccupato e io non posso dirgli nulla. Il mio stomaco brontola più forte e lui ride.

«Proverò a sentire qualcuno. Adesso mangia, e poi torna qui, su di me» comanda.

Mi alzo e sorrido anch'io. Ora ho davvero tanta fame. Ora è quasi tutto a posto. Ora sono a casa. Con lui.

CAPITOLO DICIASSETTE

«Ora hai tutto lo spazio che ti serve, dottoressa Garbi.» Jacopo si sistema davanti il verbale della riunione e mi guarda.

In realtà, adesso che ho i miei buoni quindici minuti per esporre le difficoltà del caso, non ho più molto da dire. «La terapia era troppo massiccia. L'utente ha avuto dei sintomi reattivi che stanno piano piano regredendo. I colloqui con il terapeuta e gli incontri di gruppo stanno procedendo come da piano formulato.» Non mi viene altro da dire, anche se il nocciolo della questione non è questo. Gisa e Micaela aspettano che riorganizzi le idee, ma non mi sento di parlare di me davanti al coordinatore. Però sto per scoppiare e in un rigurgito di rabbia sbotto. «Sto andando troppo in là. Non sono per nulla d'accordo con questo suo isolamento forzato. È del tutto controproducente. Penso di doverlo spingere a chiamare almeno i suoi genitori e rivolgere il bisogno di appoggio verso qualcun altro che abbia la giusta vicinanza affettiva, non accentrarla su di me.»

«Non è un minorenne. Non puoi prendere una decisione al posto suo.» Jacopo legge con attenzione un documento che ha estratto dalla cartella. «Ha espressamente chiesto che le informazioni sul suo stato di salute non vengano comunicate a nessuno. Guarda tu stessa, Lorenza.»

Lo so, accidenti, lo so. E così, affondano le intenzioni di sgravarmi da Francesco. «Oggi devo portargli qualcosa da mangiare. Non ha più nulla in casa e di fare la spesa non se ne parla. Predisporrò una consegna a domicilio con qualche negoziante.» Mi guardo attorno e incontro gli occhi della collega. Sono sicura che Micaela ha percepito la mia stanchezza mentale. Non dice nulla e aspetta che sia io a parlare. «Non sta guarendo» sbotto alla fine. «L'unica cosa che ha fatto in questo periodo è appoggiarsi così tanto a me da diventare dipendente.»

«Questo non deve succedere. Rendilo consapevole di avere bisogno degli altri, sostienilo ma, non sostituirti a lui nelle scelte» rincara Gisa, come se fosse semplice trattare con uno come Francesco. Come se vomitare insieme in casa sua non ci avesse reso più complici.

Jacopo annota senza sosta e io vorrei sapere cos'ha da scrivere. Sicuramente, c'è qualche considerazione negativa sul mio operato. Lo scoprirò quando mi renderà la cartella aggiornata.

«Altro da aggiungere?» chiede.

Aiutami! Dammi ciò che hai dato a lui! Al mio no inizia a leggere il caso successivo da trattare, ma si interrompe quando sbotto: «Un'ultima cosa.»

Sei paia di occhi tornano su di me.

«Gli concederò altri dieci giorni, poi comincerò la procedura per passarlo a qualche altro operatore. Rischio che la mia vita privata venga coinvolta in modo irrimediabile.»

Nessuno obietta e, dopo che Jacopo ha registrato le mie ultime parole, si passa ad altro. Ho ancora un leggero malessere. Un disgusto persistente a cui si aggiunge la voglia di mollare tutto. Ancora un po', mi incoraggio, e mi preparo ad ascoltare le croci altrui. Solo Gisa sembra sempre sapere cosa si deve fare. O forse no? A volte tentenna e ho imparato a leggere i silenzi dettati dall'indecisione.

Firmo il verbale e mi preparo a uscire dalla sala riunioni. Non so cosa comprare a Francesco. Non ricordo se è allergico a qualche alimento, se beve il latte o preferisce il vino. No, con i farmaci che assume, meglio evitare l'alcol. Forse un po' di formaggio e salumi? Fare la spesa per lui mi indispone e finisco per fare un elenco senza senso di cose che piacciono a Davide. Ho in mano un pezzo di gorgonzola piccante, quando mi rendo conto con che criterio ho fatto gli acquisti. Metto tutto a posto e finisco con l'accordarmi con il negoziante che consegnerà un po' di roba ogni settimana. Qualunque cosa gli porterà, andrà bene. Ma non sarò io a scegliere cosa. Parcheggio in una traversa. Se Davide dovesse tornare e vedere la mia auto qui sotto sarebbe la fine. Un po' me lo auguro. Ho rifiutato la copia della chiave che Francesco voleva prendessi a tutti i costi. Uso il citofono e busso alla porta come è giusto che faccia una persona con un conoscente. È lui ad aprirmi.

«Buongiorno, scusa, vedo che ti ho svegliato.»

Ha su il pigiama ed è tutto stropicciato. «Mi sono addormentato tardi e stamattina non mi sono reso conto dell'ora» si giustifica.

Freno la curiosità di sapere il perché, non tutto è affare mio. Oggi non c'è il colloquio con il dottor Orlandi che gli ha concesso una settimana per rimettersi. Appena sono dentro casa avverto quel senso di nausea che sento ogni volta che penso a Francesco e alla sua situazione. Ce l'ho in pancia ed è il disgusto per una storia in cui non vorrei trovarmi. Non mi era mai successo prima di sentirmi tanto disorientata. Ma penso ai dieci giorni che mi sono concessa come limite massimo e li affronterò con determinazione. «Tra poco arriverà il negoziante del minimarket qui vicino. Ti ho preso delle cose da mangiare, tanto per riempire il frigo. Digli pure di cosa hai bisogno e te la porterà fino a che non sarai tu a tornare a fare la spesa.» Annuisce e sbadiglia. Così assonnato è indifeso e un po' allampanato ora che ha perso tanti chili. È alto come solo i giocatori di basket sono. Si strofina i capelli e poi la mascella scurita di barba. «Ti lascio riposare ancora. Non dimenticare che sabato ricominceremo gli incontri con il gruppo.» Mi avvio alla porta, sollevata di trovarlo meglio e di potermene andare subito.

«Resta un po'» sento dirgli e muore di colpo il sollievo di poter fuggire. Il mio tempo non è tuo. La mia compagnia non ti appartiene.

Quando mi volto lo trovo imbarazzato e anche vulnerabile.

«Se vuoi restare» precisa, quasi fosse consapevole del rifiuto che mi sta salendo spontaneo alla lingua.

Stiro la bocca in un piccolo sorriso e faccio un passo indietro, verso di lui e più lontano dalla porta. Ci sediamo in salotto. Tutto l'ambiente ha un tocco maschile. Mobili lineari, soprammobili zero, niente piante. Ma è elegante e si capisce che guadagna bene con il basket. Lo si comprende dal tappeto Nain, o forse tabriz di lana e seta, da una pendola antica, dal palmare di ultima generazione lasciato sul tavolino, dal televisore enorme che, finora, ho trovato sempre spento.

«Vuoi che ti prepari un caffè?» gli chiedo, tanto per smorzare il silenzio.

«No, devo evitarlo come la peste. È un eccitante ed è meglio che la mia mente resti addormentata, ma se ne vuoi, te lo preparo io.» Fa per alzarsi dal divano e con una mano lo fermo.

«Grazie, questa mattina non mi va.» Poi il silenzio torna tra noi. Dovrei impostare un colloquio costruttivo, invece mi mancano slancio e inventiva e me ne sto zitta mentre la nausea aumenta senza poterla controllare. È il disgusto per qualcosa che sono obbligata a trattare. *Ancora dieci giorni e poi lo mollo!*

«Siete andati a scuola insieme?» mi sento chiedere mentre poggio la borsa a terra.

Francesco è a piedi nudi. Ha dita lunghe e unghie curate con una lunetta bianca attorno. Non come quelle di Davide che se le taglia fino a farle sanguinare. Non vuole sentire ragione. Quella è la sua lunghezza ideale, dice quando gli chiedo di non tagliarsi la carne.

«Fino alle scuole medie. Poi, lui ha scelto l'Istituto commerciale e io l'industriale fino al provino con la Magistral di Lodi.»

«Hai abbandonato la scuola?»

Si stringe nelle spalle. «Pensavo che il gioco fosse tutto. Ho preso il diploma con i corsi di recupero.» Si mette comodo appoggiando spalle e collo al divano.

«Invece Davide ha continuato fino alla maturità» dico sicura, perché lui quel pezzo di vita me lo ha raccontato. «Com'è nata la passione per il basket?»

Francesco ci pensa su un attimo. «È venuta a Davide e, come in tutte le cose, mi ha trascinato con sé. Ma ho scoperto presto quanto mi piacesse ficcare quella palla a canestro. E poi, eravamo entrambi molto alti. A sedici anni, lui riusciva a toccare i rami inferiori della quercia che faceva ombra al giardino della scuola ed era un due metri buoni. Io ero ancora venti centimetri più basso.» Sorride senza rendersene conto.

È questa la via da percorrere per fargli ritrovare il piacere per qualcosa o qualcuno? È Davide il nostro punto in comune.

«Una volta, Davide si è caricato sulle spalle Giulia e l'ha messa tra i rami facendola strillare. L'ha lasciata a penzolare per un bel po'. Gli stava sempre appiccicata, quasi sopra. Mamma mia che bocca e che sedere che aveva quella ragazza.»

Sembra non essersi accorto di avere toccato un argomento delicato, quasi che io fossi un suo amico di bisboccia. Mi viene voglia di fare domande su questa Giulia bella bocca e bel sedere, ma mi trattengo. Francesco ha voglia di raccontare e io lo ascolto aggiungendo frammenti di vita di Davide che non conoscevo. È strabiliante come il suo tono si sia alleggerito e parli con facilità, quando invece è sempre muto e triste.

«Mi fai pensare a due ragazzetti strafottenti.» Vuoi questo? Confidenze?

«Avevamo una camera in comune e il primo anno è stato…» sembra non riuscire a trovare le parole adatte. «…incredibile.» Si ferma a riflettere. Ha di nuovo una luce viva negli occhi. In questo momento non ci sono attacchi di panico, ansie, paure recondite contro cui combattere. C'è solo Davide, il loro legame e il ricordo di aver vissuto insieme qualcosa di emozionante.

«E poi?» Voglio che continui, che si riappropri di una sicurezza che aveva e mi sganci da sé.

«E poi siamo stati ingaggiati da squadre diverse e ci siamo separati. Io a Roma e lui a Torino. Successivamente, io a Milano e lui ad Arezzo. Siamo stati avversari.» Ha le mani rilassate, le braccia morbide, la tensione sembra lo abbia abbandonato. Si attenua anche il mio disagio e la nausea si placa.

«Siamo stati avversari» ribadisce ma senza rancore. Era un dato di fatto accettato. «Ma è arrivato l'ingaggio per la nazionale. Di nuovo insieme. Avversari sul suolo italiano, colleghi su quello straniero.»

Mi sembra di vederli: giovani, alti, sorridenti. Alti, sì. Troppo alti. Entrambi ragazzi di belle speranze e tanti sogni realizzati. Ma si incupisce in fretta e non racconta più. Lo so il perché. È in quella fase in cui Davide ha avuto l'incidente cadendo in modo del tutto banale. «E tu?» La vita di Francesco è andata avanti come al solito, mentre quella di Davide si accomodava su due ruote di gomma.

«Ho giocato» risponde ed è di nuovo chiuso, bloccato a qualcosa che non capisco

«Tornerai a giocare appena starai meglio.»

Francesco si alza di scatto e va alla finestra. Vorrei dirgli di non farsi vedere. Se Davide dovesse tornare e trovarci insieme, sarebbe la fine. O l'inizio di qualcosa di cui non comprendo la portata. Ma spero che Davide trovi un modo per riprendersi il suo amico. Mi torna su la colazione ogni volta che non vedo via d'uscita a questa situazione. Non voglio più preoccuparmi per Francesco, invece lo faccio puntualmente e mi viene da fuggire. «Si è fatto tardi, devo proprio rientrare in ufficio.» Ora ho voglia di correre via. «Mandami il solito messaggio per farmi sapere come stai e, ricordati, sabato ti passo a prendere per andare all'incontro di gruppo.»

Non mi accompagna alla porta e io me ne vado sollevata. Mi fermo appena in tempo, come se un presentimento mi avesse avvisata. Dallo spiraglio del portone lasciato aperto, osservo fuori e trovo la Q7 di Davide. È ferma, ma ha il motore acceso. Chissà se Francesco è ancora alla finestra e, in questo momento, si sta lasciano vedere? Mi guardo intorno alla ricerca di luoghi dove nascondermi nel caso Davide dovesse scendere.

Ma il rumore dell'auto che riparte mi fa salire il sangue al cervello. Esco cauta come se avessi fatto qualcosa di male. Raggiungo la mia auto, mi piego e vomito quel po' di colazione che ho ingerito. Francesco mi sta facendo davvero male. Questo caso mi farà morire e non arriverò ai dieci giorni prefissati per lasciarlo.

CAPITOLO DICIOTTO

Si rasa in silenzio, e questo è il momento della mattinata che preferisco: lui per metà vestito e ancora caldo di sonno; Io ancora non troppo presa dall'ansia di Francesco. Il lunedì seguiamo la solita ruotine degli altri giorni, ma con più lentezza. Prima Davide doccia, poi io con annesso trucco e messa in ordine dei capelli. È solito allontanare il tappetino dal lavabo perché le ruote si inceppano sui tessuti morbidi, ma io insisto nel tenerlo, odio le impronte delle ruote sul pavimento umido. Eppure, amo le impronte che lasciano su di me. Non sono sola.

Giorgia tornerà nel pomeriggio e quindi, questa mattina, non dovrò correre prima all'asilo e poi al lavoro. «Vai tu a prenderla all'uscita da scuola?» gli chiedo.

Mi soffermo poco a guardarlo. L'atmosfera tra noi è così tesa che penso di poterla rompere con un solo respiro sbagliato.

«No, Filippa me la porterà in palestra.»

«Meglio così.» Il solito disgusto mi assale. Ora ce l'ho ogni mattina e quasi ogni pomeriggio. Al diavolo Francesco e il suo malessere. Mi sono ripromessa di seguirlo ancora per pochi giorni, poi lo passerò a Gisa o ad altri servizi. Ce la farò. Lui ha cominciato a toccarmi con una familiarità eccessiva. Come fanno gli amici. Ma gli amici si scelgono, non si impongono. Mi prende per mano senza neanche rendersene conto, mi sfiora le spalle, si appoggia a me. Continua a darmi fastidio questa eccessiva vicinanza, ma lo assecondo perché so che ne ha bisogno e dirglielo potrebbe ferirlo. Ma non gli darò altro. La sola idea di andare oltre, mi fa stare peggio. Sarò solo pelle. Solo ossa.

«Faccio il caffè anche per te?» Davide ha la voce assonnata. Mi piace quando pensa a me, ma se immagino il profumo di una tazza di caffè mi viene da rimettere. Dovrò consultare il medico e farmi prescrivere qualche rinforzo per le difese immunitarie.

«No, grazie, non ne voglio.» Mi soffermo a guardare dalla finestra. Novembre è già bello che inoltrato e la luce entra lattiginosa. La mattina mi alzo che è ancora buio e rientro dal lavoro che è già notte. Mi siedo comoda sulla tavoletta del water decisa a non fare ancora nulla. Arriverò in ritardo, ma che importa? Ormai ho così tante ore da recuperare che mi tratterranno metà somma in busta paga. Ho i capelli arruffati, mi ci nascondo dentro alla ricerca di calore, nonostante i caloriferi siano bollenti, però al mattino non mi basta mai. Mi giro e mi accorgo che Davide mi sta guardando. Distoglie lo sguardo da me per posarlo sulla piccola pattumiera decorata a motivi floreali giallo e rosso.

«Non dire nulla, Davide, lo so, mi sono dimenticata di svuotarla. Però non è piena» mi difendo.

Lui la prende in mano e ci rovista dentro. Mi salta la mosca al naso e la rabbia sale improvvisa. «Possibile che tu debba sempre controllare le cose che faccio, o che non faccio? Ci sono solo i fazzolettini con cui mi sono struccata, non puzzano.» Mi viene voglia di dargli un calcio negli stinchi, ora che è a piedi nudi. Anche se magre e debilitate, un calcio ci starebbe proprio bene. Mi alzo di scatto, e rabbia e nausea si mescolano alla stanchezza mentale. Ho lo stomaco ridotto a un sacco duro. «Da' qua.» Tento di strappargli la pattumiera dalle mani. «Vado a svuotarla.»

Me la toglie dinanzi, ci rovista ancora. «Da quanto tempo non la svuoti?»

«Ma che ne so. Non sto mica a pensare alla spazzatura.» Sfrego i piedi sul tappeto arrotolato sotto le ruote. Cancello un'impronta con la pianta del piede. La cancello di brutto, come se volessi far sparire questo momento.

«Da quanto?» Con una mano alla carrozzina, si tira indietro. Vorrei dirgli: «Ma vai al diavolo!», però il suo tono è serio. E mi fa preoccupare. Be', se ci ha buttato qualcosa di utile, peggio per lui, perché non vedo altro che sei o sette fazzolettini macchiati di rossetto. «Una settimana. No, due. Ma il sacchetto è ancora pulito, non vale la pena svuo…»

«Non ci sono.» Lo dice piano, quasi sorpreso.

«Cosa? Che ci hai messo?»

Sembra contare sulle dita, in silenzio. Poi guarda me. «Non ci sono gli assorbenti sporchi.»

«Cosa diamine devi farci con i miei assorbenti sporchi?» Spingo indietro in malo modo i capelli, li divido in due bande e li annodo e ciò significa che sto per iniziare a dare battaglia per gli assorbenti, per i suoi modi, per la sua stronzaggine, per Francesco e il suo segreto del cavolo. «Senti…» Il piede è ora fermo su una macchia dentellata.

«Non hai avuto il ciclo» insiste, con calma.

Mi azzittisco anche se sono incazzata per come continua a rovistare nell'immondizia. «Sì, l'ho avuto, certo che l'ho avuto.»

«Tu non butti mai gli assorbenti nel secchio di fuori. Li ammucchi qui fino a che non strabordano.»

Mi allunga il secchio semivuoto, come se ci fossero gli assorbenti incriminati.

«Sono sempre io che lo svuoto nell'indifferenziato.»

«Be', è vero, però il ciclo l'ho avuto.»

«Quando?»

Quella domanda netta mi arresta il pensiero. Torno verso il water e conto a ritroso cercando indizi sull'ultima mestruazione, mi torna su la bile ma la ingoio. «A ottobre. Agli inizi di ottobre» dico sicura ricordando il mal di pancia che l'ha accompagnato.

«E oggi che giorno è?»

Ha quella stupida pattumiera in mano e per fortuna ha smesso di rimescolarla. Ha ancora metà barba insaponata. Io conto e riconto e qualcosa mi sfugge, insisto e quando ho superato i 45 giorni dall'ultimo ciclo mi giro e vomito sulla porcellana bianchissima del water, mentre Davide se ne sta fermo vicino al lavabo. Aspetto che mi torni un po' di respiro. «Non è il primo ritardo che ho. Di sicuro è un falso allarme come ne hanno tutte le donne.» Generalizzare è il mio asso nella manica. Io so che è per Francesco che sto male. Mi ha scombussolata. Costretta a vedere la realtà dei fatti: mai nessun uomo potrà prendere il posto di Davide. Mai.

Stento a sedermi anche se lo stomaco è più rilassato. Non lo guardo. Cerco di ricordare se ho preso farmaci che abbiano potuto influire, o se ho avuto perdite intermedie che hanno sballato tutto.

Vomito ancora. Lascio che assista e ascolti i rumori del mio stomaco, della gola che spinge in fuori. Gli permetto di vedere come sto male. Non posso dirgli di Francesco, né del suo stato, ma che guardi il mio. In questi ultimi giorni sono stata male, sola, stanca, guardata con diffidenza. Eppure mi torna in mente il modo in cui abbiamo fatto l'amore: un po' disperato, arrabbiato. Siamo stati sempre in lotta. Ma il granito vince sulla ceramica. «E ora che facciamo?» mi sento dire. Mi rialzo e i capelli scivolano molli attorno a me. «E ora?» Lo sento muoversi sulla sedia a rotelle, come se si stesse mettendo comodo. Mi guarda con quel viso per metà rasato, i capelli umidi sulla fronte, il telo arrotolato al collo, gli occhi un po' spalancati.

«Io sarei davvero felice se fosse vero. È da tanto che lo spero» mi dice con semplicità, come se tutto potesse aggiustarsi con un sentimento positivo.

Sono scoperta verso questo suo desiderio che mi scalda da dentro. Che mi importa degli *"aiutami"*? Lascio il water e mi inginocchio ai suoi piedi, sul tappeto arrotolato dalle ruote. Appoggio la fronte sulle ginocchia ed è facile fargliele aprire. «Lo sarei anche io, Davide.» Non c'è verità più facile. Spingo la testa e il calore della sua pelle mi scalda le guance, sento il profumo del bagnoschiuma, lo annuso come un farmaco, un odore che può rendermi la salute.

Spingo ancora fino a che appoggio la fronte sul suo sesso a riposo, sugli slip bianchi. Quel sesso a volte inservibile. Quel sesso che mi darà un bambino. Quel sesso che è riuscito a marchiare la mia pancia. Nonostante le bugie mi sento scoppiare di speranza. Mi accorgo appena che mi sta accarezzando i capelli in un gesto ritmico. E poi di colpo mi tira su, mi schiaccia tra le braccia, la mia guancia sulla sua ancora sporca di schiuma da barba.

Stretta.

Così stretta che non c'è spazio per respirare e ogni mia costola finirà per rompersi. Non c'è spazio per i *dammi ciò che hai dato a lui*, perché io, a Davide, gli ho regalato tutto e non resta niente.

«Stai bene?» mi sussurra, con le labbra appoggiate al mio orecchio.

«Sì, però ho la nausea.» Non per Francesco. Non per le menzogne che mi porto addosso. Ciò che ho fatto è a fin di bene, ma è un bene che nulla ha a che fare con la verità che deve esserci in una coppia. Davide allenta un po' e io torno a respirare con facilità.

«Allora dobbiamo passare al tè e abbandonare il caffè» mi propone.

Lo accarezzo con le mani e impasto il lato del viso con la schiuma da barba. «Lo preparo io» gli dico e scivolo giù dalle sue gambe. Non mi chiede di fare il test insieme. Questa volta il suo silenzio mi fa pensare a una fuga. Ho sullo stomaco ancora il problema di Francesco, ma penso che lo risolverò. Oggi stesso e per il bene di tutti. TUTTI. Be', magari mi concederò solo qualche altro giorno.

CAPITOLO DICIANNOVE

Non la sto seguendo. No, affatto. In fondo non vedo perché dovrei seguirla. So che sta andando all'incontro serale con l'utente mezzo morto che si ostina a seguire. Non ha una cena con un altro. L'auto di Lorenza è davanti a me di una cinquantina di metri. Ci separa solo un furgoncino dell'Ups. Rallento, o perlomeno, mi sembra di aver rallentato, invece sono sempre dietro di lei.

Alla prossima rotonda giro e me ne torno a casa, mi dico con decisione. Ma non riesco a ignorare la sagoma dell'uomo che le è di fianco. È alto, accidenti, tocca il tettuccio con la testa. Scemo, non ha importanza se è un tappo oppure no. È malato.

Davanti alla stazione, la luce congiunta dei lampioni e della struttura della ferrovia illumina a giorno. Mi rendo conto che ho allungato il collo per vedere meglio. Lei svolta sicura in direzione di Chieti alta, aspetta che qualche pedone attraversi sulle strisce e riparte. E io sempre dietro. Mi rode saperla con un altro, anche se è solo per lavoro. Stanno parlando di qualcosa e lo capisco da come lei muove la testa, guarda spesso il suo compagno e gesticola. Mi si chiude la gola. L'insicurezza non è un sentimento che metabolizzo bene. Mi fa sudare e incazzare allo stesso tempo. Immagino che stiano ridendo. Forse scherzano. Oppure parlano di me e…

Cazzo, sono così geloso che mi sudano le mani. Però, seguirli per un po' non può fare male a nessuno. Mi tengo lontano per non darle la possibilità di riconoscere la mia auto.

Sto così attento a non perderla tra il traffico che mi fanno male gli occhi.

Entrare nel centro storico rallenta la nostra andatura. Quando Lorenza imbocca Corso Marrucino, devo ridurre la marcia e darle ancora un po' di distanza. Svoltano in via Arcivescovado e con un colpo di acceleratore mi fermo proprio davanti alla gelateria sull'incrocio, dove le auto sono tutte parcheggiate in divieto di sosta e in doppia fila. Mi accodo e posso guardare come Lorenza parcheggia con una manovra precisa, in fondo alla via. Sono abbastanza lontano da stare sicuro che non mi veda. Se mai dovesse accorgersi che l'ho pedinata, farei la figura dello scemo. Ma non era mia intenzione vedere dove va. L'ho solo incontrata mentre facevo un giro per ingannare il tempo che avrei dovuto passare senza di lei. La vedo scendere, però è così lontana che non posso capire se sta sorridendo o se è seria. Poi, Lorenza gira attorno alla macchina e apre lo sportello al suo fianco. Ne esce l'uomo alto, molto alto. Sembra incurvato in avanti e ingobbito. Ha capelli un po' lunghi ma non so di che colore. Neri, forse? Ma che importa di che colore sono i capelli di quel paziente? Eppure sono in iperventilazione. Li guardo con una bramosia che nulla ha del normale. Socchiudo le palpebre e cerco di rilassarmi. Devo solo pensare che, con ogni probabilità, lei è incinta. Accidenti e cosa ci fa con quel maledetto uomo che vedo sbilanciarsi e aggrapparsi al tettuccio dell'auto?

Uffa, Davide. Respira e tornatene a casa. Lei vuole il tuo bambino e, se dovesse essere un falso allarme, ci riproverai. Anzi, questa volta devi proprio impegnarti affinché succeda. Il finestrino si appanna quando ci respiro sopra e con un colpo di mano lo pulisco incurante delle strisce che resteranno dopo.

Quasi incollo il naso al vetro. Devo controllare il desiderio di riavviare l'auto e andare più vicino.

È solo un uomo alto che non sta bene. È solo… ma il sangue smette di scorrere quando le loro mani si intrecciano. Smette di essere caldo e vitale, mentre il paziente le si avvicina così tanto da sfiorarle il lato del corpo. È denso e inutile quando loro due entrano in un palazzo vecchio, con un unico passo della stessa lunghezza. Forse ridono di me e mi sfottono nel pensare che…

Oddio, fermo la mente che è già corsa a immagini di loro due che si baciano, che si stringono. Oddio! Con una mano mi copro gli occhi per non vedere l'immagine mentale che la mia testa ha creato. È solo lavoro, sussurro a me stesso. *Torna a casa*, Davide, dice l'istinto di protezione. Torna a casa, tra qualche ora Lorenza sarà di nuovo da te e… la rabbia si mescola alla paura. Appena sarà tornata chiariremo. Le dirò che ho visto e che non dovrà più occuparsi di quella persona. Le dirò, anzi le proibirò di uscire con lui.

Le loro mani intrecciate mi confondono, sono come una stampa ricalcata nella parte vulnerabile del cervello.

È solo un uomo alto e malato che la tocca con familiarità, e da cui Lorenza si è lasciata toccare.

Torno a casa senza essere del tutto consapevole di aver guidato come un pazzo. Sarei dovuto restare qui, mi dico. Sarebbe stato meglio non vedere.

Accendo tutte le luci e mi guardo intorno. Sto cercando indizi che mi facciano capire se lei è felice con me? Oppure se sta nascondendo qualcosa?

Stronzo, era felice di immaginare il tuo bambino. Sono un deficiente. Appena tornerà chiarirò e… Mi metto a letto e aspetto. Sto spiegazzando tutte le lenzuola con le mani, mentre ruoto a destra e sinistra senza mai spostare la parte ferma del mio corpo. Mi sto avvitando su me stesso e rischio di farmi male. Ma lei... Forse se spengo la luce, la visione delle loro mani scomparirà. Forse...

Al buio aspetto e il cuore va a mille quando la sento rincasare. Lei cerca di fare il meno rumore possibile e, in camera, accende solo la lampada sul suo comodino. Si spoglia e io sto solo cercando il momento migliore per gridarle contro, per chiedere spiegazioni e per chissà cos'altro. Ma lei entra nel letto e si raggomitola accanto a me, con le braccia mi stringe, con una gamba copre le mie e sospira, come se fosse felice di essere tornata. Come se avesse ritrovato il suo posto sicuro. Mi bacia una spalla in modo lieve perché crede che io dorma. Mi assale la voglia di dirle che ho visto, ma non apro bocca. Mi scaldo alla sua vicinanza. Rabbia e sollievo si mescolano e io resto zitto. Devo rivelarle ciò che ho visto. Devo avere spiegazioni. Ma lei si addormenta e io resto con le palpebre chiuse. Aspetta il mio bambino, mi dico. Quelle mani intrecciate non significano nulla. Quel modo di camminare vicini non ha nessuna importanza. Lei è qui ed era felice di pensare che presto, forse, saremo genitori. Lei è contenta di stare con me. Sì. Questa possibilità si espande in me e mi convinco che non ci sia null'altro che conti.

****

Non dico nulla alle colleghe. Del resto, non sono ancora sicura di niente. Ho lo stick in borsa, acquistato di getto in farmacia. Stamattina mi sono dimenticata di truccarmi e non ho messo neanche l'immancabile rossetto. Ho quasi un rifiuto nel fare le cose che prima facevo per consuetudine. Sto rompendo gli schemi e se ne verrà qualcosa di buono non so dirlo.

Aspetto che l'ultimo utente sia fuori dall'ufficio, raggiungo il bagno e mi siedo. Quanto coraggio ci vuole per fare un semplice test? In questo momento non ne ho. Scarto piano l'involucro, con meticolosità. Ho con me il bicchierino di plastica e il respiro grosso. Fare pipì mi riesce difficile. Inzuppo la linguetta e poi comincio a osservare l'orologio. Il tempo non passa. Ripeto tra me: «lineetta blu; non incinta. Lineetta rosa doppia; incinta.» Francesco… In questo momento dovrei pensare a cose belle, invece mi viene in mente Francesco e non posso proprio definirlo piacevole. Mi ha fatto sperimentare sensazioni non volute. Mi ha messo nei pasticci, mi ha costretto a percorrere una via mai sperimentata con nessun utente. Francesco è la linea di confine su cui sono ferma adesso. Il *sempre* era destinato a Davide, ma sono io che mi sento in debito. Se non ci fosse stato lui, Davide non ce l'avrebbe fatta e il post incidente sarebbe andato in tutt'altra maniera. Davide… lui vuole il nostro bambino. Lui vuole Giorgia. Lui vuole me. E io voglio vederlo nel ruolo di padre. Voglio osservare come stringerà nostro figlio. Come lo cullerà, come lo bacerà. Voglio assaporarlo in tutti i modi possibili. Voglio che questa nostra vita insieme sia il suo più grande desiderio. Voglio la doppia lineetta rosa.

E la doppia linea c'è. Si colora in fretta, afferma il mio stato di gravidanza. «C'è.» Continuo a guardare lo stick come se il rosa potesse tramutarsi in blu, all'improvviso, e annullare tutto. «Qualcosa c'è!» E Davide lo vuole. E anche io lo voglio. Forse anche Giorgia ne sarà felice. Anche gelosa. Ma che importa? C'è. Butto tutto in fretta nella pattumiera. Non è una bella cosa fare un test di gravidanza durante le ore di lavoro, nel bagno del personale.

Non è vero. Invece è bellissimo, mi accorgo. Lo sarebbe anche se fatto nella toilette della stazione, perché la doppia lineetta rosa c'è e ha cambiato il mio futuro. Esco con un sorriso grande in faccia e mi reco in segreteria. Metto un post all'ordine del giorno del prossimo incontro professionale. *Caso Francesco Santini*, scrivo soltanto, e poi sottolineo: *urgente*. Niente settimana di attesa. Lascio il caso subito. Ho altre priorità, in questo momento. Le bugie non fanno più per me, anche se dette a fin di bene.

«Vai via prima?» mi chiede Jacopo e si ferma a guardare la borsa che ho messo a tracolla sul camice che ho ancora addosso. Non sono mai uscita con la divisa da lavoro, ma oggi non importa nulla. Tutto va in una maniera diversa.

«Solo di qualche minuto» rispondo e gli sorrido. Esco e mi sembra di essere più forte nei sentimenti e più debole nel corpo. Cavoli, più forte e più debole dopo solo un test. Però il mio bimbo c'è. Al di fuori del dipartimento fatico a ricordare dove ho parcheggiato l'auto. Ho ancora delle cose da fare ma la voglia di tornare a casa è così forte che lascerei tutto indietro. Invece mi faccio coraggio e continuo la giornata.

****

Non mi metto con le spalle a canestro, come invece dovrei fare per difenderlo al meglio. Oggi, non servo a nulla. Avverto una pressione sotto lo sterno e ho la mente annebbiata. Non riesco neanche a incazzarmi per l'assenza prolungata di Francesco. Ormai sono certo del fatto che dietro la sua latitanza ci sia una motivazione. Ha un significato a cui non so dare una spiegazione, però i suoi genitori mi ripetono che sta bene e che il loro contatto è regolare. Ne deduco che deve essere arrabbiato con me per qualcosa che non capisco. Ma prima o poi lo incontrerò e lo gonfierò di botte. Non è così che un amico deve comportarsi, accidenti.

«Dai, Davide, falle girare quelle ruote.» Simone mi richiama al presente. Mi spingo in avanti come a caricare la carrozzina che viene verso di me. Ma penso a Lorenza. Lorenza e la sua sbadataggine. *Era contenta di avere un ritardo, vero, Davide?* Ma non ne sono poi così certo. Quel suo modo di tenersi dentro le cose mi rende insicuro. Le mani intrecciate che ho ancora nel cervello mi avvelenano il sangue. Non posso farci nulla. Oggi sono inutile sul campo di gioco. E il punto che Simone mi ruba con facilità ne è la prova.

«Non prendi neanche una mosca, che ti succede?» mi sfotte.

Gli do un pugno sul bicipite e spero di avergli fatto male. E poi mi torna in mente l'immagine delle mani legate, del profilo dell'uomo alto che la precedeva. Quell'utente di cui si occupa. E questo morso a metà del petto, dove fa più male, mi toglie il respiro. C'è una spiegazione, lo so. Deve esserci. Un uomo alto... ma lei ha già un uomo alto al suo fianco, solo che l'altezza viene celata dalla carrozzella. «Continuate voi, io devo andare.»

Mi spingo fuori dal campo. I rumori in palestra sono tanti ma quasi mi sembra di sentire i loro sguardi sulla schiena, come se anche gli sguardi potessero emettere un suono.

«Ma sei impazzito? Ti senti bene?» mi chiede Giacomo, e ferma il tiro a canestro che stava provando.

«Sì, sì, sto bene, ma ho da fare. Devo tornare a casa.» Non mi giro per osservare gli altri però li immagino sopresi perché sono sempre stato l'ultimo a lasciare il campo. Oggi sono il primo a filare via. «Dove sono i tutori?» chiedo ad Antonella mentre la osservo dalla porta dello studio di fisioterapia.

«Al solito posto.» Lei continua l'allungamento a un giovane paziente. «Ma non posso aiutarti a metterli fino a che non ho mandato a casa l'ultimo utente della giornata. E oggi la lista è lunga. Quindi…»

«Non devi aiutarmi» dico svelto. «Le porto via.» Non guardo in viso neanche lei. Quest'oggi faccio tutto diversamente. Non li ho mai portati fuori dalla palestra perché a casa non saprei a chi e a cosa appoggiarmi. Comincio ad avere paura di stare in piedi. Non mi sento più a mio agio, come se salissi in quota, e se dovessi cadere sarebbe la fine. Invece in palestra ho le pertiche a cui sostenermi. Esco dallo studio senza neanche salutare e solo quando sono fuori mi ricordo di dover aspettare Giorgia. La vedo che cammina davanti alla madre e mi sorride. Aumenta la velocità della carrozzella per raggiungermi più in fretta. Ha un sorriso che mi fa sentire amato e un po' mi viene il senso di colpa per non aver pensato a lei per tutto il giorno. Anzi, stavo per andarmene senza riportarla con me.

«Ciao, Davide. Ecco lo zainetto di Giorgia con le sue cose.» Filippa me lo porge e io lo prendo con un gesto automatico. Non mi sposto quando la carrozzina della bimba viene verso la mia e la spinge. È così leggera che non mi fa neanche oscillare.

«Piano, piccola, non siamo sull'autoscontro.» Poi le sorrido e mi do dello scemo. «Ciao, patatina, come stai?» Giorgia ha già il viso rivolto all'area allenamento. È curiosa di vedere se ci sono altri bambini all'interno e cosa fanno.

«Mi compri un gelato?»

È la sua domanda preferita, quella con cui ci mette alla prova per verificare se pensiamo a lei. Ma non sono io a risponderle, questa volta.

«Hai già fatto merenda con un quintale di biscotti» le dice la madre. E io non posso che essere sorpreso. Non è una sgridata, solo una constatazione. «Se mangi tanti dolci avrai mal di pancia. Comunque, ora, devo andare» continua, e si piega per darle un bacio. Non è Giorgia che le salta alla gola ma Filippa Palmesani che la saluta tranquilla e il distacco tra loro sembra meno difficile. La bimba incassa e poi si muove verso la palestra. Sente le grida dei giocatori che ancora si allenano e, di sicuro, si metterà nel mezzo fermando tutti.

«Vengo a prenderla come al solito» mi ricorda Filippa per poi andarsene.

Resto fermo per un po', con i tutori rigidi di traverso sulla carrozzina e lo zainetto della bimba da cui pende un coniglietto di pezza legato a una zip. È nuovo. Non c'era venerdì scorso quando Giorgia è andata dalla madre. Faccio manovra e mi affaccio sull'area spaziosa del campo. Come prevedevo, Giorgia ha fermato l'allenamento. Pretende e ottiene sempre ciò che vuole. Deve essere risarcita emotivamente, sostiene Lorenza, e per riempire quel vuoto affettivo che ha patito in precedenza, ci vuole una quantità di affetto di proporzioni industriali. Io faccio del mio meglio. L'ho amata da subito mentre Lorenza no, l'ha fatto piano piano. Sorrido quando Simone incastra la carrozzina di Giorgia davanti alla sua e fanno un giro a razzo per la palestra. Sorrido davvero, così come sta facendo Simone. Giorgia ride e io sono felice ma, nonostante tutto, continuo a voler andare a casa, da Lorenza.

«Giorgia, dobbiamo andare» la richiamo e lei mi guarda sorpresa. Oggi ho il potere di destabilizzare tutti. Quando mi torna vicino ha le guance rosse per il ridere.

«Dove andiamo?» mi domanda.

«Da Lorenza. Questo pomeriggio usciamo un po' prima del solito.»

«Perché?»

Non so risponderle. Non so motivare la voglia di tornarmene a casa. Intanto la guardo e noto altre stranezze. I codini sono a posto, simmetrici, senza ciocche che pendono dietro la nuca in modo scomposto. Il faccino è pulito e anche le mani, nonostante sia stata all'asilo, sono senza macchia. L'ha lavata. L'ha curata. E soprattutto ha i guanti correttivi. Non glieli aveva mai messi prima d'ora nonostante glieli facessi portare nello zaino. La cura è un concetto tutto personale per Filippa. Ma oggi Giorgia è a posto. Ne parlerò con Lorenza perché mi sembra un elemento positivo. Spero solo che sia duraturo nel tempo. «Forza, andiamo» la sprono.

Metterla in auto diventa sempre più complesso. Giorgia cresce, aumenta di peso ed è sempre in movimento. Le prometto un gelato e lei si calma. Sistemo i tutori sul sedile posteriore con meticolosità. Non so bene cosa sto facendo, né con quale finalità li stia portando a casa, ma insisto. Guido con la musica in sottofondo mentre, con la coda dell'occhio, scorgo una manina di Giorgia incollata al finestrino. Ci resterà un'impronta indelebile. Mi chiede mille cose mentre giro per le rotonde di Chieti e scendo verso la zona industriale. Davanti alla stazione è un vero casino di auto. A Chieti alta il traffico è diverso, intenso ma meno nervoso.

«Voglio il gelato» continua a ripetermi e io insisto nel risponderle: «Dopo.»

Raggiungo casa che sono emozionato. È una sensazione strana. Ci metto un secolo a posizionare entrambi sulle rispettive carrozzine e ad aprire casa. Novembre è diventato freddo. Il tiglio del giardino ha perso di colpo tutte le foglie e il vento le ha ammucchiate ai quattro angoli del recinto. Anche gli arbusti sono spogli. Solo il viburno sembra amare il fresco e i suoi fiori sono pronti a schiudersi.

«Gelato» mi ricorda Giorgia.

«Aspetta, prima devo prendere qualcosa dalla macchina.» Mi tocca fare un altro viaggio per caricare i tutori, ma quando chiudo la porta sono in fibrillazione. Lorenza tra poco rientrerà e io mi sento proprio uno scemo.

Mi sono dovuto tirare su con la forza delle braccia e poi, per non cadere, mi sono abbandonato per metà sul tavolo. Ora sono in piedi ma oscillo. I tutori rigidi mi permettono di assumere una postura eretta però mi sento instabile e non mi resta che stringere le mani al bordo del tavolo. È una sciocchezza. È un comportamento infantile, ma voglio che mi veda in piedi.

«Davide, cosa fai?» Giorgia gira intorno al tavolo e si ferma a un soffio da me.

«Attenta! Non venirmi troppo vicino. Se dovessi spingermi potrei cadere.» E allora sì che mi farei male. «Sto un po' in piedi. Anche questa è ginnastica. Antonella te lo fa fare in palestra, no?»

Giorgia annuisce e io mi rendo conto di avere fatto una sciocchezza. Se lei dovesse avere bisogno di me non potrei raggiungerla. Sto eretto ma è una postura che non è più mia. Le braccia mi fanno male per lo sforzo, il sudore comincia a inumidirmi la maglia. Devo togliermi da questo impiccio. Sto per scivolare a terra, probabilmente portandomi dietro tovaglia e centrotavola quando lei apre la porta. Catalizzo il suo sguardo e la trovo sorpresa. Già, oggi sorprendo tutti con le mie cazzate.

Guardami. Sono alto, forse anche più dell'uomo che ti teneva per mano. Sono io l'unico che può toccarti. Io ti...

Ma non posso dire queste parole a voce alta. Risulterei patetico e debole.

«Davide! È pericoloso, non hai le pertiche a cui aggrapparti» mi dice, mentre entra e si libera in fretta della borsa, del cappotto e del camice. Non è mai rientrata con la divisa da lavoro ed è una stranezza che mi salta subito agli occhi.

«Non preoccuparti, mi reggo al tavolo.» Il suo sguardo corre alle mie nocche sbiancate dallo sforzo. Non mollo. In fondo sto solo ricordando a me stesso che sono alto, e a lei che posso essere alto. Inutile, ma alto. Eppure Lorenza mi ha conosciuto solo dopo l'incidente e non ha mai dato importanza alla mia statura. Perché dovrebbe farlo adesso?

Fa qualche passo verso di me. «Sei davvero alto.»

E il mio cuore esulta per una constatazione così inutile. Ma sono felice che mi veda. «Sì, lo sono.» Forse più dell'uomo che ti teneva per mano, penso, e mi sento davvero imponente.

Si avvicina e allunga una mano verso di me. La guardo abbassando la testa. Da questa posizione posso osservare l'attaccatura dei capelli. Non c'è ancora nessun filo bianco mentre io ne ho trovati parecchi sulle mie tempie. Lei fa un altro passo verso me e mi appoggia il palmo sul torace. Potrebbe spingere e mandarmi a gambe all'aria. Invece mi tocca con una dolcezza che non mi aspetto. Ha un blu più intenso negli occhi, quasi d'inchiostro. Niente rossetto rosso e i capelli un po' spettinati. Vorrei metterglieli a posto ma non posso mollare la presa.

«C'è» dice sottovoce e vedo i suoi occhi diventare lucidi.

So di cosa parla ma io sono quasi a secco d'aria. «Sei... felice?»

Il suo sorriso è tutto ciò per cui vivo. Vorrei toccarla, sentirla. Eppure non posso che restare aggrappato al tavolo con il respiro mozzo.

«Sono felice.» Lo dice sicura ma mi accorgo che è anche spaventata.

«Non avere paura. Sarò con te. Non dovrai preoccuparti di nulla» la rassicuro. Noto che fugge con lo sguardo ma fa un passo avanti e mi sfiora per intero. «Non spingermi» sono costretto a dirle e lei si allontana un po', ma poggia la guancia sul mio petto senza fare pressione. Mi sfiora appena e mai, come ora, vorrei stringerla a me fino a spezzarle il respiro. «Aiutami a togliere questi dannati tutori» le chiedo impaziente. Al diavolo l'altezza. Al diavolo la voglia di farmi vedere in piedi. Al diavolo l'uomo alto che era con lei. Lorenza porta il mio bambino e non potrei essere più felice. Scivolo a terra con uno sforzo immane dei bicipiti. Ma non ho tempo di slacciarmi le cinghie che lei è su di me. Stringe il mio collo, spinge la fronte dentro la mia spalla. Stretti. Uniti.

«Ehi, cosa c'è?» le domando e un po' ho paura che possa dirmi qualcosa che mi faccia stare male, magari sull'uomo che segue. Sulle loro mani giunte e sulla familiarità con cui si muovevano. Chiudo gli occhi, attraversato da questi pensieri, però ho lei tra le braccia. La trattengo anche quando Giorgia tenta di infilarsi tra noi con l'intera carrozzina. Questo momento è solo nostro. Un momento che spero duri tutta la vita.

«Niente. È che sono felice» mi risponde Lorenza e io sfioro il cielo.

CAPITOLO VENTI

«Vieni a dormire?» mi chiede Davide.

Dopo cena, sono uno straccio. Ero solita combattere questo spossamento, prima di conoscerne la causa. Ora lo assecondo e, se posso, dormo dovunque capiti. Giorgia è già crollata e Davide l'ha messa a letto. Trovo appena la forza di ruotare la testa per rispondergli. «Dopo.»

Se ne va in camera e io torno a chiudere gli occhi. Resterò solo qualche minuto e poi lo raggiungerò a letto, mi illudo. Ma già capisco che resterò stesa qui fino a domani. I rumori della casa mi distendono: il ronzio del frigo, il ticchettio dell'orologio di Thun, la centrifuga della lavatrice nello stanzino. E intanto immagino visi tondi e capelli castani, o forse scuri come i miei. È molto improbabile che li abbia biondi. E anche, occhi castani o chiari. Blu? Sì, lo vorrei con gli occhi uguali ai miei. Mi sento sfiorare una guancia. In punta di dita come fa Davide quando pensa e tocca i braccioli della sua carrozzina o sistema i codini di Giorgia e le posiziona i pollici nei guanti correttivi.

«Non dormire qui» mi dice sottovoce anche se non c'è rischio che Giorgia si svegli.

«Sto comoda, sai? Non c'è pericolo per lui» lo rassicuro e quel *lui* è il nostro bambino che ancora non ha consistenza. È un pensiero da poco presente, qualcosa che presto prenderà spazio. Ma, ora, è come se fosse solo nella nostra mente. Allungo il collo e spingo la testa all'indietro quando sento il suo palmo aprirsi e passare sulla giugulare.

«Verrai con me dal ginecologo per la prima visita?» gli chiedo.

«Hai già preso appuntamento?»

«No, domani parlerò con la dottoressa del Consultorio, la conosco e mi sembra molto competente.»

«Va bene.»

Con il palmo, Davide scende sulla parte superiore del seno. È automatico che il mio respiro si rilassi e diventi più profondo.

«Va bene» ripete come se stesse pensando a qualcos'altro. «Raccontami di lui.»

Capisco subito a chi si sta riferendo. La presenza di Francesco resta sospesa tra noi. Per quanto io non ne parli, si espande e diventa sempre più invadente. Si gonfia e ci spinge in direzioni opposte. Pesco il più grosso respiro di questa giornata.

«È difficile occuparmi di uno come lui. Soffre e non solo nel corpo. Ho sempre paura che una crisi possa portarlo a compiere un gesto drammatico.»

«È davvero così in pericolo?» La mano di Davide mi esplora liberamente. Amo il modo in cui lo fa, la pressione che imprime alla mia pelle, come si sposta in basso, quasi a sfiorarmi il sesso e poi ritorna in alto, su un seno. E dimentico che devo rispondergli.

«Sì, almeno nella fase acuta.» A occhi chiusi percepisco il suo alito sul viso. Si è avvicinato a me ancora di più. Immagino i suoi occhi anche se ho le palpebre chiuse. Ha qualche capello bianco sulle tempie e chissà se ne è reso conto?

«Non devi più andare da lui. Può diventare pericoloso anche per te. Io non voglio che tu corra rischi evitabili.»

«Come faccio a non andare? Non posso scegliere di chi occuparmi. Ogni utente ha lo stesso diritto di essere aiutato.» Se sapesse che si tratta di Francesco mi chiederebbe di non andare? Forse sì. Sapere che mi considera più importante di tutti mi fa gonfiare il petto. Quasi mi scoppia. E lui risale subito con la mano fino alla pancia, un po' arrotondata ma non ancora a causa del nostro bambino. Me la impasta come se fosse un panetto da manipolare. Si ferma in corrispondenza dell'ombelico.

«Non vai, e basta. Lo comunichi alle tue colleghe e te ne lavi le mani. Che lo rinchiudano da qualche parte, al sicuro, dove non può creare casini a se stesso e agli altri. Potrebbero dargli tante di quelle medicine da renderlo innocuo. È così che si fa con quelli fuori di testa.»

È drastico come se la totalità della gente fosse suddivisa in sani e matti, senza vie di mezzo, né posizioni intermedie di malessere o di benessere. «Non capisci.» Mi spiace non potergli dire altro. Percepisco la mano di Davide contrarsi a pugno, tanto da artigliare la mia maglietta. Immagino che anche la sua mascella sia serrata, ma non apro gli occhi per controllare.

«E allora spiegami, non ti chiedo altro che di sapere.»

«Non posso!» Non posso dirti: «Guarda che è il tuo amico del cuore che sta andando fuori di testa e ha paura degli spazi aperti, dei palazzi vecchi, di guidare l'auto. Vomita se è costretto a partecipare a incontri di aiuto e mi tiene per mano come un bambino.» Vorrei raccontargli questa storia fatta di non detto, ma non pronuncio alcuna parola e con la punta delle dita accarezzo le sue, ferme sul mio addome.

«Non sai quanto ho bisogno di… capire» insiste.

Solo adesso apro le palpebre e lo fisso. Ha uno sguardo dispiaciuto e immagino di avere la stessa espressione sul mio viso. «Dammi tempo e... non avere mai dubbi.»

Sembra stia riflettendo su ciò che gli ho detto e io mi lascio guardare a suo piacimento.

«Non avere dubbi.»

Davide sospira. «Non dormire qui» mi chiede, ma non aspetta una mia risposta. Mi tira su con una tale facilità che mi stupisce ogni volta. Ha spalle così grosse, quasi esagerate, ancora più evidenti sotto la maglietta bianca con cui dorme. Mi lascio posizionare sulla carrozzina come vuole lui e, mentre mi accompagna in camera, riscopro com'è bello farsi portare in questo modo. È attento nel non farmi battere i piedi contro il muro e lo stipite della porta. Quando si ferma vicino al letto mi arrampico sul materasso e, senza neanche svestirmi, mi distendo. Lui posiziona le sue scarpe e i vestiti a portata di mano. Solo dopo sale e si stende dietro di me. Mi stringe la testa tra le braccia, mi nasconde e io mi rilasso tenendo il busto a contatto con il suo. Solo le gambe sono scostate perché Davide le ha posizionate di lato.

«Sei magnifico» gli sussurro ricordando che forse non gliel'ho mai detto. Sento i suoi bicipiti ingrossarsi, tendersi.

«Che parolone, per me. Avresti dovuto vedermi... prima.»

E si riferisce a un prima di cui mai potrò esser parte. Un pre-incidente che ha condiviso con altri, con i suoi famigliari e con Francesco. Un Francesco che ora non riesce a guardare al di là della sua paura e che mi ha portata dentro una storia fatta di omissioni di verità. Mi incollo a Davide e lo stringo così come mi stringe lui. Con la stessa forza. «Non me ne importa niente di prima. Sei magnifico e, se lo dico io, devi credermi.» Non capisce che amo le sue ruote, le gomme dentellate con le quali lascia impronte sul pavimento di tutta la casa? E quando olia le parti mobili e sporca di grasso tutto ciò che tocca, e quei suoi calli che ogni tanto sanguinano se diventano troppo morbidi per via delle creme. Ma io amo il suo sporco. «Magnifico, stupido ma magnifico.» Ce ne stiamo stretti quasi a soffocarci e io aspetto che lui si addormenti, per osservarlo tutta la notte. E quando lo sento rilassarsi continuo a sussurrare: «Magnifico.» Oddio, come può essere così importante per me? Come farò a respirare se mai dovesse decidere che non mi vuole più? Ho paura e ne avrò sempre. Ho paura di dover vivere senza le sue impronte e i suoi calli. Eppure Francesco mi ha aiutato a capire che mai ci sarà posto per altri. «Magnifico.» Resto aggrappata e mi sento quasi del tutto felice.

CAPITOLO VENTUNO

«Non ho più intenzione di seguire Francesco, e questo è tutto!»

«Ma…» Gisa tenta di inserirsi nella comunicazione.

«No, Gisa. Non c'è nulla che tu possa dire che mi farà cambiare idea.» Cavoli, l'ho zittita, forse perché il *no* mi è salito dal cuore e la determinazione è venuta fuori dagli occhi e dal tono. Ho una ciocca stropicciata per il troppo toccarla. È diventata lanosa. La ributto dietro le spalle e continuo a dare battaglia. «Oggi andrò da Francesco Santini e glielo dirò. Vorrei anche comunicargli il nome dell'assistente sociale che prenderà il mio posto.» Solo adesso fisso Jacopo. È lui che deve decidere a chi passare il caso che mi ha quasi messo k.o. Per un buon minuto ce ne stiamo in silenzio. Dalle vetrate entra la luce di un bel sole invernale, ma i neon sono tutti accesi, quasi avessimo bisogno di luce aggiuntiva per fare chiarezza sui casi di cui ci occupiamo.

Il coordinatore ci pensa, si aggiusta gli occhiali guardando ora Gisa, ora Micaela. «Qualcuna di voi si sente di occuparsene?» Tenta la via della conciliazione, però di fronte al mutismo delle colleghe sospira. Ma è un suo dovere per cui viene pagato profumatamente e nessuna di noi fa finta di dimenticarlo.

«E va bene, questa volta sarà Gisa a farsene carico. Se non sbaglio, hai avuto già altri casi simili.» Capitola e lo dice sottovoce, come se non volesse farsi udire dalla collega che ha già indurito lo sguardo.

«Non posso rifiutare, vero?» risponde lei e Jacopo fa un sospirone. «Bisogna incrementare il personale, siamo sempre con l'acqua alla gola e prima o poi...» prevede, cupa. Si gira con il corpo verso di me e direi che sono proprio sotto esame. «Penso che tu debba almeno motivare» pretende. «Eravamo d'accordo che te ne saresti occupata per un po' di tempo.»

Ha ragione e ne sono cosciente. «Ho bisogno di stare tranquilla e Francesco mi ha messa in difficoltà. Non posso rischiare di incrinare il rapporto con Davide. Non voglio. Non sono disposta a scendere a compromessi.»

«Non ce lo dirai vero?» insiste Gisa.

«Aspetto un bambino» e le blocco le parole in bocca, le congelo il sorrisino sul viso. Anche Jacopo è sorpreso.

Solo Micaela sembra contenta. «Che bella notizia, tesoro» dice abbracciandomi. La nostra è una stretta fatta di camici e penne nel taschino che si spingono. Anche Gisa si fa avanti per darmi un bacio sulla guancia e Jacopo allunga una mano per stringere la mia.

«Grazie.» Non so se ho fatto bene, però non ne posso più di segreti.

Jacopo annuisce e segna qualcosa. Spero non voglia annotare la mia dichiarazione sulla cartella di un utente. Forse, fa una croce sul mio nome, come se avessi commesso un reato.

«Stai bene?» mi chiede Micaela.

Le sorrido. È di una bellezza appariscente con quei capelli dalle sfumature viola. «Sì, ora mi sento più leggera. Pensavo che il malessere che provavo fosse solo per Francesco. Adesso so che è anche per altro.»

Gisa se ne sta in silenzio per un bel pezzo prima di dirmi: «Dagli il numero del mio ufficio e avvisalo che se non dovesse chiamarmi andrò io a cercarlo.»

Con ciò so che non lo lascerà affondare. È un suo modo per dirmi di stare tranquilla.

«Non andrà da nessuna parte che io non approvi» ribadisce e mi strappa un sorriso di puro sollievo. È un modo silenzioso di ringraziarla, anche se non dovrei. Non si prende in carico un utente per amicizia, ma per dovere. Ed è per dovere che io mi sono occupata di Francesco. Per dovere ho taciuto a Davide. Per dovere ho messo a repentaglio il nostro rapporto. Ora sono libera.

A fine incontro ce ne torniamo nei nostri uffici. Non ho colloqui da fare, solo relazioni da stendere e interventi da programmare. Mi siedo sulla poltroncina e mi spingo con i talloni. Le rotelle sotto la sedia sono intasate dalla polvere e dai capelli. Per la maggior parte sono miei. Scivolo per l'ufficio a scatti, con la testa appoggiata allo schienale e lo sguardo rivolto ai neon, in alto. Sento profumo di cioccolato. Che sia una voglia? Sorrido spingendomi verso la scrivania e trovo dentro il cassetto una barretta di cioccolato. La mangio senza avvertire il solito rimorso per lo strappo alla regola. Ora siamo in due.

La Pieris sembra approvare con il suo rosso vigoroso.

****

Ho incontrato tanto di quel traffico che ho l'impressione di abitare a Milano, non a Chieti. Ogni volta che devo andare da Francesco, per non farmi vedere, sono costretta a cercare un parcheggio nascosto, lontano dalla palazzina dove abita. Mi infilo in una traversa ad angolo con via Rovigo e chiudo l'auto. Poi mi guardo intorno come una spia. Ho ancora la nausea, ma oggi so perché. Ingoio più volte e mi faccio coraggio. Non vedo Audi Q7 davanti al portoncino. Faccio uno squillo e chiedo a Francesco di farmi salire. Mi infilo nel portone appena lui fa scattare la serratura e richiudo velocemente. Salgo e ho ancora in bocca il sapore del cioccolatino. Mi consolo succhiandomi la lingua, in tutta probabilità in cerca della forza per fare ciò che va fatto. Non oso immaginare come la prenderà. Per un momento penso a una reazione violenta, ma non è nel temperamento di Francesco. Lui è più un tipo che sprofonda nella disperazione. Non devo spaventarmi. Non è giusto che la paura comandi le mie scelte.

Trovo socchiusa la porta ma non c'è Francesco ad aspettarmi all'ingresso.

«Sono in cucina, vieni» mi dice e io sento nell'aria il profumo del pasto che sta preparando. È ora di pranzo ma io sono solita tornare a casa nel pomeriggio. «Ciao, cos'è questo buon odore?» gli dico, però mi accorgo di non gradire del tutto l'aroma della bistecca ai ferri che lui sta cuocendo.

«Fiorentina. Se resti, ne metto un'altra per te.»

«No, devo andare.»

Si gira per darmi un'occhiata. Ha messo una tuta morbida. Anche lui, come Davide, preferisce un abbigliamento comodo. In fondo sono atleti.

Finisce di cuocere la bistecca, la lascia al sangue, come posso vedere dal liquido rosso che fuoriesce dai bordi della carne. Non potrei mangiarla, comunque. In gravidanza niente cibi poco cotti. Cavoli, ho già cominciato a ragionare come fa una mamma: al primo posto il bambino.

«C'è qualcosa che vuoi dirmi o sei venuta a vedere come sto?» Si siede di fronte a me e riesco a vedere il suo viso che riprende colore, anche se lo sguardo resta vigile.

«Da quanto non hai una crisi?» mi informo anche se lo so.

Ci pensa su. «Qualche giorno.»

«È un ottimo segno. Lo sai, vero?»

«Spero che lo sia.»

Stringo le mani l'una all'altra. Ho le unghie corte, non proprio raffinate come quelle delle mie colleghe che le hanno allungate da gel colorati. Io le mantengo al naturale e sembra che a Davide non importi. «Devo dirti una cosa.» So che quando uso questa frase gli utenti si mettono in allarme ma a me serve tutta la sua attenzione. Infatti, Francesco si irrigidisce e l'accenno di sorriso sulla sua faccia scompare.

«Non posso più occuparmi di te» cerco di dire il più veloce possibile, un po' guardando in giro, un po' fermandomi a osservare la carne su un piatto da portata. Poi, mi faccio forza e lo fisso negli occhi. Ha un che di smarrito nello sguardo. «Stai guarendo e una mia collega si prenderà carico di te.» Siamo occhi negli occhi. Lui accelera il respiro, io rallento il mio. Mi faccio forza. È per il bene di Davide. È per il mio stesso bene. È per noi. Le bugie non hanno fatto altro che renderci più distanti ed è giunto il momento di tornare al suo fianco. «Non ti sto abbandonando ma...» C'è un attimo in cui le nostre esigenze si scontrano e lui, questa volta, soccombe alle mie necessità. Capisco che vorrebbe dirmi di non lasciarlo ma non lo fa. Le novità lo destabilizzano, il restare solo lo spaventa.

«Perché?»

Come faccio a dirgli che per giorni ho pensato alle sue parole. Anche ora mi mettono a disagio. Non so rispondere. Eppure ho una giusta motivazione. Francesco incassa la testa nelle spalle.

«Non è stato semplice avere a che fare con me, vero?» Il suo tono è calato, quasi dispiaciuto.

«Non è per questo.»

«Capisco che tu non voglia più vedere uno che… Sono un fallito. Non so neanche se queste crisi finiranno. Se riuscirò a guidare l'auto e se…»

«Smettila, non è…»

Allunga un mano a fermare le mie parole. È in piena squalifica personale. «Mi faccio schifo, sai, e…»

«Non devi dire queste cose di te. Non sono vere. È il momento che ti porta a vedere solo cose negative.»

Ma lui scuote la testa, tira via le mani dal tavolo e le nasconde al di sotto. Il silenzio si allunga tra di noi.

«Non posso darti ciò di cui hai bisogno, per il semplice fatto che non so di cosa hai davvero necessità.»

Questa volta, mi guarda a lungo. «Un motivo. Un motivo per andare avanti» sussurra.

Non posso! Non posso essere io a darti questo motivo. «Devi trovarlo in te. Non c'è guarigione se non sei tu a trovare ciò che ti fa alzare al mattino. E che ti spinge ad andare avanti fino a sera. Il basket era per te una…»

«Basta!» mi blocca e il mio respiro resta fermo. «Non c'è altro da dire.»

E io osservo una goccia di sudore scendergli al lato del viso.

«Sono incinta, Francesco.» La verità ha sempre un potere forte. «Ho bisogno di stare tranquilla e tenere il segreto con

Davide mi logora. E poi, sono poco razionale e ciò non serve a nessuno. Non va bene.» Non posso darti ciò che ho dato a Davide: il mio sentimento, il mio progetto di vita, il mio bambino. Mi scheggio un'unghia con i denti ed evito di guardare il piatto con la bistecca mista a sangue. «Non voglio più mentirgli, non ne ho la forza e... non credo che tu debba continuare a farlo. Lui è un tuo amico. È preoccupato per il tuo silenzio e se continui perderai la sua stima.»

Francesco non sembra preso dal mio discorso.

«Che cos'è che ti fa stare tanto male, Francesco?»

«Davide diventerà padre» dice e si alza. «Deve sentirsi alle stelle.»

Lo conosce bene. Molto più di me, mi accorgo di essere quasi gelosa. «Sì, è contento. Anzi, lo siamo entrambi. Ma lui vuole sapere dell'uomo di cui mi sono occupata finora. Della persona con cui sono stata il sabato sera e perché è così importante mantenere il segreto. Devi parlargli o lo farò io.»

Lui rifugge il mio sguardo. Osserva la stanza pensando a qualcosa che gli indurisce i lineamenti. «Sono felice per voi, ma non devi raccontare di me.»

Dal tono non capisco se lo è davvero. Felice. Ha uno sguardo senza colore. Cedo perché con lui non riesco a trovare un punto di incontro sensato. «Gisa si occuperà di te. È una collega molto competente, con tanti anni di servizio alle spalle. Saprà come aiutarti.» Non mi piace vederlo così abbattuto. «Non ti sto abbandonando.» Ma chi voglio prendere in giro? In fondo è un abbandono, lo è, anche se a fin di bene, motivato e più che necessario. E scopro che a fin di bene si finisce per far male a tanta gente. L'odore della carne torna prepotente e il fastidio di stare in questa casa vince su tutto. Il senso di colpa si aggiunge a tutto il resto e sto per vomitare. Questo mio mondo mi sta mandando in crisi. Mi alzo e lui sembra sul punto di supplicarmi di qualcosa. Non voglio vederlo al tappeto, né saperlo dipendente da me. «Parlagli, confidati. Non c'è nulla di cui vergognarsi.»

«Basta così.» Si guarda intorno come se non conoscesse la sua stessa cucina. «Questa Gisa cosa sa di me?»

«Tutto. Noi parliamo sempre dei casi che seguiamo. È la regola. Davide…»

«Ho detto basta!» Non grida ma non serve.

Recepisco la sua collera dal modo in cui chiude e apre i pugni. Davide è il suo argomento tabù. «Va bene, basta.» Mi preparo a uscire. L'odore della carne diventa sempre più fastidioso e vorrei poter aprire la finestra per far cambiare l'aria. Mi avvicino alla porta ma, prima di andare, mi giro. «Francesco, ti prego, non essere arrabbiato con me.»

Lui abbassa la testa, la incassa dentro le spalle ampie. «Non lo sono.»

«Ricorda sempre che non sono gli altri a poterti salvare, ma tu stesso a doverlo fare. Sei sulla buona strada.»

Annuisce ancora e, mentre varco la soglia, il sollievo che immaginavo di provare non compare. Mi sento sporca per aver mentito a Davide e per avere abbandonato Francesco. Ma il desiderio di tornare a casa è così forte che corro lungo le scale del palazzo e non guardo nemmeno se c'è qualche Audi parcheggiata fuori. Sono come un ninnolo di ceramica venato da un urto. Faccio un suono strano. Sono una visione distorta. Un pezzo che non appartiene più a nessuna collezione.

Ho bisogno di un bel bagno caldo, di una tazza di tè, di qualcuno che mi rassicuri e mi dica che ho fatto bene. Ma mai nessuno loda il lavoro di un assistente sociale. In genere lo si critica, lo si mette alla gogna, lo si squalifica. Non mi guardo indietro mentre lascio via Rovigo. Non me n'ero mai accorta, ma è una bella zona. I bidoni della spazzatura sono ben allineati in uno spazio libero, una fila di tigli sovrasta delle panchine poste da poco sul marciapiede ampio. Le rampe per i disabili sono accessibili e il dislivello dal manto stradale è lieve. È un quartiere dove vivere può essere più semplice, se si ha la giusta disposizione d'animo, ma Francesco non ce l'ha.

Guido tenendo su la seconda e vedo formarsi una piccola coda dietro di me. Vado al rallentatore così come le emozioni che dentro di me si succedono l'una all'altra: dispiacere, delusione, senso di colpa, sollievo. Sì, sollievo. C'è, anche se nascosto e un po' sotterraneo rispetto alle altre. Non ero più di nessuna utilità a questa situazione, mi rassicuro. Davide dovrebbe sapere tutto. Davide… la voglia di vederlo prende il sopravvento, mi stringe la pancia, mi blocca il fiato in gola.

Davide.

Senza pensarci, imbocco l'asse attrezzato e scendo a Chieti Scalo in un attimo. Le vie parallele alla principale sono più scorrevoli. Ne scelgo una e sono già davanti alla stazione. Non mi resta che girare di nuovo verso la collina e l'area dedicata all'impianto sportivo è davanti a me. Il parcheggio grande è pieno di macchine. È un buon segno, significa che la palestra è al massimo della ricettività. Davide sa fare un buon lavoro e in pochi anni si è costruito una reputazione. Cerco la Q7, parcheggio dietro di lei e la blocco. Scendo e non mi importa se le altre vetture faranno fatica a passare tra la mia e quelle posteggiate correttamente. Mi viene voglia di correre, di dirgli che è tutto a posto e che non ci sarà più quell'uomo *importante* che si mette tra noi. Che non dovrà più guardarmi con sospetto.

I rumori della palestra mi raggiungono appena entro. Lo studio di Antonella è chiuso e il corridoio che porta all'area allenamento è ingombro di un gruppo di ragazzi con i calzoncini e le canotte rosse e bianche. Davide è al centro del campo, con quel viso attento e i capelli sempre un po' spettinati. Mi sembra che abbia le spalle ancora più ampie, i bicipiti che scoppiano, i fasci muscolari tesi all'estremo. E poi le gambe magre, i polpacci svuotati, le caviglie scheletriche, quelle Converse alte che non mancano mai. Sento la sua voce, i suoi consigli alla squadra, il fischio delle gomme sul tessuto plastificato dell'area gioco. Lo sento tutto attorno, riconosco i suoi rumori tipici. Lo seguo con gli occhi e lo respiro come se fosse il mondo, l'aria, il sudore, l'umidità. Mi faccio avanti e vorrei che mi guardasse adesso. Che avesse bisogno di me. E quando si gira, osservo il profilo, l'accenno di sorriso, il guizzo della mandibola. I suoi occhi sono tutto ciò che in questo momento è importante. Ci mette un secondo a trovarmi tra i ragazzi fermi. Mi tiene con lo sguardo. Cambia espressione. Forse non è contento di vedermi. Forse si è accorto che qualcosa non va. Forse anche lui ha bisogno di me, adesso. Si avvicina e io sento la sua fisicità prima che con i predelli si fermi a un millimetro dai miei piedi.

«Lorenza.»

Vorrei che parlasse per me, che intuisse, che mi sollevasse da questo peso. Invece aspetta che sia io a parlare e non mi viene altro che un sorriso scemo e poi mi siedo su di lui, davanti ai ragazzi che ci guardano sorpresi. E non me ne importa nulla se sghignazzano perché lui chiude le braccia attorno a me in un riflesso automatico, come se tenermi stretta fosse la cosa più normale al mondo. E quando gli bacio il collo, chiudo gli occhi e sento solo la sua pelle, l'odore aspro che ha dopo l'allenamento con la squadra, l'umido della maglietta sulla schiena.

«Che c'è?» mi chiede, un po' allarmato.

«Volevo vederti» gli sussurro all'orecchio. «Tu non hai mai voglia di lasciare tutto e correre da me?»

Avverto la pressione delle mani cambiare e la stretta si fa una carezza. «Certo. Ma so che non posso entrare nel tuo ufficio e fare ciò che voglio. Però mi piace l'idea che tu venga qui e mi baci davanti a tutti.»

«Davvero?»

Lui ride e sembra più sollevato. «Cavoli, certo che mi piace. A quale uomo non piacerebbe?» Allenta la stretta e si spinge verso lo spogliatoio del personale. Mi piace quando mi porta sulla carrozzina. Ora, questo posto è più di Giorgia che mio. Ma oggi mi riprendo i miei spazi, le sue gambe, il suo tempo. Osservo i vestiti sono appesi alle grucce su un supporto di legno, le scarpe degli operatori allineate a terra. Gli armadietti chiusi e in ordine.

«È davvero strano vederti…»

Non lo lascio finire. Non importa se l'ho sorpreso. Lo bacio perché voglio sentirmi bene e lo tengo fermo con le mani quando lui cerca di tirarsi indietro.

«Lorenza…»

Lo so che è un assalto. Ma se sto su di lui, tutto perde importanza, e il male che è nelle nostre vite non ha più valore. Oggi non posso che cercare la sua lingua, esultare quando si arrende e mi restituisce un bacio bagnato, a piena bocca. La barba mi pizzica la pelle e sentirlo scendere al mento e al collo mi fa salire alle stelle. Gli stringo forte i capelli, lo cerco con gli occhi e so che lui vede in me una certa inquietudine.

«Possiamo fare l'amore qui?» gli chiedo ed è quasi un tono disperato, il mio.

Davide resta in silenzio per un momento. Cosa c'entra fare l'amore adesso? Eppure ho bisogno di questo contatto estremo. Voglio che lui mi desideri così tanto da stare male.

«Lorenza…»

Mi alzo solo per andare alla porta e chiuderla a chiave. Torno da lui, lo tocco, scendo con la bocca, un po' lo mordo, un po' lo lecco, cerco il suo collo, le spalle e le mie mani corrono alla tuta, al suo sesso. Lo prendo, lo scaldo, lo prego. Ci metto tutto l'impegno possibile, il dispiacere, il bisogno di vederlo reagire a me. Se non succede nulla, non significa che non mi vuole, vero? Se non riesco a svegliarlo non vuol dire che lui non mi ami. Se… mi faccio indietro. Non sempre Davide riesce, lo so. E adesso, oltre allo sguardo abbandonato di Francesco, ho quello mortificato di Davide a cui pensare. È diverso quando ci stringiamo nel letto e lui sostituisce le mani e la bocca al suo sesso addormentato. È diverso quando nella nostra stanza può sussurrarmi qualcosa di affettuoso e darmi sollievo solo con il movimento delle dita. Ora, non so più cosa dire, e neanche lui. So solo che vorrei morire quando distoglie gli occhi da me, accovacciata a terra.

«Scusami, Davide. Sono una sciocca.» *Scusami, perché il sesso non ha importanza. Perché per me ogni tua espressione è più di un atto fisico. Scusami perché noi abbiamo tanto altro oltre questa tua impotenza: Giorgia, il futuro, il bambino. Scusami.*

«A casa cercherò… stai tranquilla, è solo che mi hai preso alla sprovvista» si giustifica e forse sta rassicurando se stesso.

Stiro questa mia bocca stupida. La allargo in un sorriso che fa male. Oddio, come sarà difficile. Torno vicino a lui carponi. Appoggio la fronte alle sue ginocchia ossute, e la sua mano viene subito a cercare la mia testa.

«Lo sai che non sempre riesco, ma se ti siedi su di me, posso toccarti.» Si offre e mi vergogno dell'assalto con il quale l'ho sommerso. Mi stacco per osservare come la sua bocca ha preso una piega amara e quando mi alzo torno a baciarlo nel modo più dolce che conosco. Lo mangio perché voglio sentirlo in pancia. Lo stringo e il bene che provo si allarga fino a riempire tutta la stanza. Mi rilasso su queste gambe inconsistenti, sul torace di cemento.

«Lorenza…»

«Zitto, non fa nulla, probabilmente sono questi ormoni che mi fanno fare delle sciocchezze. Ho sempre voglia di starti addosso.»

Ed è bello sentirsi stritolare, avere il suo viso contro la gola. «Puoi venire qui ogni volta che vuoi e cercarmi così come hai fatto oggi. Sarò pronto, te lo assicuro.»

Sappiamo entrambi che è una bugia, ma io gli sorrido.

«Stasera, a casa, vedrai che…»

Lo bacio ancora e ho dentro di me anche il suo dolore. «Sì.»

Ce ne stiamo stretti e mi accorgo che è proprio ciò che volevo. Stare con lui, avere le mani piene dei suoi capelli, sentire il suo odore, poterlo rivendicare come mio.

«Stai bene?» mi chiede.

«Sì, però lasciami restare così ancora un po'.»

Mi tiene a sé mentre fuori le voci degli atleti si rincorrono per la palestra. Qualcuno cerca di entrare nello spogliatoio ma la porta è chiusa. Non ci separiamo. Io sto ferma e lui non ha fretta di staccarsi. Mi tocca i capelli e il collo.

«Lo sai che ti amo, vero?» mi rassicura.

«Sì, lo so.»

CAPITOLO VENTIDUE

Prima che Gisa inizi a raccontare so già dove vuole andare a parare.

«Ha saltato tre incontri con lo psicoterapeuta e non mi ha aperto la porta. Da più di una settimana non riesco a parlare con lui. Direi che è in piena fase regressiva.» Gisa finisce di parlare con calma e poi mi guarda. Cosa sta cercando di dirmi? Se pensa che io debba riprendere a occuparmi di Francesco si sbaglia. Sento già la trachea chiudersi e il fiato passare con difficoltà.

NO, CAZZO!

NO!

«In questi casi cosa fai?» le chiedo e spero con tutto il cuore che abbia un piano di riserva.

«Aspetto per un po', poi se continua la sua latitanza, informo il magistrato» mi risponde sicura.

Sento di avere spalancato le palpebre più del necessario. Non mi aspettavo una tale mossa.

«Non fare quella faccia, Lorenza. Sai bene anche tu che Francesco, in questo momento, non è capace di provvedere a se stesso. E neanche di proteggersi. Il giudice tutelare potrebbe prevedere un inserimento temporaneo in una struttura, o nominare un amministratore che lo segua passo passo fino a che non starà meglio.»

NO!

La penna che ho in mano, e con la quale ho scarabocchiato il foglio dall'inizio della riunione, è a mezz'aria. La mia mano sembra imbalsamata e non vuole saperne di tornare ad appoggiarsi al tavolo. Forse ho anche la bocca aperta, oltre che gli occhi bovini. «È un intervento troppo drastico. Non è a quel livello...»

«Non fare finta di non capire. Il prossimo passo sarà l'interruzione della terapia farmacologica e allora, chissà cosa succederà» rincara Gisa.

Non so rispondere. Non so rispondere, accidenti. «Chiama il suo dottore» quasi la imploro.

«E pensi che il suo medico andrà a visitarlo ogni giorno?» mi domanda e quell'unico sopracciglio che Gisa ha alzato, mi dà sui nervi. Glielo strapperei con una ceretta brutale. «No, so che non può, ma...» Fisso lo sguardo in quello della mia collega. Alla mia sinistra, Micaela se ne sta zitta, mentre Jacopo scrive senza sosta qualcosa sulla cartella sociale di Francesco. È uno scontro tra me e Gisa. «Devi ridimensionare l'intervento: non è idoneo al benessere di Francesco. Mettere in atto una forzatura tale lo porterebbe a peggiorare. Lui non tollererebbe mai di perdere una parte di autonomia.» Lo so per certo perché è come Davide.

Gisa scuote la testa. «Sai anche tu che non c'è altro da fare. Se non collabora, dobbiamo assicurargli almeno l'incolumità.»

Forse, se non lo conoscessi così bene, sarei d'accordo. Forse, se fossi più razionale e meno emotiva, potrei condividere la visione di Gisa. Forse, se non fossi incinta, sarei più forte. Ma ora non sono nessuna di queste cose. Mi spiace e non riesco a immaginarlo in una tale situazione. Mi alzo all'improvviso. Il senso di colpa mi frusta. «Scusate, devo andare in bagno.» Che giustificazione stupida, ma efficace. Donna incinta e pipì è un'accoppiata vincente. Nessuno del gruppo osa fermare la mia fuga momentanea, anche se penso che tutti abbiano capito che ho solo bisogno di allontanarmi. Mi reco nel bagno riservato al personale, che noi tutti cerchiamo di mantenere sempre pulito. Mi siedo sul water e aspetto di calmarmi. Ma l'immagine di un Francesco sofferente e solo non se ne va. Cosa devo fare? Qualcosa devo inventarmi, ma cosa? Se solo potessi parlarne con Davide. Scarico l'acqua tanto per mantenere in piedi la bugia della pipì e rientro nella sala riunione. Le colleghe stanno parlando di altro e Francesco è stato archiviato. Ma non per me. Ora è Micaela a spiegare un suo caso. Mi siedo e penso ancora a me e a ciò che devo fare. Qualcosa farò. Forse, è un qualcosa di irreparabile.

Finita la riunione, rientro in casa ma sono così a terra che mi rendo conto di non poter andare avanti in questo modo. Va fatto. Per tutto il giorno ci ho pensato e ora è tempo di agire. Francesco in clinica. Francesco limitato da un giudice tutelare. In questo momento non sono la sua assistente sociale, ma una conoscente che si preoccupa per lui e, prima di chiudere per sempre il problema, devo mettere a posto delle cose. «Se ti chiedessi di seguirmi e di non farmi domande, lo faresti?» sparo la mia domanda su Davide appena sono dentro casa. Non gli ho dato neanche il tempo di salutarmi. Non posso permettere che Francesco scenda ancora più in basso.

IO NON VOGLIO!

Davide smette di guardare il telefonino. In tutta probabilità, stava parlando con la sua squadra. Lo fa sempre prima delle partite e domani ne avrà una importante. Anche io, oggi, mi gioco l'ultima carta.

«Cosa? Dove?» Non mi presta molta attenzione mentre guarda il display.

«Da *lui*.» Non faccio nomi, ma *lui* è l'uomo che si frappone tra noi e Davide cambia colore, diventa teso, con le braccia immobili e un po' sollevate sui braccioli.

«Perché?»

«È ora che tu lo veda e metta a posto alcune cose.»

Si muove a scatti dondolando avanti e indietro sulla carrozzella. «Cosa c'entro io? Che cosa vuoi dirmi?»

Se dovessi mettermi a spiegargli tutto adesso, non usciremmo più di casa. Cominceremmo a litigare e io ho bisogno che mi segua. Ho mandato un messaggio a Francesco e gli ho comunicato che sarò da lui tra mezz'ora, ma non ho potuto dirgli che porterò con me qualcuno. «Vieni» lo supplico e sono sicura che non sarà l'ultima volta che lo implorerò. Striscerò e piangerò. Forse morirò se dovessi restare senza di lui, ma oggi ho bisogno di mettere a posto i tasselli della mia e della sua vita. Poi si vedrà. Mi accarezzo la pancia e cerco di essere forte.

«Non voglio vederlo. Né ho intenzione di conoscerlo. Non verrò.»

Apro il portone di casa e continuo a guardarlo. Ha le labbra socchiuse e gli occhi sorpresi. Il mio Davide dalle braccia potenti ha paura. Anche io ne ho, ma quando si è con le spalle al muro non si può che andare avanti. «Seguimi con la tua auto» insisto e lo vedo sbiancare.

«Che significa? Perché non possiamo andare insieme?»

Ci metto un po' a rispondere. «Non so se, poi, vorrai vedermi ancora.» Sgrana gli occhi e io dovrei rassicurarlo, ma chi rassicurerà me? «È a fin di bene.»

Spinge la carrozzella all'indietro, come se volesse prendere le distanze dalla porta.

«Davide, non farmi questo. Davvero non ne posso più. Dobbiamo risolvere la situazione. Poi, tornerà tutto a posto.»

Scuote la testa, non vuole capire o, semplicemente, vuole proteggersi.

Sospiro e gli volto le spalle. «Allora, andrò da sola.» Guardo la punta delle mie scarpe, le spalle mi pesano sulla colonna vertebrale, oscillo e i capelli mi coprono il viso. «Vieni!» ed è per metà una supplica, per metà un ordine.

«Solo se mi prometti che non lo vedrai più. Non ti occuperai più di quest'uomo. Devi dimenticarlo. Tu non... noi stiamo insieme. Tu sei mia così come io sono tuo.»

In un altro momento, questo suo senso di possesso mi avrebbe riempita di gioia, invece ora annuisco e, mentre lo faccio, so che gli sto dicendo un'altra bugia. Come posso non vedere più Francesco se lui è parte integrante della vita di Davide? «Mai più» confermo. Non sarà mai più mio utente, né confidente. Mai più condividerò con Francesco stati d'animo. Ciò che capisco è che sto tradendo Davide. E sto tradendo anche Francesco portandogli l'amico a sua insaputa.

Davide respira forte e si dà una spinta violenta verso la porta, mi sposto e sono convinta che voglia investirmi. È livido di rabbia e io sono terrorizzata da ciò che accadrà. Raccoglie le chiavi dell'Audi. Io le mie. Mi sistemo al volante e aspetto che lui salga sulla sua auto. Ci mette un po', come se fosse in difficoltà. Esco in retromarcia e la tensione mi annebbia la vista. Guido concentrandomi sulla respirazione, sulla nausea, sulla contrazione dello stomaco. Guido e raggiungo via Rovigo troppo in fretta. Chissà cosa sta pensando Davide, adesso che ho parcheggiato sotto il palazzo in cui abita Francesco? Dalle persiane abbassate si intravede una luce fioca. Se Davide fosse passato a trovarlo di notte avrebbe notato la presenza dell'amico in casa. Non parcheggio negli spazi delimitati. Non resterò a lungo. Qualunque cosa succeda, io non resterò. Lui accosta al mio fianco e abbassa il vetro.

«Perché mi hai portato qui?» si protende in fuori ma io sono protetta dalla mia auto.

«*Lui* abita al secondo piano.» Indico le finestre appena schiarite dalla luce interna e il mio dito trema. «Ti aspetta. Sali!»

«Sei... impazzita? Francesco non c'è. L'ho chiamato cento volte e...» Ma ora ha gli occhi rivolti verso l'alto e si è accorto delle finestre illuminate.

«Aiutami, Davide. E aiuta anche lui. Se vuoi finalmente capire, sali.»

«Vai avanti tu» mi dice e la sua voce ha un tono gelido. Ma io che lo conosco bene avverto qualcosa vibrare, la stessa emozione che ritrovo nei suoi occhi un po' troppo spalancati.

«No, non posso. Ti aspetterò a casa» gli rispondo scegliendo di non osservarlo più. Questo è il bivio a cui il tacere mi ha condotta. Cosa farà Davide? E Francesco? Chiudo il vetro e sgommo via. Ho condotto per mano il destino fino a questo momento. Che sia lui, ora, a giocare le sue carte. Mi immetto nel traffico e non voglio guardare nello specchietto per vedere se l'Audi mi segue. Parcheggio di nuovo nel viale di casa e il buio mi avvolge quando spengo i fari. Non è tornato, ma non so dire se Davide troverà il coraggio di salire da Francesco. Magari sta girando a vuoto per Chieti, infuriato e pronto a farmela pagare. Accendo solo una lampada, il luccichio delle monetine nei posaceneri di Thun e granito. Mi soffermo a guardare una carrozzella che lui si è portato dalla palestra, abbandonata in un angolo. Mi ci siedo, e lo sento un posto sicuro dove stare. Quasi protetta da ruote, braccioli e schienale. Piangerei se ne fossi capace. Ora non lo sono e aspetto in silenzio che qualcosa succeda.

Dammi ciò che hai dato a lui. A Davide ho dato il potere di farmi male. E di guarirmi.

Spengo la lampada e aspetto.

CAPITOLO VENTITRÉ

O allento i pugni o mi salteranno le dita. Ho il corpo contratto come se potessi scoppiare. Ho aspettato più di dieci minuti dopo che Lorenza è sparita con la sua auto, verso l'asse attrezzato. Era spaesata, e io ho avuto paura. In verità ne ho ancora. In alto, al secondo piano della palazzina, vedo le luci. È in casa. Non mi chiama da mesi, ignora i miei messaggi, salta un allenamento dietro l'altro ma, diamine, è in casa. Non ho capito un accidenti del perché sono qui, ma Lorenza l'ha definito: «*Lui.*» E *lui* è l'uomo che segue e che la teneva per mano. *Lui*, alto forse più di me. Infatti Francesco mi sovrasta di parecchi centimetri.

Lui che la toccava.

Lui che le stava così bene al fianco.

Lui, che in tutta probabilità riesce ad avere un'erezione quando vuole.

Spalanco la portiera e scaravento fuori la carrozzella che si impenna per un momento per poi tornare ferma. È un gioiello nello stabilizzarsi, per questo l'ho scelta tra tante. Ci salgo sopra senza fatica e in fretta. Il portone del palazzo è socchiuso, poche volte l'ho trovato aperto. Sono costretto a lasciare la carrozzella in fondo alle scale. Non la scanso nemmeno, abbandonandola a ridosso del primo gradino. Salgo. Faccio la prima rampa un po' troppo in fretta. Rischio di farmi male, di maciullarmi i tendini e i muscoli delle gambe. Rallento, anche perché il fiato grosso mi stringe il petto. Metto su una gamba per volta, e poi mi isso. Mi concentro su questo esercizio, fino alla fine. Il pianerottolo è vuoto. Francesco non ha vasi, né zerbino, ma la porta del suo appartamento è appena accostata. Ed è una seconda stranezza. La colpisco con un pugno e la mando a sbattere contro il muro. Solo quando un uomo esce veloce dalla cucina, si ferma e mi guarda, io impreco. «Ti ucciderò» lo minaccio, prima di guardarlo negli occhi e capire che il volto di Francesco ha qualcosa di diverso, però la rabbia è troppo forte e non mi importa più di nulla. «Che cazzo ti prende?» Non vorrei ma il tono sale e mi sento isterico. Anche se sono a terra e lui è alto, molto alto, non temo questa differenza. Conosco Francesco e… lo conoscevo, ma ora sembra del tutto stralunato.

Lui distoglie lo sguardo e scruta il pianerottolo. «Dov'è Lorenza?» mi domanda come se avesse ogni diritto di chiedere di lei, di sapere e conoscere ciò che Lorenza fa.

La rabbia monta prepotente in me. «Ma cosa diamine pensi di fare con lei?» urlo con tutta la forza. Con una mano agguanto la sua tuta, all'altezza della pancia. Vorrei prenderlo alla gola ma non ci arrivo. «Ti stai rendendo ridicolo. Non osare mai più avvicinarti a lei o… ti uccido.» È così facile gridare che lascio uscire fiato e parole senza preoccuparmi dei vicini. Strattono la stoffa, gli sfilo la maglietta dai pantaloni della tuta, cerco di scrollarlo, ma la mia non è una presa efficace. Se solo riuscissi a buttarlo a terra potrei saltargli addosso e gonfiarlo di botte. L'impotenza si aggiunge a ciò che già provo e io riesco solo a dargli un pugno su una coscia. «Sei una merda. Scompari dalla squadra, ti nascondi, ti metti a fare il cretino con la mia donna.» Lo strattono ancora e vorrei sbatterlo al muro ma, con le gambe allargate, Francesco e più stabile di quanto pensassi. «Con Lorenza, mio Dio, con lei. Con lei che è mia. Lo sai cosa provo per lei. La vita mi ha tolto tutto e tu vuoi che perda anche Lorenza.» Lo artiglio a un fianco e spingo. Riesco solo a mandarlo indietro di un passo e, quando lo vedo abbassare la testa, incassare le spalle, incurvare la schiena, esulto. O forse no. «Che stronzo che sei diventato! Lo sai che è incinta, brutto figlio di puttana? E tu continui a girarle intorno. Cosa le hai proposto, una vita con un vero giocatore di basket?» dico con un'ironia che mi brucia la gola. Mi tiro un po' di più dentro casa sua. Francesco potrebbe cacciarmi via a calci in faccia e, per un attimo, spero che lo faccia davvero. «Oddio, non ti riconosco più.» Ho in mente solo le loro mani intrecciate. Lui che la precedeva. Lei che lo seguiva. L'odio che sento dentro mi fa digrignare i denti. «Figlio di puttana» lo insulto e mi aspetto una qualche reazione che, però, non arriva. «Non hai il coraggio neanche di difendere tua madre, come facevi un tempo.» Striscio un po' di più vicino a lui. La porta è rimasta aperta. Ogni volta che guadagno qualche centimetro, lui fa un passo indietro. «Mi riprenderò tutto e con gli interessi. Tu non la vedrai più.» Gli sputo addosso e colpisco in pieno la maglietta stropicciata che gli pende addosso. Sono felice che sia ridotto a uno scheletro vivente. Dopo che avrò terminato, sarà uno scheletro morto. Respiro velocemente e con i palmi mi spingo in avanti. «Come hai potuto.» Francesco ha le spalle al muro, scivola piano fino a che si raccoglie a terra. Appoggia la testa sulle ginocchia e, finalmente, mi sembra basso. Un uomo raggomitolato su se stesso. Mi appare strano ogni oltre immaginazione. Potrei prendere il sopravvento con facilità e fargli sputare i denti.

«Lei mi aiuta» dice con voce soffocata.

«E tu te ne approfitti, idiota.» L'idea che possa piacerle Francesco, il giocatore sano, mi manda il sangue al cervello.

Lui scuote la testa senza alzarla mentre mi avvicino ancora. Ancora un po' e potrò afferrarlo.

«Sono stato un suo… paziente.»

«Che scusa di merda. Tu non devi più toccarla.» Ancora ho negli occhi dita legate, palmi a contatto e la voce di Lorenza che mi chiedeva di darle fiducia. Gli prendo una caviglia e strattono fino a che lui non allunga la gamba ed è alla mia mercé. Oddio, l'ho preso. Ora non mi scappa più. Solo adesso riesco a vedergli davvero la faccia. Ora che siamo allo stesso livello posso osservarlo a mio piacimento.

«Sto male» dice in un sussurro, mentre il respiro gli si spezza dentro e non fa nulla per scappare. Eppure deve aver compreso che sono fuori dalla grazia di Dio. Lui deve sapere che sto per sfogarmi a suon di pugni.

«Ancora scuse del cavolo.» Stritolo la sua caviglia.

«Mi sento morire e ogni volta che accade mi dico che non sopravvivrò. Ma non finiscono mai.» Le spalle di Francesco, una volta imponenti, sono scheletriche. Riesco a vedere l'osso spingere sulla maglietta. Gli zigomi sono così sporgenti che la pelle è lucida e tirata. Stringo e voglio fargli ancora più male. «Che scusa del cavolo» ripeto, perché non so dirgli altro. Sono confuso e sospeso tra rabbia e insicurezza. Ha da scontare le sue bugie, l'assenza ingiustificata dalla mia vita, l'aver toccato Lorenza. «Te ne sei andato senza dirmi niente. Che c'è, non siamo più alla tua altezza? Ora che squadra ti ha…»

«Non gioco più.»

Queste parole mi zittiscono. Non per il loro significato ma per come sono state pronunciate. Mi penetrano dentro così come quando le pronunciai io dopo l'incidente. *Non gioco più* può significare anche *non vivo più*. «Che vuoi dire?»

Non mi guarda, come se si vergognasse. *Cavolo, si vergogna di me, del suo amico.*

«Non riesco più a giocare», si tiene la testa con le mani.

«Be' ti sta bene. Non so cosa ti è saltato in mente, ma...» Riesco solo a considerare la delusione che mi provoca il suo comportamento. L'idea che Lorenza possa trovarlo attraente mi fa sentire all'inferno. Scegliere tra un uomo sano e uno malato è molto semplice. Io sto dalla parte sbagliata della scelta.

Ho tra le mani il suo piede. Lui non lo tira via e io non lo strattono più. Ma lo tocco solo per restare ancora connesso, per insultarlo e sbollire questo sentimento corrosivo. L'assenza di Francesco mi è pesata di brutto, ma Lorenza cosa c'entra? «Non mi hai detto nulla» è l'unico capo di imputazione che gli scaglio addosso. «Lorenza non mi ha detto nulla.» Sento il dolore farsi più acuto. I tradimenti delle due persone a cui tengo di più rischia di farmi scoppiare.

«Non sapevo a chi rivolgermi» si scusa Francesco.

Respiro profondamente. Le sue parole non mi bastano, voglio qualcosa che plachi questo disagio. Che mi risarcisca dei giorni passati a preoccuparmi per Francesco, e ad avere paura dell'uomo che la teneva per mano. «Da quando tempo?» ringhio e sono felice di vedere macchie rosse sulla pelle che sto stritolando.

«Da un paio di mesi.»

Non mi ha detto nulla. Da un paio di mesi lei mi dice bugie. «Dovevi venire da me e parlarmi.»

Scuote la testa e i capelli, molto più lunghi del solito, gli coprono la fronte. «E di cosa? Tu non puoi aiutarmi.»

«Cazzo, sei proprio un bastardo. Io ti sono stato sempre vicino.» In realtà, è lui che è stato sempre al mio fianco. «Io non capisco.» Batto un pugno a terra ma uso la mano libera. L'altra la tengo sulla caviglia di Francesco, come se non fossi capace di allontanarla. «Perché non dirmelo? Non sono mai stato sleale con voi. Né con te, né con Lorenza.»

Alza la testa e io posso osservare la sua fronte, le guance, l'ovale del viso assottigliato.

«Sono un perdente, non te ne rendi conto? E sto male come non sono stato mai.»

«Curati» mi sembra adeguato gridargli contro.

Vedo le sue spalle tremare, ha il respiro grosso e gli occhi un po' annebbiati.

«Puoi guarire» insisto.

Il suo viso mi dice che non ci crede.

«Perché non cerchi di guarire?» gli chiedo mentre la rabbia mi va in circolo. Non so neanche che senso ha fargli una domanda del genere, ma da qualche parte devo cominciare.

«Non lo so.» Mi fissa davvero per la prima volta da quando sono entrato in casa sua.

Mi sta ricordando i primi giorni in cui ancora non credevo alla diagnosi. In quel momento c'era solo… aspettativa. E poi disperazione e paura. E quando ancora non sapevo come sedermi sul water per fare pipì o come girarmi nel letto senza creare torsioni dannose al mio corpo, o… ma la mia è un'altra storia. O forse no. In quei momenti Francesco era vicino a me. Perché si è allontanato? Ma la rabbia che sento dentro non mi permette di avere pietà per nessuno. Sono stato tagliato fuori, di colpo e senza motivo. Da lui. Da Lorenza. «Te lo meriti.» Poi mi accorgo di voler sapere. «Cosa devi fare per stare meglio?»

Adotta un sorriso triste. «Tante terapie che non voglio fare.»

«Dimmelo, accidenti! »

Torna serio, ma il suo sguardo sembra essersi allontanato da questo luogo. «Psicoterapia, incontri di gruppo, terapia occupazionale e… ideare un percorso che piano piano mi porti a fare di nuovo tutte le cose che facevo. Devo imparare a convivere con questi maledetti attacchi di panico. E io non voglio.»

«Hai abbandonato anche i farmaci?»

«No, non ancora.»

«Perché ti stai lasciando andare?»

«Prova ad avere paura che il cielo ti cada addosso da un momento all'altro e poi dimmi come fare per sopravvivere» quasi urla e io, nella sua rabbia, ci trovo una scintilla di vita. Ho di nuovo voglia di scrollargli la caviglia e fargli male. Forse, il mio, è solo un modo per riportarlo al presente.

«Non ce la faccio. Con Lorenza avevo cominciato ma… lei se n'è andata e io…»

«Oddio, la ami?» è la cosa più difficile che abbia mai chiesto a qualcuno. Amare Lorenza è facile, perché dovrebbe essere diverso per Francesco?

Sbarra gli occhi, socchiude la bocca. «Ma vai al diavolo. Lei mi stava solo aiutando. L'ho sempre detto: una così è troppo per te.»

Lorenza! La prima cosa che penso è che mi ha mentito. Sa quanto è importante per me la lealtà. Da lei me l'aspettavo. Non voglio sentire altro. Ho solo bisogno di urlare: «Sei un cretino. Dovrei lasciarti da solo a sbavarti addosso. Dovrei farti stare peggio di come stai adesso.» Così come sono stato male pensando che Lorenza avesse un altro uomo. Dovrei! Mi tiro indietro. Non sopporto più neanche di guardarlo. «Arrangiati» e aspetto da lui una reazione che non viene. «Sei uno scheletro. Devi mangiare di più» gli dico tanto per insultarlo. E lui annuisce a una raccomandazione del cavolo. «Perché non me lo ha detto?» dico sottovoce.

«Gliel'ho impedito.»

«E da quando lei fa ciò che le dici?» Lorenza ha scelto la lealtà verso Francesco e la menzogna nei miei confronti.

Lui scuote le spalle e si alza. Lascio scivolare la sua caviglia e me ne sto zitto mentre Francesco si reca in bagno. Dovrei andare via, schiarirmi le idee e cercare un po' di pace. Invece mi accorgo di non riuscire a muovermi. Il motivo è che sono svuotato e non ce la faccio a scendere due rampe di scale con la dovuta attenzione. O forse ho solo paura di tornare a casa e affrontare Lorenza. In qualche modo, questa mia vita sta andando da tutt'altra parte rispetto a ciò che volevo. Eppure cosa ho chiesto di tanto strabiliante? Desidero solo un po' di stabilità. Fare le mie cose senza sentirmi sempre come un vulcano in procinto di eruttare.

Quando Francesco esce dal bagno, si ferma di botto trovandomi nello spesso posto dov'ero prima. Forse vorrebbe buttarmi fuori, e sa solo Dio quanto io abbia bisogno di essere scaraventato giù dalle scale. Mi aggira e si dirige alla porta. L'avevamo lasciata aperta e lui la chiude. Forse vuole uccidermi e non mi sembra neanche una cattiva idea. Forse vuole che resti qui, con lui. E non so se potrò accettare.

«Resta» mi dice mentre guarda a terra e io non trovo la forza di rispondere.

Vaffanculo!

CAPITOLO VENTIQUATTRO

Ho fatto tutto a fin di bene, quindi non devo avere paura.

Un'eternità è passata da quando l'ho lasciato sotto casa di Francesco. Sono rimasta seduta sulla sua carrozzella al buio, con il respiro a tratti veloce, a momenti troppo lento. Ho ascoltato i rumori della notte fino a che tutto ha perso importanza. Ho fatto ciò che andava fatto per il bene di tutti, forse, tranne che per il mio. I primi rumori all'esterno mi fanno tremare.

La portiera che sbatte.

Le chiavi che girano nella toppa del portoncino.

Il sibilo lieve delle ruote.

Davide accende solo la luce sul pianerottolo e la lampada nell'ingresso. Il chiarore quasi mi brucia gli occhi. Chiude la porta dietro di sé, poi si guarda attorno. Si irrigidisce quando mi scorge sulla sua carrozzella. E io stringo i braccioli, come fa lui quando è teso: ci si aggrappa a ciò che si reputa stabile. Ce ne stiamo in silenzio per un tempo indefinito.

«Sai qual è la cosa che più mi fa incazzare?» dice.

È una domanda fatta tanto per iniziare una lite. Il primo soffio gentile di vento che preannuncia la tempesta. E lui sarà uragano. E io sarò l'albero che verrà abbattuto. Oppure sarò nontiscordardime, fragile, piegato, ma che troverà il modo di tornare in piedi. Nessun albero forte resiste a un tornado ma il più gracile filo d'erba ce la fa, forse perché ha la forza di piegarsi e strisciare a terra.

«Pensare che potresti tacermi le cose che riguardano lui.» Punta il dito verso di me, in particolare verso la pancia e il *lui* a cui si riferisce è il nostro bambino, non Francesco.

«Cosa c'entra? Certo che ti terrò al corrente di tutto.»

Si spinge con rabbia al centro della cucina. «E su che basi dovrei crederti? L'esperienza mi dice l'esatto contrario.» Ha ripreso un tono normale e l'assenza di quella prima scintilla di rabbia mi fa spaventare ancora di più. «Sceglierai tu quando dirmi che sta male? Oppure che sta bene? O se ha problemi a scuola?»

«Non è la stessa cosa di Francesco.» Mi aggrappo ai braccioli, un po' protesa verso di lui. Spiazzata dalla piega che sta prendendo la discussione. Mi aspettavo un attacco su Francesco, non su nostro figlio. «È stato un mio utente e lo sai che non posso parlarti di loro. È la regola e io la applico con tutti.» Il pugno che Davide dà sul bracciolo della carrozzina mi fa saltare.

«Francesco è molto più di un utente. Avresti dovuto dirmelo. Quando ti parlavo dei miei dubbi o lo chiamavo senza ottenere risposta e… tu sapevi tutto.» Scuote la testa e con un colpo di mani alle ruote mi gira le spalle. «Sapevi tutto. Sapevi! Sei stata la mia compagna a metà.» È uno schiaffo in pieno viso. Sa farmi male con le giuste parole. E io incasso.

«Sarò un genitore di second'ordine rilegato ad avere informazioni solo quando tu lo riterrai opportuno. Non mi piace. Non mi piaci. Non così.»

È solo arrabbiato, mi dico mentre cerco di respirare normalmente, come se non mi facessero male il petto e la gola. Ignoro il senso di panico che comincia a farsi sentire, ma il formicolio del sangue mi arriva alle gambe. «Francesco è stato un mio utente. Io… lo sai… Nostro figlio è un'altra cosa. Come puoi solo pensare che…»

«So solo che non ti sei fidata di me. Cacchio, avrei potuto evitare che si riducesse così. Ma tu hai deciso il contrario.»

«Non ho scelto io di non farti partecipare. Lui non voleva…»

«Lui. Sta. Male.» mi urla contro e riesce a zittirmi. Davide ritorna al centro della cucina e mi rendo conto che siamo ridicoli. Io sulla sua carrozzina, lui sulla sua, divisi dal tavolo.

«Be', è grande e vaccinato e se ha deciso di escluderti avrà avuto i suoi buoni motivi.» Non è un bene sentirmi così arrabbiata. Perderò la lucidità e dirò cose sgradevoli. Ma come faccio a resistere quando Davide mi sta massacrando? Devo pur provare a difendermi.

«E quali sono, invece, i tuoi motivi? Da te mi sarei aspettato altro. Ho sbagliato. Ho sbagliato con te. Sarebbe stato meglio se non ci fossimo mai…»

Vedo il suo sguardo farsi duro, chiudermi lontano. E mi fa morire. Io non ho mai rinnegato ciò che c'è stato tra noi. Lui ora lo sta facendo e in modo definitivo. Davide si spinge verso la camera, mentre io me ne resto imbambolata a pensare. Poi, sento la bile salire e faccio girare le ruote nella direzione verso cui è sparito, dimenticando che ho gambe buone per camminare. Al diavolo! Salto giù dalla carrozzina e corro in camera.

«Aspetta un attimo. Come ti permetti di dirmi queste cose? Francesco era un mio utente e io non ho avuto scelta. Dirtelo avrebbe comportato…»

«Ora lo segui ancora?» continua a gridare come se non avesse mai smesso e sono contenta che non ci sia Giorgia a sentirci litigare.

«No, l'ho passato a Gisa.»

«Vedi? Avevi una scelta. Hai deciso di essere fedele a lui.»

Ne fa una questione di principi, di alleanze, di lealtà. «Tu guardi la situazione da una prospettiva sbagliata. Io ho solo fatto il mio dovere.»

Sbuffa e mi deride. «Ma stai zitta. Mi spiace solo che…» Non finisce la frase ma mi guarda la pancia e io corro con le mani a proteggerla. Il suo non detto mi taglia dentro. Mi appoggio all'anta, ho le gambe molli.

«Sei uno stronzo. Ingiusto, stronzo.» Respiro profondamente come se questo potesse farmi soffrire meno. «Sei un giocatore, Davide. Se c'è da difendere, difendi. Se c'è da attaccare, attacchi. Se è necessario passare la palla, la passi. Ho soltanto rispettato le regole.» Ora non so se sono albero o nontiscordardime. So solo che sono piegata da uno sguardo che grida: «Non mi piaci.» E anche se la tempesta dovesse placarsi io resterò distesa. Ma non è giusto, per me, per noi, per il mio bambino.

«Io ho fatto delle scelte a fin di bene. Non puoi sapere quanto mi è costato non potermi confidare con te. E se non lo capisci, vuol dire che non sei l'uomo giusto.» Lo vedo irrigidirsi, tendere il collo all'insù e so di aver fatto centro. Gli sto facendo male. «Sono io che ho sbagliato a stare con te.»

Lo sento respirare e per un attimo sono pronta a ritrattare. Ma il momento passa e la rabbia incendia di nuovo tutto.

«Perché hai deciso di parlarmene adesso? Potevi tacere e, forse, non avrei mai saputo nulla.»

«Gisa ha intenzione di segnalare Francesco al Giudice tutelare. Chiederà una limitazione della libertà.»

«È matta?»

«No, è solo uno degli interventi previsti in casi del genere. Si cerca di proteggere l'utente in tutti i modi. Non potevo più tacere.» Il muro dietro di me sta prendendo il mio calore, i capelli me li sento scompigliati come se avessimo lottato corpo a corpo. «Penso che dovremmo prenderci del tempo per riflettere. Ogni mia azione viene condannata sempre e comunque. Non ho bisogno di una relazione del genere.» Mentre parlo, la rabbia mi anestetizza. Non sento dolore, solo la giustezza di ciò che dico e il timore per ciò che avverrà. Ma ora non posso pensarci. Vedo gli effetti delle mie parole sul suo viso. Mi sembra stravolto, anche spaventato, ma non lo consolerò né lo rassicurerò. Mi aspettavo di essere attaccata per Francesco, mai avrei creduto che mi squalificasse come madre. Io e il mio bambino siamo stati rifiutati con poche parole. Anche se so razionalmente che è la rabbia che fa parlare Davide, non posso accettarlo.

«Mi sposterò nella cameretta e tu stai pure qui, nella stanza dei giusti.» Trovo un calzino sul comodino e glielo lancio contro. Poi perdo il controllo e la voce esce rotta, adirata. «Ma chi cazzo ti ha dato il permesso di fare ciò che vuoi della mia vita?» L'urlo è liberatorio e così benefico che temo di sentirmi male. «Se davvero pensi di avere sbagliato a restare con me, allora rimedia. ORA! Infila la porta e vattene fino a che non avremo trovato una soluzione per Giorgia.» Non nomino il bambino perché non vedo quale soluzione potrà mai esserci. «Chi mai ti ha dato un tale diritto su di me?»

Non penso ci sia risposta a una tale domanda ma lui trova il modo di spiazzarmi quando mi dice:« Tu, quando mi hai detto che mi amavi. E poi mi ha tradito.»

«Allora ritiro tutto. Non ti amo, io ti odio.»

«Lorenza…»

«Non chiamarmi! Non ne hai più il diritto.»

Vedo che si sta allarmando e io che sto perdendo tutto mi ritrovo svuotata.

«Non capisci che con il tuo comportamento…»

Non lo lascio più parlare, non voglio ascoltare altro. «So solo che ho visto come sei e ti confesso che sei tu a non piacermi.» Fargli male è il mio unico obiettivo.

Davide si spinge in avanti e tende una mano verso di me. «Lorenza…»

Scanso le sue dita, mi tiro di lato. La nostra rabbia non riguarda più solo Francesco, né Giorgia e neanche i silenzi. C'è qualcosa di più profondo che infiamma Davide e non so cosa sia. «Non avvicinarti mai più. Me ne vado nella cameretta.» Il letto che abbiamo preparato per i suoi genitori è pronto da tempo, ma loro non si sono ancora decisi a farci visita. La speranza di ricucire i rapporti con Davide sembra rimpicciolirsi, ma in questo momento non è un problema su cui posso soffermarmi. Questa stanza mi sembra tanto triste, troppo. Eppure, se ci penso bene, sono sollevata sapendo che sarà Davide a occuparsi di Francesco. Mi sdraio e il sospiro esce doloroso dal petto contratto. Sento i rumori che Davide fa mentre si mette a letto. Il limite è stato valicato. Francesco sarà a posto ma io? Io cosa sono? Sono albero? Sono nontiscordardime? Sono una ceramica stracotta da un forno inadeguato. Sono solo stanca e mi impongo di non pensare a nulla. «È tutto a posto» sussurro a me, al silenzio, al mio bambino.

CAPITOLO VENTICINQUE

«Quando dobbiamo andare a questi benedetti incontri?»

«Sabato sera» mi risponde Francesco.

Salire da lui così spesso si sta rivelando pericoloso. Mi sono ritrovato con una piaga sotto il tallone. Devo averlo trascinato in malo modo sulle scale e avere i palmi sempre sporchi della polvere non mi piace per niente.

«Non devi venire con me.»

«So io se devo oppure no.» Gli rispondo male perché di perdonarlo non se ne parla, non ancora. Ma aiutarlo è un'altra cosa. Mi ha sbattuto in faccia la mia disabilità con la sua altezza, con le sue gambe funzionanti, con la sua piena potenza sessuale. Non avrei mai voluto fare un confronto del genere tra noi due perché gli effetti sono molto più dolorosi che con uno sconosciuto.

«Non ci andrò.» Sta seduto davanti al televisore spento, non sento odore di cibo, nessuna pentola sui fornelli. Non mangerà neanche stasera.

Dal telefonino pesco il numero in rubrica e chiamo, la rabbia che sale per un comportamento tanto infantile. «Due pizze con salsicce e funghi in via Rovigo. Tra mezz'ora va benissimo.» Non mi importa se Francesco mi sta guardando in cagnesco. Non ho motivo di sentirmi in defetto, sono io a dover essere offeso. E lo sono.

«Non provarci con me o ti scarico fuori come un sacco della spazzatura» mi attacca, con un tono troppo debole per farmi impressione.

«Fallo!» Mi stringo nelle spalle e mi aggiusto meglio sul divano. Così seduti sembriamo alti uguali, con le gambe rilassate in avanti. Peccato che le mie siano ossute e nervose; le sue ancora toniche anche se smagrite. Peccato che lui sia ancora potente, mentre io non so fino a quando…

«Non hai nessun diritto di venire in casa mia e comportarti così.»

«Ho fame e da ciò che vedo tu non hai intenzione di cucinarmi nulla. Quindi…»

«Torna da Lorenza» dice sottovoce.

Non gli rispondo perché in questo momento, non voglio tornare da lei. L'ho osservata quando, questo pomeriggio, è venuta a monitorare il gruppo di ragazzi che il dipartimento di servizio sociale ha inviato in palestra. Era seduta in disparte, tra i sacchi e i tappetini, nella stessa posizione di quando l'ho conosciuta. Sempre in silenzio, a disagio, con quel rossetto rosso troppo acceso che mi faceva imbestialire e che mette sempre meno. Perché non lo mette più? I suoi occhi sono così belli che non riuscivo a non vederli sempre davanti. Anche ora li ricordo in modo preciso. Eppure li trovo sempre più tristi. E non mi parla più. Per lei, sono invisibile.

Facciamo l'amore, Davide? Non sa quanto avrei voluto accontentarla.

All'idea che sia io a renderla così dispiaciuta mi si comprime lo stomaco. Ma Lorenza si è comportata come se non contassi nulla. Io dovevo sapere. Io voglio sapere ogni cosa di lei. Desidero le sue confidenze, i suoi segreti, le sue preoccupazioni. Voglio essere così tanto per lei da non lasciarle lo spazio per respirare, per avere paura, né per decidere dove e come vivere. Voglio essere così indispensabile che la sto annullando. È un sentimento nero che mi riempie da quando l'ho conosciuta e desiderata.

Meglio se me ne sto qui ancora un po'. Tiro fuori il portamonete e Francesco scatta in piedi.

«Vai al diavolo, Davide. Sono ancora capace di pagare due pizze.»

«Devi trovare qualcosa da fare. Un lavoretto con cui tirare avanti fino a che non tornerai a giocare. Potresti… vediamo un po'…» Cazzo, non mi viene in mente niente. Io l'ho sempre considerato un giocatore di basket. Lui è il basket così come lo ero io prima dell'incidente. Per me è finita male, ma per lui non è così. Ha capacità, forza e volontà. Cosa gli è successo?

«Vorrei solo che te ne andassi» mi dice, lasciando i soldi sul tavolino. Le sue spalle sono curve, la testa sembra pesargli sul collo. Oddio, perché lui? È come se stesse succedendo a me un'altra volta.

«Sabato ti porterò a questo incontro. Ci sono scale dove vi vedete? C'è un ascensore o una pedana per disabili?» Ma cosa m'importa, se anche dovessi salire a braccia lo farei.

«No, c'è solo un gradino, ma non è un problema per te.» Francesco si avvicina alla finestra, guarda fuori, in silenzio, mentre io vedo il suo riflesso sul vetro.

La sera è arrivata e io immagino Lorenza e Giorgia in casa a fare qualche gioco o a mangiare minestrina e polpette. Queste ultime cominciano a starmi sulle scatole, ma mi fa sorridere pensare a loro. Mi addolcisce dentro. «E cosa si fa, una volta lì?»

Francesco sospira. «Si parla. Ognuno racconta della propria settimana, delle crisi e di come sono state. Se uno riesce a controllarle si cerca di capire se il metodo può andare bene anche per altri.»

«Ma tu non ne hai più avute.»

Non risponde e io continuo a guardare la notte fuori dalla finestra, le luci delle auto che da Tricalle scendono a Chieti Scalo e che, per un attimo, illuminano il vetro, la sua faccia e il muro dietro le mie spalle. Stanno mettendo le luminarie di Natale un po' dappertutto. Ce ne sono due file ordinate proprio davanti alla palazzina di Francesco, ma non sono ancora state accese. Non sarebbero in sintonia con ciò che sento adesso. Ma ho voglia di vedere corso Maruccino, di portarci Lorenza e Giorgia e di passeggiare lentamente fino ad arrivare alla cattedrale di san Giustino.

«Oggi sei stato bene?» Meglio essere diretti. Non c'è altro modo per parlare con Francesco, solo che, adesso, è un Francesco tanto silenzioso che mi sembra di non conoscerlo.

Lui pare non avermi sentito, poi invece risponde. «Una.» Lo dice così piano che penso di averlo immaginato.

«Merda! Finiranno. Devono finire» impreco. «Sabato ti vengo a prendere e se non ti farai trovare dirò tutto ai tuoi genitori. Perché loro non lo sanno, vero?» La minaccia è la mia arma. Sono certo che loro piomberebbero qui in un attimo, se solo sapessero. Ma sono all'oscuro di tutto, come me.

«Non lo sanno» conferma.

Sono stufo di parlare alle sue spalle, ma Francesco se ne sta immobile e io per raggiungerlo dovrei scendere dal divano, andare in giro. «Non lo sapranno se mi dai la parola che farai tutto ciò che ti dicono di fare.» E poi il mio cuore si stringe. Ho appena fatto un patto con lui. Mi sono piegato alle sue richieste. Ho seguito l'istinto e sceso a compromessi, così come deve aver fatto Lorenza. A fin di bene, tacciamo qualcosa su qualcuno che per noi è importante. Oddio, cos'ho fatto? Cosa le ho fatto?

Lui non annuisce né nega, ma per me fa lo stesso. Ora che ci sono, si fa come dico io.

Quando le pizze arrivano, lo lascio andare e aspetto che sia lui a preparare un posto dove mangiare. Invece Francesco lancia i cartoni sul tavolino basso vicino al divano e si mette a sedere al lato opposto.

Vista la sua immobilità, io mi piego in avanti. «Io mangio, e tu farai bene a fare lo stesso o te la ficco in gola.» Una minaccia fatta al vento. Sappiamo entrambi che non ho la forza necessaria per mettere in pratica l'avvertimento e non ho la giusta altezza per arrivare al suo viso. Sto attento a non sbilanciarmi e comincio a mangiare senza piatto, posate e tovaglioli. Facevamo così quando abitavamo insieme ed eravamo al primo ingaggio. Mordo i tranci e me ne sto zitto e, cazzo, lui non mangia. Non posso fare altro che ingoiare boccone dopo boccone e pensare al profumo della minestrina e delle polpette. A Lorenza stesa sul divano, o vicino al bordo della vasca da bagno mentre lava Giorgia, nel nostro letto a leggere. Lei che ora si è trasferita a dormire nella cameretta e mi ha lasciato solo. Lei che non mi parla più. Sono all'ultimo trancio, lo soppeso in mano, poi lo tendo di lato, verso Francesco. «Mangia» ed è un'esortazione che ha un po' della preghiera e molto del comando. Soprattutto, è la voce di un amico preoccupato e incazzato. Lui lo prende e mangia. Poi apre il secondo cartone e fa fuori anche tutti gli altri tranci. Mi ritrovo contento solo perché ha cenato. Non è guarito, non ha un impiego, non vuole tornare a giocare, ma ha mangiato. E io penso a casa mia, alla minestrina e alle polpette.

Quando ritorno a casa, lo avverto subito. È il freddo della solitudine, ma sono deciso a farlo terminare, così come sono certo che porterò Francesco verso la guarigione. In questo momento tutto ciò che vorrei è sentirla. Vorrei che il suo respiro fosse per me, che mi sospirasse addosso, che dormisse per metà sul mio petto. So che la nostra è solo rabbia, ma vederla, e non poterla toccare, mi rende matto. Me ne vado in camera. È troppo tardi per chiederle scusa e domani non so se troverò il coraggio di farlo. In me, è ancora troppo forte l'immagine dello sconosciuto alto che camminava al fianco di Lorenza e la sensazione di essere sbagliato, anche inadeguato per una come lei. Forse, se lei avesse un difetto fisico, sarebbe più semplice tenerla al mio fianco. Oddio, questa idea mi fa nascere lo schifo dentro. Sono un bastardo e un disperato.

CAPITOLO VENTISEI

Non è difficile salire sul gradino, così come Francesco mi aveva detto. Anche se la sua mano è sullo schienale della carrozzella, non mi spinge. Sa che non lo gradisco. Entriamo in un corridoio semibuio che dà su una corte interna. L'erba e i lampioncini sono già coperti dalla brina. Il freddo comincia a farsi sentire ma, d'altronde, siamo quasi a dicembre.

«Da che parte?» chiedo, non sapendo se girare a destra o a sinistra. Solo adesso lo sento respirare forte. Mi giro a guardarlo. Il sudore gli bagna la fronte, ha le braccia tese dentro il giubbotto che gli pende addosso, i pugni chiusi. Non mangia. Riesco a pensare solo che non mangia abbastanza. Poi il cuore mi va a mille. È una crisi che sta arrivando? E se ne dovesse avere una io cosa dovrei fare? Come faceva Lorenza a non spaventarsi? «Andiamo, fammi strada, sono io che qui non conosco nessuno» gli ricordo, come se lui non avesse il diritto di sentirsi a disagio. Ma Francesco non si muove. Suda come succede a me prima di iniziare una partita importante. È l'ansia mista ad adrenalina e paura di sbagliare. «Datti una calmata, ne hai giocate di partite come queste. Anzi, di peggiori. La Salernitana te ne ha date di botte!» gli ricordo e spero che il richiamare un ricordo condiviso possa servire. Forse è utile solo a me e mi rende più forte ora che serve esserlo. «Spingimi, o ti lascio qui a tremare di freddo.» Lo maltratto perché lui ha maltrattato la mia sicurezza mentale. Però, nonostante tutto, gli offro i manubri della mia sedia a rotelle e incontro i suoi occhi per un attimo, prima che tornino a girare da una parte all'altra della corte chiusa. Di cosa ha paura, proprio non lo so.

Lui incassa le spalle ancor di più, si mette dietro di me, ma non spinge la carrozzina. E di questo gli sono grato.

«È a sinistra. La prima porta a sinistra.»

Aspetto che sia lui a farmi strada. Mi sorpassa e raggiunge il pannello di legno anonimo, uguale a tutte le altre in circolo per il palazzo. Suona il campanello e aspetta, senza girarsi a guardarmi. Un uomo di mezza età lo saluta.

«Francesco, bentornato. Ti stavamo aspettando. Vieni a conoscere un nostro nuovo utente.» Poi si guarda in giro. «Sei venuto da solo? La dottoressa Garbi non ti ha accompagnato?» Non è difficile capire dal tono che è incredulo. Non lo ritiene capace di muoversi in autonomia e la cosa mi spaventa.

«No, c'è lui.» Mi indica con un dito e io mi spingo fuori dalla penombra. La carrozzina mi sembra più pesante che mai.

«Oh, bene. Venite dentro così potremo conoscerci con calma.»

Ho quasi paura a entrare. Immagino gente cupa, malata. Cosa diranno? Magari urleranno o piangeranno. Forse, anche Francesco piangerà. No, non ce lo vedo. Entro guardandomi attorno. La stanza è quasi del tutto spoglia, pochi mobili, perlopiù di formica vecchia, riciclati chissà da quali uffici. L'illuminazione è così forte che acceca, e anche così diversa dalla penombra al di fuori da sembrare un altro mondo. Seguo Francesco che è entrato in un salone. Trovo sedie in circolo e la cosa non mi piace, mi fa sentire a disagio. Molti si avvicinano per salutarci. È una familiarità eccessiva, invade il mio limite personale che è di un buon metro dai predelli della carrozzina.

«Prendiamo posto» ci invita l'uomo che ci ha accolti all'ingresso. Mi guardano, osservano la carrozzella, le scarpe che mi coprono le caviglie, risalgono con gli occhi alla parte superiore del corpo. Forse la trovano sgraziata, così in disaccordo con la magrezza della parte inferiore. Che mi importa, a Lorenza non sembra dare fastidio.

«Mettiamoci qui» mi invita Francesco, scegliendo uno dei posti più lontani dal terapeuta. Io sposto la sedia e mi piazzo al suo fianco.

«Bentrovati tutti. Come potete vedere, questa sera ci sono dei nuovi arrivati, ma avremo modo di conoscerli durante la serata.» L'uomo indica me e una donna di mezza età all'altra parte del cerchio. «Voglio solo ricordarvi quanto è importante condividere le esperienze, gli stati d'animo. Servono da esempio, da monito, da sprone. Non abbiate mai paura di dire come vi sentite, qui nessuno vi giudicherà.»

Guarda me come se sapesse che sono scettico, incredulo e persino a disagio. Mi muovo come se dovessi mettermi comodo. Aggiusto una gamba che non ha bisogno di essere spostata e mi piego a sistemare un predello. Francesco mi guarda. Cacchio, non mangerà, non giocherà ma sa quando sono un pesce fuor d'acqua.

«Chi vuole raccontarci di com'è andata la settimana?» chiede il dottore.

Incasso la testa nella spalle, mi nego agli sguardi, timoroso di venir chiamato in causa. Una donna giovane alza la mano e così si comincia. Cosa dirà Francesco? Parlerà di me e di come lo sto costringendo alle mie visite a ogni ora? E io cosa dovrò raccontare?

Dov'è andato a finire quel periodo in cui le squadre si contendevano i nostri favori? La Spal, la Viterbo basket PRO, la nazionale italiana? Perché sembrano appartenere a un'altra vita?

✳✳✳✳✳

Ho sentito profumo di polpette e minestrina per tutto il tempo ma, soprattutto, ho avuto voglia di tornare a casa, di giocare con Giorgia e di vedere Lorenza. L'ho pensata con quel rossetto rosso, che mette sempre meno. Usciamo in silenzio dalla sala dove si è svolto l'incontro, ma noto che Francesco è più disteso. Io, al contrario, sono più spaventato che mai. Ho bisogno di correre da lei, di stringerla e farmi perdonare. Di fare l'amore per una notte intera, anche se non ci riesco. Ho necessità che mi rassicuri da ciò che ho sentito questa sera.

«Hai visto quali sono i miei impegni, da qualche tempo a questa parte?» Un barlume di umorismo si riaccende in Francesco, ma proprio non ce la faccio a ridere alla sua battuta.

«Eh, sì. Ho atteso l'arrivo delle spogliarelliste, ma devono aver perso la strada» replico sullo stesso tono, finto quanto quello di Francesco. Raggiungiamo l'auto. Lui sale e non muove un dito per aiutarmi, e come sempre gliene sono grato. Raggiungo il centro città, seguo la via che ci porta davanti alla cattedrale di San Giustino e mi torna in mente l'elenco dei desideri di Lorenza. Quante cose ci aveva messo dentro! Lei vuole sposarmi. O almeno, lo voleva. Mi sono impegnato e lei mi ha ripagato con una fregatura. Ora so che Francesco in questo stato riesce a farmi fare cose che non vorrei. Così deve essere stato per Lorenza. Ma da lei voglio chiarezza e alleanza. Ha il mio bambino. Possiede il mio futuro. Ha in mano la mia felicità.

«Anche per te è così brutto?» trovo il coraggio di chiedergli. Con la coda dell'occhio vedo che si muove a disagio. Tira indietro le lunghe gambe che sfiorano il cruscotto super lucido, le allunga, poi le tira di nuovo a sé.

«Già!»

«Ci deve pur essere qualcosa che ti faccia stare meglio. Io… se parlassimo con uno specialista?»

«Davide, ci ho già parlato. Il signore che conduce l'incontro è lo specialista.»

«Cambialo, parla con altri. Senti altre campane.»

Lui sbuffa, si tiene aggrappato alla maniglia. Mi aspettavo urla, pianti, scene da film. Ho trovato un dolore serpeggiante, una paura intrinseca in ogni movimento, ogni sguardo, ogni respiro. Ho sudato, stretto i braccioli, ho desiderato minestrina e polpette e rossetto rosso senza sosta. Oddio, ma lei neanche mi parla. Neanche mi guarda. Ed è un'assenza fisica quella che Lorenza mi fa sentire.

«No» risponde con tono assente, mentre guarda fuori il cielo scuro, senza stelle né luna.

«Perché non hai raccontato della tua settimana?» gli chiedo.

«Non mi andava.»

Mi liquida in fretta. Non ha nulla dell'uomo brillante che era. «Ci fermiamo a mangiare da qualche parte» gli comunico, come se dargli da mangiare potesse guarirlo.

«Non è necessario, mangerò a casa. Tu devi tornare da Lorenza.»

In realtà, sarebbe più giusto dire che io *voglio* tornare da Lorenza. Da quando non mi parla, ho sempre voglia di scuoterla, di riprendere il mio posto con la forza, ma le ho detto cose molto dure e ho pensato di lei cose ancora peggiori. L'instabilità che mi ha fatto provare è molto peggio di quella che si può avvertire su una sedia a rotelle sgangherata, senza sospensioni e ingranaggi. Come faccio a spiegarle che mi sono sentito inutile? «Solo un panino veloce, poi andiamo» decido.

«No, cazzo, no!» La violenza nel suo tono mi riscuote.

«Ma dai, non hai nulla di commestibile in casa. Basteranno dieci minuti.»

«Ma vaffanculo!» Dà un pugno sul cruscotto, il suo viso è di nuovo sudato, i tendini del collo sono tesi. «Ho detto che non scendo» mi urla contro, ma non capisco se si tratti di rabbia o disperazione.

«Di cosa diavolo hai paura?» Eppure stasera ho ascoltato storie strane e una mia idea me la sono fatta. Hanno timore della vita, di tutto ciò che è normalità, di incontrare gente, di vivere a contatto con il mondo. «Siamo insieme» sostengo e dovrebbe bastargli. Una volta gli sarebbe bastato; ora non più. Ho perso il mio posto speciale anche con Francesco. Adesso non basta più neanche a me. Voglio odore di minestrina, polpette, occhi di un blu incredibile sempre felici. Per non parlare del desiderio di labbra colorate di un rosso troppo acceso. «Di cosa hai bisogno, Francesco?»

Lui respira sempre più veloce, soffoca un gemito dentro il petto, si tiene la testa tra le mani. «Non vengo, portami a casa. Poi vai dove ti pare.»

Siamo così lontani che mi riesce difficile ricordare come eravamo. «Ci sono io con te» dico sottovoce, così come ho detto a Lorenza mille volte, eppure sono sempre io a farla soffrire e a spingerla via. «Va bene, facciamo come vuoi tu, ma qualcosa dobbiamo pur mangiare. Quando tutto questo casino passerà, avrai bisogno di forza per giocare.»

«Vai al diavolo!» Mi gira le spalle e io non so più cosa dirgli. Tutto ciò che mi sembra sensato lo manda in crisi e non mi resta che stare zitto fino a che mi fermo davanti casa sua. Francesco scende in fretta come se non mi sopportasse più ma non si allontana. Stringe la maniglia e si ferma. «Non sei tenuto a fare ciò che stai facendo per me. Non è un problema se non vieni più agli incontri.»

«Perché, andresti da solo?» lo metto alla prova.

Con la testa rivolta verso il basso lui annuisce. «Sì.»

«Non ci credo neanche di striscio.» Sorrido amaro. «Ora è il tuo turno di andare al diavolo. Lunedì verrò a prenderti per andare dal dottore. Non dimenticare che ho tutta la tabella del programma e posso controllarti» lo minaccio. «E se dovessi rifiutarti di venire, chiamerò i carabinieri e dirò loro di portarti in una clinica.» Non so se è una minaccia fattibile, ma la mia intenzione è di spronarlo, non internarlo.

Francesco sbatte la portiera e se ne va. I suoi piedi sembrano pesargli e non ha mantenuto nulla dell'arroganza del suo carattere.

«Mangia, accidenti!» vorrei gridargli dietro, ma non otterrei nulla. Mi ha lasciato addosso la sua tensione e il respiro fatica a uscire. «Accidenti!» Do un colpo al volante, ai piccoli comandi manuali che ho dovuto far inserire per sopperire alla guida a pedali. Il motore si spegne. È un'auto così sensibile e dal costo proibitivo. Dovrei stare attento e trattarla al meglio. Invece do un altro pugno e me ne frego di ciò che sto facendo. Sono impotente e questo è quanto.

Guidare fino a casa è un gesto automatico, per me. Rientro nell'appartamento cercando di fare meno rumore possibile. Però non posso annullare del tutto il sibilo che le ruote emettono sul pavimento pulito. Qualche cuscinetto del telaio cigola mentre comando le ruote. Domani li olierò per bene. La cucina è vuota e io mi avvicino alla porta della cameretta, che Lorenza lascia sempre un po' socchiusa. Spingo l'anta con attenzione e sono dentro. Aggiro un pesetto che Giorgia ha lasciato a terra e sorrido. Deve aver fatto un po' di ginnastica prima di dormire. Il punto luce che rischiara la camera mi permette di vederla sdraiata; abbraccia Giorgia, entrambe immerse nel sonno. Ed è in questo momento che mi sento più inutile che mai. Vivrebbero bene anche senza di me. Eppure ho una voglia matta di infilarmi in questo letto e far parte della loro intimità. Le abbraccerei entrambe perché io ho braccia lunghe. Tendo una mano per dire a Lorenza di farmi posto. Il mio palmo è sporco. Non imparerò mai a usare il corrimano. Ritiro il braccio e mi spingo indietro.

Sei tu a non piacermi, mi ha detto durante la litigata. Lì per lì, non mi ha fatto nessun effetto. Ero arrabbiato e mi importava solo di ferirla. È il gioco che mi riesce meglio: prendermela con lei mi scarica e mi distrugge allo stesso tempo.

Mi ritiro in camera, sono solo con i miei palmi macchiati, il callo duro di traverso sulla mano, la coscienza sporca e l'idea di essere uno stronzo.

CAPITOLO VENTISETTE

«Buongiorno. Lorenza, vuoi…»

«No!»

Il suo rifiuto mi trapassa da parte a parte. Mi fermo di botto come se una pietra avesse bloccato le ruote. Cerco i suoi occhi ma non ci riesco. «Con la squadra andremo a bere qualcosa alla Galleria dei ribelli. Potremmo…»

«No!» ritira la tazza vuota davanti a Giorgia e la mette nel lavandino. Non mi guarda e io mi sento un cane.

«Dai, è soltanto…» la mia voce è molto più insicura del solito.

«Non posso.» Scappa in bagno e la sento vomitare.

Giorgia mi osserva con i suoi occhioni molto simili a quelli di Lorenza. Deve essersi accorta che qualcosa non va, ma non posso dirle nulla. «Patatina, sei pronta per andare all'asilo?» Le sorrido. Da quando so di Francesco passo sempre meno tempo con lei. «Perdonami» le sussurro. «È tutto a posto, non avere paura. Appena potrò, andremo da qualche parte, in un posto bello. Noi, tutti insieme. Ti piace l'idea?» Lei batte le manine con la solita postura storta, che io adoro, ma che combatto con tutte le mie forze. Quei pollici in fuori mi sconfiggono ogni volta.

Lorenza rientra veloce, tiene lo sguardo a terra mentre mette il giubbotto a Giorgia e la invita a uscire.

«Ciao, Davide» mi sorride la bimba.

«Lorenza, la posso accompagnare io, se non te la senti di arrivare fino a scuola. Oggi è tutto tranquillo in palestra e

Antonella...». Vedo il suo rifiuto prima ancora che lei lo pronunci.

«No!»

Chiude la porta dietro di loro e io resto per un po' a guardarla. Mi ha riempito di *no*. «Accidenti.» Si sta allontanando da me e io sento una scintilla di paura in fondo al petto. Sono solo come non mai, come se fossi chiuso fuori casa mia. Invece sono dentro, eppure sono solo lo stesso.

Esco anche io e raggiungo l'auto. Mi fermo per un momento a guardare la solita stazza della Maiella, i colli tondi di Tollo pieni di filari, la piana che arriva fino al mare divisa in due dall'asse attrezzato che collega Chieti a Pescara. È tutto come al solito, soltanto un po' più grigio. Devo trovare la forza per andare a lavorare. Devo trovare il modo per riconquistarla. Pensare di non sapere tutto di lei mi ha mandato in crisi. Pensarla con un altro, con Francesco, con un atleta che può darle più di ciò che posso darle io mi ha fatto tremare le ginocchia. Sapere che la mia impotenza aumenterà, mi butta a terra. Le ho scaricato addosso tutta la frustrazione accumulata dall'insicurezza, dai segreti a cui io non sono stato ammesso. Voglio i suoi pensieri più intimi. Voglio le parole che non riesce a pronunciare. Voglio gli sguardi che rivolge agli altri. Voglio tutto, perché non lo capisce?

Lei sta respirando in un'altra vita e non lo sopporto. Lei deve essere mia, per sempre. Come all'inizio.

Guido sovrappensiero fino al complesso sportivo. Sono io ad aprire, ad accendere le luci e il riscaldamento, però la mia mente è ancora ferma a Lorenza. Lei deve respirare nei miei spazi, su di me. È sbagliato volerla così tanto e con tale disperazione?

«Buongiorno, Davide.» Antonella entra con il solito borsone appeso a una spalla. « Hai trovato qualcuno che possa seguire il nuovo gruppo? Ormai siamo al collasso. Sono troppi clienti e tutti concentrati nell'orario pomeridiano.»

Mi passo una mano tra i capelli. Dovrei accorciarli ma non ho mai tempo. «No. È incredibile, c'è crisi di lavoro e noi non troviamo collaboratori.» L'area allenamento è molto fredda e il mio fiato si condensa in una nuvoletta di vapore. Anche se il sole entra dalle finestre poste in alto, è sempre un sole invernale. La mia voce rimbomba quando dico: «Ho un problema.»

Antonella non mi risponde, impegnata ad aprire lo studio di fisioterapia. Allora faccio un giro per il campo, per controllare che tutto sia a posto. Le ruote sibilano come fanno le scarpe da ginnastica su un tappeto acrilico. Torno davanti alla porta dello studio. «Ho un problema, hai capito?» Lei mi guarda incuriosita, ma non dice nulla. «Sai qualcosa di attacchi di panico?»

È incredibile come io riesca a disorientare quelli che mi stanno attorno. Antonella mi fissa sgomenta e io distolgo lo sguardo. I *no* di Lorenza mi sono rimasti attaccati addosso, mi pesano sulle spalle e sulla struttura della carrozzina. Mi sembra di muovermi a fatica.

«Anche se non è il mio campo, so qualcosa.»

«Bene, allora dimmi ciò che sai.»

Antonella stende un telo pulito sul lettino, si muove in modo automatico ma, d'altronde, lavora qui da anni.

«Sei tu ad averne?» mi chiede.

Scuoto la testa mentre sento il getto caldo del condizionatore che lei ha avviato

«Lorenza?» insiste.

Quasi provo fastidio a doverle rispondere ma non ha senso tenere segreto qualcosa che prima o poi esploderà. «Francesco.» Il suo nome è familiare sulla mia lingua.

«Una brutta faccenda» dice come se non lo sapessi già. «Allora è per questo che non lo vedo da un po' di tempo.» Lei infila il camice bianco e si tira su i capelli in una coda stretta. «È una brutta faccenda» ripete. Ce ne restiamo entrambi in silenzio fino a che Antonella non si riscuote. «Ieri non hai fatto la terapia giornaliera» mi ricorda e batte la mano sul lettino. «Sali. Ho un po' di tempo prima che arrivi il primo paziente.»

Non ne ho voglia, ma mi avvicino. Lei regge il lettino mentre io mi tiro su con la forza delle braccia e degli addominali. Vorrei tenere i pantaloni, ho ancora troppo freddo e, per fortuna, lei non mi chiede di sfilarli. Mi slaccia le scarpe, toglie i calzini e inizia a manipolarmi le dita. Non posso fare a meno di pensare a Lorenza, ai suoi *no*, ai suoi occhi che non vogliono più guardarmi. Io, invece, la desidero così tanto che non penso si tratti più di un sentimento positivo. Ricordo ogni suo desiderio: vedermi sempre vincente, volare a New York per Natale, darle un figlio, sposarla.

«Chi soffre di attacchi di panico ha paura degli spazi aperti, della folla, della solitudine, delle…» inizia a dire Antonella e io mi lascio assorbire dalle immagini che lei sta evocando con le parole, ma che per me sono più che concrete nel ricordo del volto di Francesco.

Lorenza e le sue ceramiche strane mi invadono la mente.

Lorenza!

Però, nella disperazione di questa seduta, ho avuto una idea. Antonella mi permettere di scendere e io le comunico che devo uscire. Le lezioni mattutine sono rare e quindi posso allontanarmi per una mezz'oretta, senza che succeda nulla. Risalgo in macchina con difficoltà, quasi fossi stanco e mi avvio verso il centro città, verso quel negozio in cui lei si reca di frequente. Sono quasi euforico nell'entrare, e lo sono ancora mentre pago il regalo. Un così piccolo pacco per una cifra tanto alta. Mi tengo il pacchetto sulle gambe mentre la commessa mi tiene la porta aperta per farmi uscire. È solo un regalo, ma fatto con il cuore. Le porterei il mondo, se solo potessi. Io le darò la mia felicità e ora mi sento quasi felice. Sorrido perché mi sembra di esserle un po' più vicino.

CAPITOLO VENTOTTO

Ho riportato a casa Giorgia e, mentre aspettiamo che Lorenza torni, dipingiamo. Mi tocca raddrizzarle i polsi, ma lo faccio con naturalezza. Ho chiesto al cielo mille volte di aiutarmi e ora mi batte il cuore. Io e la bambina guardiamo il regalo sul tavolo, accanto a noi. Ha una bella carta rossa e un fiocco lucido che riflette la luce del lampadario. A volte sghignazziamo, complici e curiosi di vedere la reazione di Lorenza. E quando lei rientra in casa, Giorgia emette un gridolino e anche io sto per scoppiare. Lorenza sorride alla bambina, ma non a me. Mi sento di nuovo una presenza non voluta. La vedo osservare per un po' il pacchetto e poi fare finta di nulla. Giorgia non resiste e agita il pennello verso il fiocco.

«Tutto bene, topolino?» le chiede Lorenza che continua a ignorare il regalo.

«È tuo. È tuo» le dice Giorgia con quel suo sorriso grande. Lorenza non può più ignorare il pacco ma la sua ritrosia è palpabile. Mi rende amara la bocca e l'euforia che avevo provato nel pomeriggio svanisce di colpo. Anche quando Lorenza comincia a scartare il regalo so che non andrà come avevo immaginato. Il fiocco cade a terra e così anche la carta. Lei solleva il coperchio di cartone e tira fuori un carillon di Thun: quattro cavallucci montati da angeli paffuti sotto un ombrello di ceramica rossa e panna. Mi sento come quel carillon sospeso tra le mani della mia donna. Potrebbe lasciarmi cadere. Potrebbe amarmi e tenermi al riparo.

Attendo che il mio destino si compia e, mentre lei mi mette di nuovo dentro la scatola, so che resterò al buio per molto tempo. Però, ci ripensa, lo solleva di nuovo tra le mani, lo carica e la musica riempie la cucina. Lo avvicina a Giorgia e io lo immagino girare vicino alla culla di nostro figlio, di notte.

«Ti piace?» chiede alla bambina.

Giorgia annuisce con gli occhi luccicanti. Vorrebbe toccarlo e lo capisco da come allunga la manina e la ritira prima di sfiorare la ceramica.

«Ti piace tanto?» insiste Lorenza.

«Tantissimo» le risponde e Lorenza le stampa un bacio sulla testa.

«Allora è tuo, piccolina. Toccalo, dai, fallo suonare» le dice, e il mio cuore soffre un po'. Era per Lorenza, per nostro figlio e, anche se amo il modo in cui Giorgia ride, sono deluso. Speravo di farle piacere, invece lei è lontana. Fredda come il sole invernale. C'è, ma non scalda. Raccolgo i pennelli e la tempera mentre Lorenza apre il frigo e ci guarda dentro. Ormai Giorgia è presa dal carillon e ha abbandonato la pittura. «Attenta a non farlo cadere» le raccomando ma, ora come ora, non mi importerebbe se dovesse rompersi. Mi volto verso Lorenza, le guardo la schiena. Lei si muove per la cucina mentre inizia a preparare la cena. Ogni tanto si ferma per sorridere a Giorgia e sperimento un briciolo di invidia, ma scaccio questa sensazione così subdola. Io metto a posto il tavolo e lei cucina al suono del carillon che gira. Il mio pugno è chiuso sul bracciolo, come se stessi per cadere da un momento all'altro, ma è impossibile, sono legato. Non è una caduta fisica ciò che temo, ma un lento scivolare nell'indifferenza della donna che amo e che ho ferito. Lei è presa dal suo silenzio, sta respirando in una direzione diversa dalla mia. E io non posso sopportarlo.

Lorenza.

Mi avvicino a lei e le intralcio il passo mentre si sposta dai fornelli, al frigo, alle mensole, al tavolo. Le afferro una mano con forza, la tengo ferma e le sue spalle calano. Ma dove sono puntati i suoi bellissimi occhi? Non sa che quel blu deve essere solo per me?

«Voglio solo dirti che Francesco…»

«No!» Ritira la mano con un gesto brusco e io sto davvero vacillando. Il suono della ninnananna continua senza fine e mi crea una tale tristezza dentro che non lo sopporto più. Continuo a mettermi tra lei e i mobili, a spingerla all'angolo, a impormi. La tocco ogni volta che mi passa vicino, le sfioro un fianco, la schiena, la punta dei capelli e, quando comincio a pensare che il gioco le piaccia, lei si ferma davanti a me e io annaspo in cerca di aria. Perché ha gli occhi pieni di lacrime? Perché l'angolo della bocca tira verso il basso come se stesse per piangere? Ha tre piatti in una mano e respira in fretta. Quando riacquista un po' di sicurezza, mi guarda e io capisco che lei è su un pianeta diverso dal mio.

«No, Davide. Non far finta di non capire. Se sto ancora qui è solo per lei.» Indica Giorgia con la testa mentre sussurra queste parole.

Resto stranito. Mi sta dicendo che è finita mentre la musica dolce riempie la cucina. È davvero strano sentirmi così fuori posto nel luogo che dovrebbe essere la mia casa. «Non dire sciocchezze.» Cerco di restare legato al suo sguardo ma Lorenza lo distoglie e lo posa sulla bambina.

«Non so come faremo a non farla soffrire.»

Sento il dolore diventare concreto, mi pesa alla base dello stomaco. Giorgia e i suoi codini, i suoi pollici in fuori e il nostro bambino restano sospesi. È finita, mi ha detto, ma non è ancora cominciata. Lei sta per piangere e me ne accorgo dall'espressione del viso che conosco come se fosse il mio. Devo solo ritrovare il capo della nostra relazione, raggomitolare il tutto, farmi perdonare e ricominciare. È semplice. Allora come mai non riesco a muovermi?

Lorenza prepara il tavolo e chiede a Giorgia di andare a lavarsi le mani. Quando restiamo soli, mi avvicino di nuovo a lei.

«Non puoi semplicemente perdonarmi?» le chiedo e spero che dopo tanti *no* ci sia finalmente un *sì*.

La trovo senza parole e con il solito sguardo sconfitto. «Non mi hai mai amato. Io sono stata utile ai tuoi bisogni. A tornare alla normalità.»

«Cazzo, Lorenza, non puoi pensare una cosa del genere, io…» Mi fermo vedendo il blu dei suoi occhi farsi lontano, non più mio.

«È un gioco al massacro. Tu massacri me. La tua rabbia è sempre rivolta verso di me.» Scuote la testa e ho voglia di fermarle i capelli che le dondolano attorno.

«Non hai nessun rispetto. Sono il tuo risarcimento contro la disabilità e sai cosa si fa a un risarcimento?»

Non oso muovermi e non vorrei ascoltare, ma lei non mi parla da tempo e così ho anche voglia di sentirla.

«Lo si usa, lo si consuma, lo si sacrifica per sentirsi meglio. Tu mi stai consumando. Sai, sapevo che mi avresti accusata per come ho gestito la situazione di Francesco. Ero pronta a sopportarlo. Anche a comprenderlo, ma mai, mai una volta ho pensato che tu potessi accusarmi di non essere una buona madre.»

Non voglio vedere la piega amara sulla sua bocca ma quel ghigno passa in fretta e lei torna seria. «Non volevo.»

«Mi insulti e io ti amo. Mi respingi e io ti amo. Mi calpesti e io continuo ad amarti. Ora non voglio amarti più. Non adesso che c'è lui.» Lui, il nostro bambino. Lei dice di non volermi amare più, ma io non posso smettere di volerla. «Non ero pronta a tutto questo.»

«Finito. Ho fame.» La voce di Giorgia contiene una felicità che mi fa star male. È un dolore così profondo che lo sento scendermi alle gambe e ai piedi. Con le palpebre un po' spalancate e la mascella contratta aspetto che mi venga in mente qualcosa da dire a Lorenza per riportarla a me.

«Vieni, Giorgia, mangiamo» la invita.

Le guardo sistemarsi ai loro posti. Conosco a memoria i loro movimenti. Ora Giorgia chiederà di poter usare la forchetta, nonostante non riesca a impugnarla bene.

«Posso mangiare con la forchetta?» chiede, e so che Lorenza glielo vieterà.

«No, tesoro, la minestra si mangia con il cucchiaio» le risponde.

Cose quotidiane che ho appreso stando con loro e amato ogni momento. Lei non è il mio risarcimento. Non so neanche cosa voglia dire essere risarciti per un incidente del genere. Cosa può risarcire due gambe che non funzionano, una prospettiva di vita andata storta, una serie di complicanze che prima o poi, inevitabilmente, altereranno il mio stato di salute?

La minestrina fuma nel piatto destinato a me, ma non riesco ad avvicinarmi a loro. Mi spingo via dal calore della cucina, dal suono del carillon che Giorgia ricarica senza sosta, dall'immagine di Lorenza che mangia triste, dal suo proposito di non amarmi più.

«Davide?» Giorgia mi chiama e, per la prima volta, il suo papà alto non le risponde. Invece di affrontare il muro di ostilità, si rintana in camera e si prende la testa tra le mani. Il suo papà ha paura.

CAPITOLO VENTINOVE

Andare a New York nel periodo di Natale, vedere più spesso i suoi genitori a Modena, vincere il campionato, portare la fiamma olimpica, avere tranquillità, avere la certezza che il nostro sia un legame duraturo, sposarla, darle un figlio. È questo l'elenco dei desideri di Lorenza e ogni cosa riguarda me. Ce l'ho impresso nella mente. Cosa ho esaudito? Le ho offerto di andare a Modena e di ospitare i miei genitori. Le ho dato un bambino. In realtà, è lei che lo darà a me. Non posso fare altro. Oggi cercherò di vincere, per lei. Il campionato è duro e le squadre affiatate e molto competitive. Mentre preparo il borsone, faccio un bilancio della mia vita. Ma non riesco a considerare il pre-incidente. No, per essere sinceri non riesco a considerare ciò che c'era prima di Lorenza. Ogni cosa importante è venuta con lei. Mi ha detto che è finita, eppure è qui, nella mia casa, anche se non potrebbe essere più lontana con lo spirito. Siamo di nuovo nemici, sempre impegnati in una guerra di cui non siamo pienamente coscienti. In questi pochi anni insieme, siamo stati più avversari che amanti. Ma quelle volte in cui ci siamo toccati e sentiti, mi hanno dato la sicurezza che mi serviva per vivere. E ora, è finita. Non vorrò mai nessuna con la stessa intensità con cui voglio lei. Con il desiderio di farle male e poi curarla. Io solo posso essere il suo male e il suo bene.

In cucina trovo Giorgia e Lorenza che fanno colazione, ancora in pigiama. Il sabato è lento e sonnacchioso. La bimba ha del ridicolo con la bocca sporca di cioccolato e i codini di diversa altezza. Ma, cavoli, che papà orgoglioso che sono di vederla vispa e sorridente. E Lorenza... lei è sempre troppo bella. Non deve aver legato i capelli prima di dormire e ora ha un effetto covone di fieno. Se non fosse per quei capelli, non sarebbe bella. Se non fosse per quella bocca che sporca di rosso, non sarebbe nulla. Se non fosse per quegli occhi di un blu spettacolare, non la guarderei neanche. Se non fosse per come mi entra dentro, sarei un uomo libero e felice. Invece sono dannato, costretto a desiderarla.

«Vieni anche tu, Lorenza? Oggi giochiamo in casa» la invito e, quando lei scuote la testa, vorrei buttare il borsone e chiederle di restare, con la mente, con il corpo e il suo bell'elenco dei desideri. «Va bene. Ciao, Giorgia, ci vediamo dopo» saluto la bambina e il mio cuore fa una capriola mentre lei si stacca dal tavolo e viene da me. Le nostre carrozzelle cozzano e io la prendo prima che possa sbilanciarsi e cadere. «Non siamo sulla pista dell'autoscontro, patatina, te lo dico sempre. Devi mantenere un po' di distanza dagli altri.» La guardo sorridendo e il suo bacio sporco è ciò che porterò con me in campo. Mi manca quello di Lorenza e non posso fare altro che andarmene. Esco di casa cercando di apprezzare il sole invernale e il cielo tanto azzurro come non lo è neanche in estate. Ho un peso addosso che mi frena e un'incredibile voglia di mollare tutto. Invece guido fino a casa di Francesco e sono di nuovo a terra, ancora su, piano piano, per le scale. Ci metto un secolo a salire e, arrivato sul pianerottolo, sono sporco e sudato. Sono stufo di tutta questa sporcizia ma è qualcosa che nulla ha a che fare con i palmi neri. Busso e aspetto. Busso ancora, a raffica, stanco di farmi ignorare e non mi importa se i coinquilini sentono il casino che faccio.

«Andiamo! C'è una partita importante e tu devi venire con me» gli sparo addosso le parole appena lui apre la porta. Riconosco il terrore quando gli passa sul viso. *Oh, conosco bene questa sensazione, amico mio. Chissà quante volte l'ho assaporata, steso sul letto di ospedale.*

«No, non gioco.» Francesco fa un passo indietro come se potessi portarcelo di forza.

«Non ti ho chiesto di farlo. Non lo meriti, per come ti sei comportato con la squadra. Ho solo bisogno di qualcuno che mi aiuti. Sarai un appoggio per noi.»

«No, Davide. Non posso. Tu non capisci.»

«Cazzo, ho bisogno di aiuto» gli dico e spero che lui possa vedere la mia faccia stanca, la disperazione che sento. «Vieni, cerca di trovare la forza.»

Il sudore gli bagna la maglia in un momento.

«Cacchio, vieni o… sei fuori… da tutto, e non parlo solo della squadra, ma della mia vita, della nostra amicizia e…» Non so come minacciarlo più di così.

Lui si prende la testa tra le mani e vederlo in questo stato mi manda al tappeto. «Piccoli passi, Francé. È stato così anche per me, dopo l'incidente. Il dottore ti ha consigliato più volte di riprovare a fare le cose che facevi prima. Se non vuoi uscire sul campo, starai nello spogliatoio, ma vieni.» Capisco che sta cedendo da come scendono le sue spalle, dalla faccia disfatta e dalle mani abbandonate lungo i fianchi. Ho vinto, ma mi sento come se avessi perso. «Preparati e… prendi le medicine.»

Lo aspetto nel corridoio, in silenzio. Fare le scale a ritroso è una tortura. Francesco mi aspetta scendendo lentamente. In macchina continua questo silenzio malsano, ma lo sopporto perché lui è al mio fianco e sta lottando per non avere paura. Ci sono poche macchine parcheggiate davanti al palazzetto dello sport, in fondo, è ancora presto. La mia carrozzina si inceppa e non vuole aprirsi. La metto a terra che è ancora sbilenca e io sono maldestro nel mettermici sopra. Quasi cado di lato e solo i maniglioni aggiunti alla portiera dell'auto mi salvano. «Cavoli!» È un giorno iniziato male e non oso pensare a come andrà avanti.

Francesco sembra riscuotersi solo quando io sono già seduto sulla mia ACE. Sbatte la portiera e si affianca a me. A ogni mia spinta sento echeggiare il suo respiro pesante. Ha gli occhi sbarrati e la solita fronte imperlata.

«Oggi ci faranno un culo come una portaerei» dico per riacciuffare i suoi pensieri andati chissà dove. «Il quindici, il Di Blasio, ha una ripresa fenomenale.» Superiamo l'ingresso e il freddo ci aggredisce. Spero che l'area gioco sia stata riscaldata. «Se dovessimo perdere anche oggi, scenderemo a metà classifica e… Francesco?»

Ha preso a rantolare ed è caduto in ginocchio sulle chiazze scure del pavimento di acrilico. Si tiene la maglia all'altezza del petto e si piega in avanti.

«Francé?» Ora il panico è nella mia voce mentre lui si preme la testa e il petto in modo alternato. È frenetico nei movimenti ma non urla né parla.

«Cazzo, Francé!» Anche se non ne ho mai vista una, so che ha una crisi di panico. È quella paura solida, l'idea di morte imminente negli occhi quasi fuori dalle orbite. E io cosa devo fare? «Adesso passerà. Ti prendo dell'acqua? Vuoi sdraiarti?»

«Aiutami» sussurra a corto di aria, di respiro.

Vado avanti e indietro con la carrozzina, cerco con lo sguardo qualcuno che possa aiutarmi, ma non vedo nessuno. E io lo aiuto nel modo in cui posso. Gli prendo la testa, la piego su di me. Gli stringo le spalle quasi soffocandolo nel mio abbraccio. Lo nascondo alla vista, perché io ho paura di guardarlo. «Respira, Francé, respira» lo prego e spingo la mia faccia sulla sua schiena. Non mi risponde e allora lo sollevo con tutta la forza della disperazione. Lo costringo a guardarmi e non c'è più nessun passato. Solo noi e questa paura che sentiamo entrambi. Le sue lacrime mi sconvolgono. È la prima volta che lo vedo piangere. Gli stringo la testa al mio petto, e aspetto che torni a respirare, che si calmi, che si sfoghi. Aspetto che succeda qualcosa. «Il tetto non crollerà. Nessuno ti farà del male. Se dovesse servire, ti porterò in ospedale con questa mia carrozzina. Ti aiuterò, stanne certo. Cristo, ma quando fanno effetto queste medicine?» La mia voce è arrabbiata, insicura, forse anche isterica. «Dimmi solo cosa devo fare e lo farò.»

Ma Francesco non parla e il suo pianto con il tempo diventa silenzioso. Poi cessa del tutto e ce ne stiamo così, abbracciati, lui nascosto, io con lo sguardo perso. Non so se qualcuno è entrato e ci ha visti ma, in tutta onestà, non me ne frega niente. Il mio pensiero corre a Lorenza. Anche lei ha avuto davanti agli occhi queste scene? Come ha fatto a sopportare tutto da sola. *Oddio, Lorenza, perdonami.*

CAPITOLO TRENTA

Abbiamo perso. Siamo distaccati di ben sei punti dalla capoclassifica. E io sono lontano dal realizzare il desiderio di Lorenza di vedermi sempre vincente. Ho giocato male a causa di Francesco e non soltanto. L'ho lasciato solo nello spogliatoio ed è stato come se lo avessi abbandonato a se stesso.

Cavoli, mi sono staccato da lui con imbarazzo, un po' guardando in basso, un po' rosso in viso, come se avessi visto qualcosa di indecente. Eppure, ho pianto anch'io quando la nazionale ha rescisso il mio contratto a causa dell'invalidità.

«Forza! In fondo ce lo siamo meritati. Abbiamo giocato da schifo, ragazzi.» È un tono amaro che non riesco a nascondere.

Nello spogliatoio ce ne stiamo in silenzio. «Simone, fatti la doccia prima tu» dico come se ci fosse un solo bagno, non sei. Nessuno di noi si muove. Francesco è in un angolo e i suoi occhi gonfi mi fanno pensare che non è stata una buona idea trascinarlo qui, ma ormai è fatta.

«Tra un attimo vado» risponde Simone, mentre si piega all'indietro, sullo schienale basso della carrozzina.

«Francé, ci sei mancato. Se avessi giocato con noi, oggi...» Giacomo è schietto, così come lo si vede: rasato, tatuato, diretto con le parole, ma non supera il limite che ho imposto a tutti loro. Non chiederanno nulla sulle motivazioni che hanno portato Francesco a scappare dalla squadra.

Francesco non fa altro che chiudersi ancora di più in sé. Ora guarda a terra senza alzare mai gli occhi.

«Dov'è Federica? Perché non l'hai portata con te, Giacomo?» Per la prima volta cerco di farmi gli affari degli altri, tanto per proteggere Francesco dalla curiosità, o forse per non pensare alla sconfitta.

«Mah, sai come sono fatte le donne. Ora ti stanno sopra e un attimo dopo sono arrabbiate per qualcosa che non sai nemmeno di aver fatto.»

«Sì, è così» rincara Simone.

Gli altri fanno cenno di capire. Invece, io so cosa le ho fatto e quanto mi sta costando. «Va bene, vedi almeno di chiederle scusa.»

«Non ci penso neanche.»

La tristezza aumenta. Getto i guanti nel borsone e slego le gambe e i piedi. «Su, muoviamoci. Abbiamo perso l'occasione di arrivare al primo posto, ma ci sono ancora abbastanza partite per restare in alto in classifica.» La mia è una voce diversa dal solito, meno vibrante di quando incoraggio la squadra. Forse non ci credo più neanche io. Mi avvio alla doccia. Le sedie sono state già posizionate sotto il getto d'acqua. Le ragnatele hanno colonizzato il soffitto e le griglie di areazione. Me ne resto a guardarle per un po'. Mi riscuoto solo quando Francesco lascia il suo angolo e mi viene vicino. Ha un telo che mi porge senza troppa convinzione.

«Accidenti, non sei un inserviente. Sei un fottuto giocatore della nazionale. Te lo sei dimenticato?» Gli urlo contro, ormai incapace di trattenere tutta la tristezza e la frustrazione che ho dentro. «Dove sei andato a finire? A cosa pensi? Come puoi smettere di giocare? Io ci penso in ogni momento.»

Lo vedo impallidire e mi maledico. Ma sono gonfio di stanchezza e la voglia di lottare mi ha quasi abbandonato. Così come lei abbandonerà me. Perché sono uno stronzo.

«Per me puoi startene anche bagnato» lo sento dire sottovoce. Una volta mi avrebbe sferrato un pugno. Oggi non riesce neanche a insultarmi. «Me ne vado in macchina.»

Ora sono le mie spalle a calare. Il desiderio di picchiare la testa contro il muro e punirmi è forte, ma non devo trattarlo da malato o lo sarà ancora di più.

«Cosa gli succede?» mi chiede di nuovo Simone.

«Lo sai. Te l'ho spiegato prima.»

«Avrebbe dovuto farti un occhio nero, invece…»

Invece ora è un Francesco diverso, finto e molto più debole. «Vedrai che presto guarirà.» Mi costringo a crederci.

«Possiamo fare qualcosa per lui?»

Sospiro. Dopo tanto sudare, sento freddo. «Non so. Diamogli un po' di tempo.» Apro il getto dell'acqua e mi ci metto sotto ancora sulla mia carrozzina e con la tuta indosso. Nessuno mi dice di spogliarmi.

Ritornare a casa è difficile. Ho una marcia bassa che mette sotto sforzo il motore e infastidisce gli automobilisti che mi seguono. È quasi del tutto buio. Dopo aver riportato Francesco a casa sono rimasto a girare un po' per Chieti solo per cercare di sbollire il fallimento. Però, appena vedo la sagoma di casa, mi viene voglia di correre da Lorenza. Lascio il borsone in auto e mi sistemo sulla carrozzina. Ho i bicipiti indolenziti e le spalle forzate dai movimenti. Rientro e la vedo distesa sul divano. Ha sempre sonno, ultimamente, come se il dormire la tenesse lontana da me e da questa nostra vita insieme. Lei non si sveglia e io la osservo per un momento. Giorgia non è in giro, ne deduco che sia andata a trovare la madre. Sì, i fine settimana li passa con Filippa. Mi sento di troppo nello stare qui a guardarla quindi mi spingo verso la cameretta, per prendere i pesetti che la bambina lascia dappertutto e riporli in palestra. Resto impietrito guardando il letto ancora disfatto. Mastico amaro e mai mi sono sentito così instabile come adesso. Sto seduto su un telaio di cera e sostegni di burro. Sto per cadere ed è una sensazione fisica e mentale. Mi avvicino e tocco la valigia aperta. Tolgo una maglia di Lorenza, un suo pantalone. In un gesto frenetico la svuoto e mi guardo attorno per cercare nascondigli e costringerla a restare con questo stupido stratagemma.

«Mio Dio!» la grandezza di ciò che sta per succedere mi rovina addosso. Mi ingobbisce con il suo peso. Ci siamo, lei se ne va. «No!» le mani mi tremano mentre tengo stretti i suoi indumenti.

«Posso sempre fare daccapo la valigia» mi dice e io mi giro a osservarla. È appoggiata allo stipite della porta e io mi fermo a guardare lo smalto verde che ha sulle unghie dei piedi nudi. Mi piace. Dio, quanto mi piace questa donna che sta per lasciarmi. Non credo che si sia pettinata, ancora. Ha i capelli troppo ingarbugliati. Non voglio smettere di guardarla perché sarebbe come perderla. Se restassimo a osservarci potremmo consumare una vita insieme. «Non devi andartene.»

«È un invito o un comando?»

Scuoto un po' la testa. Il dolore si espande e non mi permette di pensare. «Sto rimediando agli errori. Lo vedi?»

«Fino a che non troverai un altro motivo per darmi addosso.»

«No, non succederà. Non tagliarmi fuori dalla tua vita, né dalla sua.» Indico la sua pancia. «Io vi voglio così tanto.»

I suoi occhi si adombrano e sento di averla ferita ancora di più ma non so come.

«Non lo farei mai. E mi spiace un casino sapere che tu mi consideri in grado di una cosa del genere. Come madre, devo farti proprio schifo.»

Vedo il suo dolore farsi ancora più forte. Io sono capace di farle tanto male. Eppure desidero essere la sua cura, la sua felicità, il motivo per cui vive. «Non lo penso, Lorenza. Lui deve crescere tra le mie cose, nel luogo che ho costruito. Voglio che stia qui.» *Che respiri la mia aria, e io voglio respirare la tua, Lorenza.*

«A che punto siamo arrivati? Non ci parliamo più, viviamo quasi separati. Abbiamo modi diversi di considerare ciò che è importante.»

«Tu sei importante per me.» *Perché non ci credi?* Lei abbassa gli occhi e si nasconde tra i capelli spettinati. Non ci crede. «Non farò a meno di te. Voglio passare ogni giorno insieme…»

«Sempre di te, si parla, Davide. Io cosa voglio, te lo sei mai chiesto?»

«Tu devi volere me.» *Ti prego, desiderami ancora, per sempre.*

Lorenza fa un passo indietro. Sta fuggendo. Forse è già andata via.

«Dove andrai? Resta con me.»

Ho già visto le spalle di Francesco calare e adesso vedo le sue. Lorenza scuote la testa e già la vedo fuori, da sola, senza che io possa fare nulla per toccarla e aiutarla. Non voglio che se ne vada e mi è intollerabile pensare che voglia tagliare ogni contatto con ciò che riguarda la mia vita. «Resta. Sarò io ad andare via.»

Lei alza la testa di scatto e vedo che ha gli occhi sorpresi e anche addolorati.

«Giorgia è abituata a stare qui e tu… e poi il bambino…» *Dimmi di no.* Ed è come se fossi già fuori dalla porta, dove il vento di Bora mi ghiaccia la nuca scoperta.

«Non so più che fare, Davide.» Si gira ma ancora non va via. «Quella è la sacca che uso per portare i vestiti dismessi alla Caritas» dice sottovoce e torna in cucina. Non riuscirò ad appianare le cose. Il Natale si preannuncia disperato. Scaravento a terra la valigia con il suo contenuto destinato ai poveri. Non ha senso restare in questa camera. Me ne torno nella mia senza sapere cos'altro fare. Apro l'anta dell'armadio per vedere se ci sono i suoi vestiti. Sono ancora tutti qui, vicino ai miei. Qualche camicia si è intrufolata tra le sue gonne, tanto che non c'è un limite netto tra i miei abiti e i suoi. Sul fondo dell'armadio ci sono scatole e scatole. Voglio vedere le sue cose, probabilmente le borse e le scarpe. Ne ha un numero imprecisato. Ne apro una e trovo una cornice vuota. In un'altra c'è uno scialle luccicante. Nella più grande scopro il nostro Natale messo in salvo dalle manine di Giorgia. Un San Giuseppe piegato sul bastone, un pastore con l'agnello in spalla, il bambinello paffuto, più alcuni pezzi di Thun introvabili come la donna al pozzo e i cammelli dei Magi. Li accarezzo e penso che Lorenza avrebbe già dovuto preparare il presepe, invece è qui, nascosto. Non è giusto che lei sia così triste. Io voglio vederla felice. Sollevo lo scatolone e me lo appoggio sulle gambe. La polvere al di sotto mi sporca la tuta. Non ho muschio, né carta adatta a fare un paesaggio ma, in fondo, neanche Lorenza li ha mai usati per i suoi amati Thun che adesso amo e odio anche io. In salotto sono solo. L'angolo dove lei ha fatto il presepe l'anno scorso è occupato da una lampada a stelo lungo. La sposto e non mi resta che poggiare lo scatolone e scivolare a terra. Non so come posizionare i singoli pezzi, ma improvviso e metto insieme la sacra famiglia, faccio seguire i pastori, un po' discosti e, in ultimo, una fila di Magi. Sorrido pensando a Giorgia e alla sua carrozzina killer ma troverò il modo per arginarne la furia distruttrice. La finestra davanti a me mi permette di vedere uno scorcio di giardino. Il glicine, che lei adora, è un prolungamento fibroso e ritorto. Il limone striminzito è ogni anno più piccolo a causa del clima. Il viburno, unico arbusto indifferente al freddo, è già pronto alla fioritura. Ho pensato a lei mentre compravo queste piante. Pensavo a lei mentre le mettevo a dimora. L'impotenza di questo momento mi rovina addosso mentre ho in mano una statuina che non so dove sistemare. Il singhiozzo che sento arrivare dalla porta è un suono che mi trapassa. Mi volto e lei è ferma a guardarmi.

E piange.

Forse non voleva che sistemassi il suo presepe. Oppure è felice.

«Lorenza, perdonami.»

Ma lei scappa in bagno e io, a terra, sono lento. In fondo, non so più neanche cosa dirle per farla restare.

CAPITOLO TRENTUNO

Ormai nulla ha più senso. Le notti sono interminabili e io passo il tempo ascoltando i rumori che Lorenza fa nell'altra camera. La sento muoversi, aprire i cassetti e, infine, spegnere la luce. Però, scopro che è l'assenza di rumori a sfinirmi. Oddio, quanto mi manca. È come un tremito che mi attraversa i polpastrelli e le dita delle mani. Come se la sentissi anche se non c'è. La voglia di alzarmi è impossibile da arginare. Be', merito un pugno in faccia ma anche il perdono. Sono incerto nel mettermi di nuovo sulla carrozzina. Non so bene cosa farò ma le mani mi spingono verso la cameretta, di nuovo a guardarla come un disperato, al buio e in silenzio. La desidero tanto da stare male e non intendo solo sesso, ma abbracci, morsi, graffi e sussurri. Ho bisogno di starle tanto addosso da annullarla. Non cerco neanche di non fare rumore e quando mi afferro alla testiera, il letto traballa. Mi stendo a faccia in giù e tiro tutto il corpo, sopra i piedi di Lorenza. Il cuore rischia di uscirmi dal petto quando lei alza la testa e mi guarda.

«No, Davide, servirebbe solo a complicare la situazione.»

«Tenerti abbracciata non può complicare nulla.»

«Non è vero, e lo sai.»

«Non posso farne a meno. È da tanto che non ti tocco.»

Lei scuote la testa e la grossa treccia che le pende su una spalla si muove. «Hai voglia di toccarmi ma non di volermi bene.»

«Da dove viene questa stupidaggine?» Mi avvicino portandomi sotto metà della coperta e la sento sospirare. Devo girarmi, arretrare fino ai cuscini e sistemare bene le gambe. «Ti voglio così tanto che non riesco a dormire.»

Lei non risponde ma il suo singhiozzo soffocato mi fa male. Però stringo i denti e mi avvicino e il nodo alla base dello stomaco si allenta un po' quando lei resta ferma e non si sposta. No, non mi respinge, e quando mi sistemo per toccarla, è lei che mi viene addosso, che spinge la sua testa nell'incavo della mia spalla e mi impasta come un gatto con le unghie. Mi fa male eppure mi sento a casa. Lei è ciò che di bello ho avuto in cambio dal destino. Ma è un risarcimento buono che mai vorrei si esaurisse. Non contano le coppe e le vittorie. Lei è, e resterà, il mio tiro da tre punti. Il traguardo, il paradiso. Sono senza respiro mentre la sento di nuovo, mi esplode dentro e le mie braccia la stritolano, ma lei non mi chiede di allentare la stretta e io non lo faccio.

«Ti voglio un mondo di bene, non avere mai dubbi del genere, Lorenza.» La sua mano corre alla mia bocca, spinge un dito dentro e lo succhio chiudendo gli occhi. L'unghia mi scava la lingua e le concedo la carne. «Dillo anche tu. Dimmi che mi ami.» Ma lei non lo fa. Mi assale la bocca, mi ferisce con i denti, ci mangiamo in un modo che nulla ha del bacio. «Dillo. Dimmelo.» Le tiro la treccia e le piego il collo all'indietro per morderle il collo fino a che la sento rantolare. Ma Lorenza continua a negarmi le parole. Solo allora la lecco e dal comando passo alla preghiera. Non mi importa se le lascio dei segni, lei graffia me e io adoro la sua pelle. Non so quando tutto cambia e la disperazione si trasforma in ardore. Ma è bellissimo averla a cavalcioni. È frenetica nell'abbassarmi la tuta e gli slip. Sembra tranquillizzarsi solo quando mi fa scivolare dentro. È la tenerezza mai provata prima, l'euforia di sentirmi ancora amato che mi rende matto. Ringrazio il cielo di poterla amare, questa notte. Domani non so, ma l'erezione c'è e la sento fin nella spina dorsale. La accolgo tra le braccia quando si piega in avanti, cerco la sua lingua. Sapere di poterla amare mi fa sentire vincente. Sono di nuovo un campione della nazionale. Di nuovo un figliol prodigo; una promessa del basket. Sono ancora un uomo felice. Sono ancora l'amore di Lorenza, anche se lei non lo dice più.

*****

Non ho dormito molto. Il dolore alla schiena, per aver tenuto a lungo la posizione supina, mi ha tenuto vigile. Però non mi sarei spostato per nulla al mondo. Lei ha dormito su di me. Ogni volta che provava ad allontanarsi la tiravo a me. Fare l'amore con Lorenza è magnifico, sentirmela respirare addosso mi fa impazzire.

Dimmi che mi vuoi bene.

Il suo silenzio mi ha riempito la testa tutta la notte. Ma con il sole non ho potuto che lasciarla andare al lavoro. Sono triste, ma sorrido speranzoso. Anche fare la barba è stato più semplice. Esco di casa che il freddo mi ghiaccia la nuca scoperta. Mi stringo addosso il giubbino e apro l'auto. Con poche manovre, sono dentro e, con ancor meno, sono sulla via che mi porterà a Tricalle. Da lì, in un minuto, sono a casa di Francesco. Se devo essere la sua guida, dovrà seguirmi.

Lo chiamo al telefono e gli chiedo di scendere.

«Sai, penso che tu debba restituirmi il favore» attacco guardando le sue espressioni mutare. Ho tra le mani i *no* di Lorenza, la delusione dell'ultima partita e l'idea di non farcela. «Mi devi un sacco di piaceri per tutto ciò che sto facendo per te. Non puoi proprio tirarti indietro.»

Francesco mi guarda, un po' scettico.

«Quando ti chiedevo di aiutarmi non stavo scherzando. In palestra siamo al collasso e abbiamo bisogno di qualcuno che segua un gruppo di ragazzi con l'allenamento settimanale. E tu, per il momento, non hai nulla da fare.»

«Non sono un fisioterapista» ribatte.

«Non hanno bisogno di terapia individuale, per quella c'è Antonella, ma di movimento e socializzazione.»

«Davide, non ce la faccio. Mi hai visto, ieri.»

«E tu hai visto me quando non mi alzavo dal letto neanche per andare in bagno.» Gli addobbi natalizi sono dappertutto. Le vetrine sono subissate di neve e decori e gli alberi delle piazzette carichi di luminarie. Però, provo lo stesso una grossa tristezza. «Dammi una possibilità, Francesco. Non voglio che tu stia male in eterno.»

«Neanche io voglio più sentirmi in questo modo. Ma cosa direbbero se...»

«E chi se ne frega della gente? Ci sarò io con te. Ti starò incollato al sedere. Fai un tentativo, ti chiedo solo questo.»

Lui tiene la testa bassa e sta zitto.

«Dai, andiamo in palestra.»

«No, stamani non ne ho voglia.»

«La voglia non c'entra nulla con il dovere. Devi vedere le cartelle dei ragazzi, le loro malattie, abilità e...»

«Davide, è una stronzata, io non ce la faccio.»

«Neanche io ce la faccio a guardarti così. Se non dovessimo farcela, l'unica soluzione sarà chiamare i tuoi genitori.» Di nuovo penso a Lorenza e a come deve aver affrontato la ritrosia di Francesco. Se penso a ciò che le ho detto...

Sospira forte. «Vado a chiudere la porta di casa» mi dice e si avvia verso il palazzo.

Ho vinto, eppure ho paura di ciò che potrebbe succedergli. Dopo alcuni minuti, ritorna e sale in auto. Parto svelto come se potesse fuggire da un momento all'altro. «Sono otto ragazzi di età compresa tra i sette e i dieci anni. Antonella pensa che possano lavorare insieme perché hanno capacità residue simili» lo informo.

«Non capisco neanche cosa stai dicendo, figurati se riuscirò a lavorare con loro.»

Nonostante tutta l'amarezza che sento in lui, sorrido. «Sono bambini. Ricordi cosa ci piaceva fare a quell'età?»

«Giocare a palla.»

Cavoli, me l'ero dimenticato. «Be', quello scartalo. Loro non possono. Da ciò che ricordo, ci piaceva stare insieme anche senza fare nulla. Tu dovrai essere il loro esempio.»

«Non funzionerà.» E forse, Francesco sta parlando di sé, della terapia, di tutto ciò che sto facendo per lui. Ma non posso mollare.

«Se non dovesse funzionare, ci inventeremo qualcosa di diverso.» Faccio finta di non notare che è già tutto sudato. Nonostante il freddo, lui bolle e io sono ghiacciato dalla preoccupazione. «Dicono che a Natale arriverà la neve. Speriamo non geli o le cantine Tollo resteranno senza vitigni.»

Francesco non risponde, ma non me lo aspetto neanche. Sto dicendo stronzate per riempire i silenzi, e lui lo sa. «Non c'è ancora nessuno, stai tranquillo» lo incoraggio e parcheggio davanti all'ingresso.

«Sai che più lo dici e più mi convinco di aver fatto una stupidaggine?»

E forse è vero, penso. Non mi attende e scende con un saltello per correre verso l'ingresso della palestra. Ha fretta di entrare e lasciare gli spazi aperti, ma deve aspettare; non ho ancora posizionato la carrozzina a terra.

«Ti spezzerai i denti, se continui a stringerli così forte» gli dico mentre Francesco sposta il peso del corpo da un piede all'altro, spinge le mani in fondo alle tasche e ingobbisce la schiena.

Forza, Francé, sono con te.

Apro e lui è già dentro, il nostro fiato si condensa in nuvolette di vapore. Quando lo vedo respirare a pieni polmoni respiro anch'io. Non mi ero accorto di essere in apnea.

«Le cartelle dei ragazzi sono di qua.» Raggiungo l'ufficio di Antonella e spalanco la porta e mi accorgo che sto evitando di guardarlo in viso. E se dovesse avere un'altra crisi? Non voglio pensarci. Francesco mi segue ma non si siede. Apro il faldone e prendo un elenco.

«Fabio Velluto, ritardo psicomotorio, sette anni. Gabriele Granchelli, sindrome di Down, otto anni. Matteo Allegri, paraplegia, otto anni...» Leggo nomi, patologie, età senza infondere nel mio tono alcuna emozione. Sono bambini che ancora non conosco ma sono certo che imparerò presto le loro espressioni, così come ho fatto con tutti i ragazzi che sono passati dalla mia palestra. «I primi sono incontri di ambientazione. Non ho idea di cosa possono fare, ma farli sentire a loro agio è il primo e fondamentale passo per poter lavorare insieme.» *Fai bene a guardarmi così, amico mio. Anche io sono perso quando ho davanti ragazzi sofferenti. Ma ti abituerai, così come io mi sono abituato a considerare me e, come ho amato Giorgia, tu li amerai.*

«È semplice, vedrai.» Gli spingo contro le cartelle e vedo che la sua mano trema. «Non mollare.»

Francesco apre le schede personali e legge ma non so quanto capisca delle reali condizioni dei bambini. Insiste e io vedo che si rilassa, anche se continua a restare in piedi, con un piede rivolto alla porta, come se dovesse scappare all'improvviso.

«Arriveranno alle undici. Antonella ti spiegherà meglio. Mi devi questo aiuto, ne ho bisogno.»

Francesco non mi guarda ma annuisce e per ora mi basta. Non ho ancora il perdono di Lorenza, la certezza della guarigione di Francesco, ma sto procedendo e spero di arrivare da qualche parte.

****

Se potessi spezzerei questi braccioli che stringo da cinque minuti buoni. I ragazzi sono arrivati e se ne stanno in una fila ordinata davanti a Francesco. Ho scelto di farli arrivare di mattina, almeno per i primi incontri, perché è un momento tranquillo. In giro per la palestra ci sono solo atleti che si allenano singolarmente e che non hanno bisogno di troppe attenzioni. Resto vigile e sono pronto a intervenire nel caso Francesco ne avesse bisogno. Mi fermo ai bordi dell'area allenamento e faccio finta di sistemare i materassini già belli che impilati.

«Ciao» saluta Francesco e sentirlo emozionato mi stringe il petto. Con quei capelli lunghi sembra un poco di buono, o uno sciagurato, ma mai immagine è stata più sbagliata per lui. Qualche bambino risponde, altri cominciano a dondolare e a guardarsi intorno. Torna il silenzio e io sudo freddo.

«Prima di tutto, vorrei conoscere i vostri nomi» riprende il discorso e io respiro di sollievo.

«Io sono Federico.»

«Io mi chiamo Matteo.»

Sento i loro nomi e aspetto il prossimo silenzio. Sono così attento che riesco a percepire il ronzio dei grossi tubi di areazione, in alto.

«Allora… ecco… bene, mi piacerebbe sapere cosa vorreste fare» dice Francesco.

Deve cavarsela da solo. Neanche io ho avuto maestri che mi abbiano insegnato a guidare la carrozzina. Non ho mai avuto nessun libretto delle istruzioni per nessuna cosa che ho fatto, compreso il basket.

«Io vorrei poter giocare a calcio.»

Mi volto verso la voce speranzosa e osservo il bimbo seduto a terra. Ha i tutori e due bastoni posti ai lati delle gambe. Se li tiene sempre vicini. Devono essere le sue ancore di salvezza, così come lo sono per me i braccioli a cui mi aggrappo anche troppo spesso. Mi fa male il cuore ma non ho il potere di aiutarli.

«A me piacerebbe sciare. Vedo sempre le gare insieme al mio papà. Lui va veloce sulle piste» insiste un altro ragazzo e il mio cuore diventa umido, come se il pianto fosse tutto racchiuso lì. Il viso di Francesco è addolorato. Ha strappato qualche sogno, perlopiù irrealizzabili e deve restituire una visione della realtà amara, fatta di *"non puoi farlo"*.

Vedi, amico mio, com'è difficile? I tuoi guai sono niente di fronte a questi occhi speranzosi.

«Ecco, sì. È molto bello sciare ma…» torna il silenzio.

«Tu sai sciare?» gli chiedono.

«Non troppo bene, purtroppo. Non ho mai preso lezioni da un maestro» risponde Francesco.

«Cosa sai fare, allora?»

Non dovrebbe incoraggiare false speranze, né sopprimerle. Chissà se riuscirà. Francesco fa qualche passo davanti ai bambini seduti a terra, poi si inginocchia e si mette giù alla loro altezza.

«Sono un giocatore di basket. Sapete che gioco è? Da noi si chiama anche pallacanestro. Usiamo questa.» Si alza e raggiunge la cesta dei palloni. Prende la palla a spicchi e se la fa girare tra le mani, pensando a qualcosa di lontano, poi palleggia un paio di volte. La guarda con una intensità che va oltre le parole ma che io capisco benissimo. *Oh, lo so, certo che lo so.*

La porge al primo bambino della fila e loro se la passano per toccarla.

«È pesante. Tanto pesante.»

«Sì, è un po' più mi mezzo chilo. Con quella bisogna fare punto lì.» Indica i due pannelli a cui sono appesi i canestri.

«Ma è difficilissimo» dice Gabriele.

«Tu hai vinto mai qualche coppa?» gli chiede un altro bambino.

Sorrido. Francesco è un giocatore della nazionale. Non sa più neanche lui quanti trofei ha. E io quanti ne ho vinti?

«Sì, ne ho qualcuna. Ma ci vuole tanto allenamento. Tutti i giorni bisogna fare gli esercizi. Tu fai ginnastica, Giorgio?»

Il bambino si stringe forte alle stampelle.

«Faccio riabilitazione» risponde come se fosse la stessa cosa.

«Molto bene, non devi smettere mai.» Ora il tono di Francesco è fermo, padrone delle emozioni.

«Con che squadra giochi?»

Lui non risponde. Mi sembra così strano che non riesca neanche a pronunciarne il nome.

«Sei forte? Che numero di maglia hai? A me piace il dieci di Francesco Totti.»

«Ti hanno dato un soprannome? Quanti punti si devono fare per vincere? Sei famoso?»

Per un lungo momento ascolto le domande a raffica. Io ho una risposta per ogni singola curiosità, ma non Francesco. Lui non vuole condividere la sua storia anzi, sembra volerla dimenticare.

«Volete provare a fare dei tiri?» Francesco ignora la domanda e ne gira un'altra ai bambini. Mi si stringe lo stomaco. I pannelli con i canestri non si possono abbassare più di tanto. Inaccessibili per questi ragazzi, e poi, sarebbe per loro un'ulteriore frustrazione.

«Ma non nel modo classico» chiarisce. «Forza, sarò io il bersaglio da colpire e, badate, mi sposterò.» È un esercizio che facciamo spesso con i più piccoli. Lui deve aver osservato attentamente Antonella e il suo modo di lavorare con i bambini.

Francesco avvicina la cesta con i diversi palloni, la svuota a terra e i bambini sono svelti nel prenderne uno a testa.

«Al mio via, mirate alle spalle. Forza, vince chi mi fa più bernoccoli.» Sorride così tanto che il viso smagrito si trasfigura. Non è più il vecchio Francesco, ma questo nuovo ibrido io non lo conosco poi tanto bene.

«Pronti? Via?» Cammina veloce da un punto all'altro della palestra, rallenta quando passa vicino a quei bambini che hanno maggiore difficoltà nel lanciare la palla e va più veloce quando i ragazzi sono più precisi. I tiri sono perlopiù deboli e scoordinati. Ma i ragazzi ridono ed è questo ciò che voglio per loro: un posto accogliente dove potersi sperimentare.

«Ora mirate ai piedi. Via!» Fa salti da rana e tutti si sbellicano dalle risate.

«Ora colpite al sedere.» E ride forte anche Francesco.

Movimento non è noia, non è solitudine. Si può fare molto anche con poco. I bambini non lo sanno ma stanno allenando il coordinamento oculo-motorio. Vista, mano, prospettiva. E intanto ridono e rotolano per riprendere i palloni andati a vuoto. Cercano di colpire un Francesco sorridente che fa i versi. Ridono e mi scoppia il cuore quando vedo Lorenza ferma sulla porta che separa l'area gioco dal corridoio. Ha una cartella in mano. Probabilmente è venuta a osservare i ragazzi che il dipartimento di servizio sociale ha mandato da noi. Ha messo il rossetto rosso e ciò mi rende felice come un pazzo. Oddio, quant'è bella. Ora lo è più di prima. Adesso è magnifica con quella bocca colorata, gli occhi più cupi e mio figlio in pancia.

Non lasciarmi, penso con un'intensità che mi fa stare male. E quando lei mi osserva le chiedo mentalmente di restare, insieme con lo sguardo e con questo sentimento che mi brucia all'altezza del cuore. *Resta con me*. Ma lei torna su Francesco e io sento il freddo dell'inverno tutto addosso. Fare l'amore non ci ha riavvicinati. Ci ha resi solo più disperati.

Mi spingo verso Lorenza. Desidero parlarle di cose importanti e di cose sciocche. Lei fa un passo indietro e socchiude la bocca. «Lorenza, io…»

Non mi guarda e sul suo viso vedo la paura.

CAPITOLO TRENTADUE

C'è qualcosa nel modo in cui Lorenza sta guardando Francesco che mi preoccupa. Il mio polso scatta prima che la testa abbia deciso di girarsi e con un colpo di mano sono rivolto alla scena. I ragazzi hanno seguito un educatore e adesso stanno facendo il giro della palestra e della sala attrezzi, ma Francesco... lui è scivolato a terra con la schiena appoggiata alla pertica e la testa ripiegata sulle ginocchia. È un fagotto magro.

«Cazzo, Francé, cos'hai?» Sono già al suo fianco, lo prendo per le spalle, lo scuoto, lo sollevo un po'. «Stai male? È una crisi?» Però c'è qualcosa di diverso, questa volta. È dolore puro che gli scava le guance e gli lucida gli occhi. «È andato tutto bene. I ragazzi si sono divertiti e con loro sei stato grande. Francé?» Viene percorso da un tremore e mi sembra più fragile che mai.

«Non posso più giocare» sussurra.

«Accidenti, certo che puoi.» Lo scuoto ancora per fargli entrare quella convinzione in testa. «Dai, rimettiti in piedi e...»

Mi blocco quando lui afferra la mia maglia tra i pugni e la strattona. «Non posso, non posso. Il mio contratto...» Non trova il coraggio di guardarmi in viso, come se fosse una persona in difetto. «Non ho più maglie. Niente numeri. Nessun ingaggio, quest'anno.» Mi spinge indietro, poi di nuovo in avanti e rischio di ribaltarmi, ma non mi ribello. Le forze per oppormi mi hanno abbandonato.

«Ma che cavolo significa che non hai più ingaggi? Sei ancora forte.» Lui mi spinge via e io mollo la presa sulle sue spalle. «Il tuo agente che dice?»

Francesco scuote la testa, gli occhi pozze grandi. «Solo squadre di second'ordine. Se mi va bene potrò giocare con la ESSELUNGA di Mestre.»

E chi cazzo è la ESSELUNGA di Mestre? Penso di non averla mai neanche sentita nominare.

D'un tratto lui si riscuote e mi fissa, tanto che penso di non poter reggere questo suo dolore.

«Capisci? Non c'è più spazio per me.»

Il sangue defluisce dal mio viso. Mi sento rigido e incapace di formulare qualche pensiero coerente. «Hai solo trentaquattro anni, come può essere che…?»

«Accidenti, Davide, lo sai benissimo che sono durato anche troppo a lungo.» Vorrei che quel tono fosse rabbia. Che ci fosse un barlume di fierezza ma c'è solo frustrazione. Si sente solo nel suo dolore.

Nessun atleta riesce a pensare con tranquillità alla fine della carriera. Si spera che non arrivi mai. Lui è proprio sulla linea di confine.

«Ma… quindi, non sei stato tu che hai deciso di mollare tutto.» Chiudo gli occhi per non vederlo.

«No. Tu mi conosci, Davide. Sai che non potrei mai…»

«Accidenti! Allora, accetta la proposta della ESSELUNGA e…» gli dico, anche se so che è una stupidaggine. Chi ha giocato al suo livello non sa tornare indietro e fare la via a ritroso. Non sarebbe neanche giusto vederlo esaurirsi lungo la strada. Apro gli occhi e vengo investito dal suo dolore.

«Oddio, Davide, come hai fatto a vivere senza il nostro basket?»

Non so rispondergli. Continuo a guardare e a farmi guardare. Come ho fatto a vivere senza il mio basket? Qualcosa di ingovernabile mi ha tolto molto più di una carriera sportiva. Forse per questo ho potuto accettare di non giocare più. Forse… mi giro verso Lorenza che è rimasta al limite dell'area allenamento. Sembra sconvolta da ciò che Francesco ha rivelato. Neanche lei immaginava una cosa del genere. Abbiamo entrambi cercato di forzarlo a riprendere a giocare pensando che la sua fosse una chiusura verso l'esterno. Invece è stato lo sport ad abbandonarlo, a girargli le spalle.

«Questo c'entra qualcosa con le crisi che hai?» chiedo a Francesco, ma guardo Lorenza. Se sono riuscito ad accettarmi, è stato grazie a lei. Avevo voglia di provare a creare qualcosa di duraturo. Di mettermi alla prova, nonostante tutto. Nonostante le ruote e il titanio che si sono aggiunti al mio corpo. Non c'è carriera che tenga e che mi ha dato una spinta uguale a quella che mi regala Lorenza. È il poterla abbracciare che mi fa sentire vivo. Sapere che è tra il pubblico mi sprona a dare il meglio. È la sua, l'unica approvazione che voglio. Oddio, quanto ci ho messo a capire queste cose. Ma Francesco non ha un amore del genere. Lui vive per il nostro basket. Un basket che non è più nostro. Non è più mio.

«Il dottore pensa di sì.»

Annuisco a Francesco e chiedo a Lorenza con lo sguardo di restare qui, anche se un po' discosta. Resta a guardarmi. Resta a guardare cosa sarebbe capitato anche a me, se non avessi avuto l'incidente. Sembra avermi capito e il suo sorriso triste mi fa ancora più male.

«Dai, Francesco, passerà. Troverò il modo di farti rientrare nella squadra. Parlerò con…» Ma lui mi ferma con una mano. Sappiamo entrambi che non servirebbe a nulla. Non c'è raccomandazione o spinta che possa farlo tornare indietro. E anche se ci riuscissimo, potrebbe giocare ancora qualche anno, poi saremmo di nuovo punto e a capo.

I ragazzi tornano indietro e il loro educatore li fa uscire dalla palestra.

«Ciao, mister» lo salutano sorridendo e Francesco si irrigidisce. Lo hanno chiamato nel modo in cui lui chiamava l'allenatore. Tutto cambia e io non ce la faccio a vedere tanta disperazione attorno a me.

«Andiamo di là, Antonella vuole essere aggiornata sull'incontro con i ragazzi» lo esorto e lui si incammina. Sembra più tranquillo anche se ha il viso devastato. Mi muovo per seguirlo ma mi fermo davanti a Lorenza.

«Mi spiace tanto» sussurra e le iridi blu sono appannate dalle lacrime.

Mi stringo nelle spalle anche se vorrei toccarla, passarle il pollice sulla bocca triste, sentire la pelle sulla nuca, dove è più morbida.

«È il destino di ogni atleta.» Eppure, l'ingiustizia della situazione rende false queste parole. «Hai visto i tuoi ragazzi? Si sono divertiti.»

Lei annuisce e sorride con ancora un'ombra di tristezza negli occhi.

Questo silenzio tra noi è innaturale.

«Domani...» sembra indecisa nel parlare e io odio la titubanza che ha nei miei confronti. Dovrebbe potermi dire tutto, anche le cose peggiori.

«Domani ci sarà la prima visita, al Consultorio di Chieti alta.» Guarda da un'altra parte, quasi a disagio.

Non posso sopportarlo. Le prendo il viso tra le mani, la tengo ferma. «Guardami. Verrò a qualunque ora e dappertutto.» Non le chiedo se vuole avermi vicino, non potrei accettare un no come risposta.

«È alle diciotto» insiste.

So cosa vuole dire. Il pomeriggio c'è un bordello di gente che va e viene e poi è giorno di allenamento della squadra. «Ci sarò» le dico convinto, perché nulla mi impedirà di essere con lei. È in questo momento che capisco cosa realmente è importante. Non la palestra, non la squadra e neanche il night. È lei che ha la precedenza su tutto e non perché devo, ma perché voglio. Io desidero Lorenza e spero che lei desideri me allo stesso modo.

«Devo ritornare in ufficio.» fa un passo indietro e sfugge alle mie mani.

«Ti accompagno» le offro per prolungare il nostro incontro.

«Non preoccuparti; ho la macchina di servizio e poi… vai da lui.» Fa un cenno del capo verso l'ufficio di riabilitazione in cui Francesco è entrato.

«Ci vediamo a casa.»

«Certo.»

Resto a guardarla mentre esce dalla palestra. Il cappotto pensante la infagotta un po' e mi sembra che le tiri già sul punto vita. Che giorno strano che è stato.

Francesco senza maglie e numeri.

Francesco.

Lorenza e il nostro primo appuntamento dal dottore.

Lorenza.

Lorenza.

CAPITOLO TRENTATRÉ

Tornare a casa con una Giorgia tanto felice può essere estenuante. Mi racconta di ogni momento passato con Filippa, tanto che adesso so anche cosa preferisce mangiare. È sorprendente come Giorgia sia cambiata, in questi ultimi tempi. Quando torna dalle visite alla madre, è sempre in ordine, con i guanti correttivi e con un bel sorriso sulla faccia tonda. Lorenza sostiene che sia un bene che Filippa stia entrando nel ruolo. Ciò che non so è se lo sta facendo perché lo sente davvero o per far colpo sul suo ultimo fidanzato. Io dico che non mi fido e sono anche geloso.

«Vieni, coniglietto, ci aspettano polpette e minestrina.»

Il tempo è così tetro che di sicuro sta nevicando sulle montagne. Si vede una caligine lattiginosa e le luci di Mammarosa sono coperte. Una sferzata di vento mi gira attorno e io poggio Giorgia direttamente sulle mie gambe, invece che perdere tempo a sistemarla sulla carrozzina. «Reggiti a me, ti porto dentro.» E lei si stringe a un mio braccio come un micetto. Fatico un po' ad aprire la porta di casa ma, appena dentro, cerco Lorenza. Non è ai fornelli, anche se l'odore di dado è già nell'aria. L'istinto di chiamarla è così forte che devo trattenermi. «Ti metto sul divano e poi vado a prendere la sedia che è rimasta in macchina» avviso la bambina.

Giorgia ha già individuato alcuni suoi giochi e si protende verso di loro. La metto comoda sul divano e mi guardo attorno. Non c'è, Lorenza, e non la sento. «Aspettami qui.» Faccio dietrofront ma non resisto e vado a cercarla. L'odore di bagnoschiuma e l'acqua che scroscia mi raggiungono già nel corridoio. Apro la porta e lei è nella vasca. Ha annodato i capelli in alto e le labbra sono rosse, forse per il freddo esterno, o per il calore del vapore. Il contrasto con il blu degli occhi è così forte che credo di non averla mai vista tanto bella. Mi accoglie con un sorriso incerto.

«Finisco in un attimo e preparo da mangiare» mi dice e inizia a insaponarsi le gambe in fretta.

Mi affianco alla vasca e le prendo il viso tra le mani. Voglio che questa sia la sua casa per sempre. La tengo ferma e mi protendo quel tanto che mi consente la carrozzina, ma basta per baciarla. Per sapere se le labbra sono così buone come appaiono, e per verificare se anche lei vuole baciarmi. Si lascia toccare e averla così consenziente mi dà alla testa. Aumento la pressione sulle labbra e vorrei tenere gli occhi aperti, per guardarla sempre, ma non ce la faccio. Li chiudo per sentirla con tutti i sensi e in un attimo mi ritrovo ansante. Le respiro sul viso, poi la lascio andare. Posso solo rubare l'immagine del seno pieno, della pelle insaponata, e farmi indietro. «Fai con calma, ci penso io» le dico, lasciandole una riservatezza che vorrei per me. È un mio desiderio riempire ogni suo momento.

Anche a cena Giorgia parla senza sosta ma io continuo a osservare Lorenza, il modo in cui sorride alla bambina, come l'aiuta a usare il coltello. Non oso pensare a una eventuale separazione, il mio cervello non ce la fa. Riordino la cucina, gioco un po' con Giorgia ma quando arriva il momento di andare a letto, sento l'emozione salire dalla pancia e stringermi la gola.

«Buonanotte, Davide» mi saluta la bambina.

«Dormi bene, patatina» le rispondo però, appena Lorenza mi volta le spalle, mi sento escluso. Un uomo tenuto al laccio che soffoca piano piano e che non ha più voglia di dormire, né di svegliarsi. Resto in cucina a ciondolare, mi sposto in salotto senza saper prendere una decisione. Sono stanco di sentirmi così. Solo uno sguardo, mi dico e raggiungo la cameretta. Sono ridotto a spiare a desiderare senza trovare il coraggio di prendere ciò che mi appartiene. Perché Lorenza non ha voglia di starmi accanto? Il punto luce rischiara la stanza e mi permette di vederla. Lorenza si gira, apre gli occhi e mi guarda. Stringo le labbra, potrei supplicarla, pregarla. Le sorrido triste per ciò che ho perso: la sua fiducia, la sua stima e chissà, se nel suo sorriso appena accennato ci sono le medesime emozioni. Un piede sul predello è girato verso la porta. L'altro verso il letto. Non mi porteranno mai da nessuna parte. Devo seguire il buon senso e, con un piccola spinta, arretro. È meglio così, meglio fare… no, vado da lei. Non le chiedo di poter restare ma comincio a spogliarmi, a togliermi le scarpe e i calzini. Mi avvicino al letto, freno la carrozzina e mi aggrappo alla testiera. Non mi resta che issarmi con la forza delle braccia e degli addominali ma resto a faccia in giù e perdo il contatto con i suoi occhi. Potrebbe buttarmi giù dal letto con facilità ma non è da lei un simile comportamento. Girarmi e mettere le gambe in linea con il corpo richiede qualche momento. «Vieni qui» e il mio cuore è un tamburo mentre lei se ne sta zitta. Poi si fa vicina, trova il suo solito posto su di me: la testa nell'incavo del collo, il seno schiacciato contro il petto, una gamba di traverso sulle mie. E io la stringo. Giorgia dorme con la bocca socchiusa. La copro per bene come fanno i papà premurosi e torno alla mia principale occupazione: abbracciare Lorenza tanto stretta da farle male.

«Non ti terrei mai all'oscuro di ciò che riguarda nostro figlio» sussurra lei con la bocca posata sulla mia gola. «Mi credi, vero?»

Le percorro la schiena con una mano, mi intrufolo sotto la maglietta in un massaggio circolare. L'elastico del reggiseno mi impedisce di sentirla tutta e io glielo slaccio. «Lo so, tesoro. È che... ero geloso dei tuoi segreti e ho colpito dove sapevo che ti avrei fatto male. Avrei voluto che ti confidassi, che mi tirassi dentro la situazione. Sapere che né tu, né Francesco avete sentito la necessità di me...»

«Non si poteva. Non in quel momento.» Mi accarezza la guancia in punta di dita. Basta questo gesto a farmi sentire perso. «Come sta?» Tiene la voce bassa per non svegliare Giorgia.

«Francesco? Meglio. L'ho lasciato a casa che sembrava più sereno.»

«Forse l'averti detto il vero motivo che lo tiene lo tiene lontano dal basket lo ha aiutato.»

«Penso di sì. Domani ne parleremo con il terapeuta.»

«Ce la farà» mi dice convinta.

«Anche noi ce la faremo, Lorenza?» Il fiato esce con difficoltà e aspetto la risposta. Le copro per bene le spalle e me la stringo addosso anche se lei vorrebbe scivolare via.

«Tu cosa vorresti? Ogni volta che penso di aver raggiunto una relazione stabile, tu mi togli la terra da sotto i piedi.» Solleva la testa dalla mia spalla e mi osserva con una tale intensità che mi buca dentro.

«Voglio te. Ogni segreto che ti porta lontano da me. Ogni silenzio che non puoi condividere.»

«Io pretendo solo un po' di rispetto. Eppure, tu sei sempre pronto a farmi male.»

«Non è vero, Lorenza.» *È vero.*

«Negli ultimi tempi è stato così.»

Ha la bocca socchiusa, gliela accarezzo senza potermi trattenere, stregato da ogni suo particolare. «Non succederà più. Desidero solo fare parte di te. I tuoi segreti mi fanno stanne male.»

«Perché? È soltanto lavoro.»

L'armadio con la sua anta lucida a specchio è un buon soggetto da osservare per allontanarmi dal suo sguardo. «Non so che farei se tu…se nei tuoi segreti ci fosse un altro. Questo utente misterioso che ti portava via ogni sabato sera… tu che correvi da lui, che aspettavi i suoi messaggi. Non lo sopporterei se…Ora capisco il perché, ma potresti incontrare qualcuno e… Non lo sopporterei. Oddio, Lorenza, non so se tu mi ami con la stessa intensità con cui ti amo io.» Mi sta strappando parole e cuore. L'armadio non offre più alcun appiglio. Lorenza chiude le mani a pugno e la mia carne è dentro. Serro i denti concedendole il potere di ferirmi.

«Ti odio quando dici queste cose. Io ti sto dando la mia vita.»

La sento di nuovo triste e le bacio la sommità della testa. «Perdonami.»

Ce ne stiamo in silenzio, ancora un po' persi.

«Voglio solo trovare un po' di pace» mi dice stanca.

«Pensavo volessi andare a trovare i tuoi genitori e fare un viaggio a New York per il Natale. E anche vedermi vincere il campionato. Soprattutto avere un figlio e…» Elenco tutti i desideri di cui lei mi ha messo a parte e mi sento un perdente. Non riuscirò a darle tutto. «Non riuscirò…»

Si solleva di colpo e mi stringe la faccia tra le mani. Non posso guardarla. Non posso amarla più di così.

«Mi hai dato tutto ciò che volevo, tranne la tua fiducia. Tu sei il mio mondo, lo sai, Davide?»

Il suo mondo. Io sono il suo mondo.

Accarezzo Lorenza, la tengo su di me. Non mi importa se non dormirò, se la mia schiena urlerà di dolore domani mattina. Io ho così bisogno di questa donna che sopporterò tutto. «Anche tu.»

CAPITOLO TRENTAQUATTRO

«Non posso venire, mi dispiace. Disdici e fatti dare un altro appuntamento, Francesco.» Mi sono dimenticato di dover accompagnare Francesco al colloquio con Gisa, l'assistente sociale del dipartimento di servizio sociale. «Non posso proprio, credimi.» Chiudo la comunicazione con un senso di colpa che mi stringe la gola. Dover scegliere tra Francesco e Lorenza è il colmo. Per fortuna, Francesco non insiste. Probabilmente gli ho fatto un favore. Non gli piacciono i colloqui con Gisa.

«Antonella, puoi occuparti della palestra e anche di Giorgia? Stasera ho un impegno importante.»

Lei alza gli occhi al cielo mentre prepara il lettino per la prossima fisioterapia. L'area allenamento del centro sportivo è strapieno e gli istruttori sono tutti presi dai propri gruppi.

«So che devi seguire tanti ragazzi, però non posso proprio portarla.»

«Va bene, ma se dovesse servire, legherò la sua carrozzina al piede del lettino. Sarebbe capace di fermare tutta la palestra.»

Sorrido perché so che Giorgia è una peste. Interrompe gli esercizi di tutti, con la sua carrozzina si mette al centro e intralcia le attività. Quando nessuno la degna di uno sguardo è pronta a passare sui piedi degli altri ragazzi con le ruote dentellate. E chiacchiera. Le difficoltà di linguaggio sono state più che superate. È bastato volerle bene e incoraggiarla un po'. Non mi chiama più *Dadive* da un bel pezzo. «Te lo concedo. Mettile pure il guinzaglio.» Lascio la palestra senza farmi notare dalla bambina. Farebbe tanti di quei capricci che sarei costretto a portarla con me. Un sospiro di sollievo mi svuota il petto mentre sgattaiolo fuori. Il freddo si è fatto pungente, forse a causa della neve caduta sulle montagne. Non ci metto molto a raggiungere il San Camillo, su a Chieti alta. Le numerose rotonde sparse per le vie del centro fanno scorrere il traffico. Purtroppo, i parcheggi riservati ai disabili non sono tanti, strappati a quei pochi spazi tra i troppi palazzoni e le stradine sconnesse. A volte mi sembra azzardato andarmene in giro da solo, ma ho così bisogno di sentirmi autonomo che morirei se dovessi dipendere da qualcuno. Uso la rampa d'accesso del distretto e mi fermo per orientarmi nel corridoio principale. Seguo le frecce che indicano il consultorio e mi costringo a respirare normalmente. Lei è qui e io devo solo raggiungerla. Capisco di essere arrivato a destinazione dai cartelloni di mamme con i pancioni appesi alle pareti del corridoio. Incredibile come il cuore cambi marcia, come mi succede durante una partita importante. Ho le mani sudate, rallento e vorrei rassettarmi, mettermi a posto il giubbotto, ordinare i capelli ma ho i palmi di nuovo sporchi, accidenti. Mi sono dimenticato di lavarmi le mani.

La vedo seduta tra due donne in gravidanza avanzata e mi prende il panico. Sembra ansiosa, non so se per l'ambiente che vuole essere accogliente ma che incute soggezione o perché è convinta di non vedermi arrivare. Perché non mi crede quando le dico che lei è la persona più importante per me? *Forse perché l'hai delusa e trattata male*, dice la parte stronza di me.

La raggiungo per poi fermarmi a un paio di metri. Non c'è spazio vicino a Lorenza. Le sedie sono concatenate e lo spazio ridotto. La carrozzella ingombra quasi tutto il passaggio. Un'infermiera chiede di passare e sono costretto ad arretrare fino alla fine dell'area riservata agli ambulatori. Mi sembra di vederla rabbuiarsi, con quelle solite righe trasversali sulla fronte. *Non è nulla, tesoro, solo un corridoio troppo stretto per una sedia a rotelle.* Eppure quando la vedo incupirsi ancor più il mio ego gioisce. Lei ha cura di me. Devo attendere in silenzio, senza poterle parlare, solo guardandola. Lorenza si morde il labbro di frequente, si muove a disagio.

«Signora Garbi?» Una dottoressa la chiama dal fondo del corridoio e, prima che lei possa fare un passo in avanti, la raggiungo. Le donne piegano le ginocchia di lato e mi lasciano passare senza intoppi.

«Buonasera, come sta? Comincia il vero freddo» le dice e la fa entrare nella stanza super riscaldata.

«Il corridoio è troppo stretto» la investe senza preamboli.

«Come? Mi scusi, cosa intende?»

«Non è a norma di legge. Non ci si passa in due e le carrozzelle transitano strusciando contro il muro.

La dottoressa sposta il suo sguardo stupito da me a Lorenza.

«Non fa nulla, Lorenza, basta che io sosti nell'atrio principale e…» Provo a dire. Non è un corridoio stretto a farmi sentire discriminato. Però il modo in cui lei mi difende mi fa tremare la pancia di gioia.

«Non credo che si possa abbattere una struttura come questa, che ha parecchi annetti, per un corridoio» ragiona la dottoressa.

«Ma si possono sostituire quelle sedie della grandezza di poltroncine con altre richiudibili. Si guadagnerebbe spazio e, all'occorrenza, ci si potrebbe alzare e far passare chi ne ha bisogno.

La donna si siede e il suo sguardo appare disorientato. «Ne parlerò al direttore del distretto. Pensandoci meglio, anche le mamme con i passeggini fanno fatica a transitare per questo corridoio» dice, per poi scattare in piedi e togliere una delle due sedie davanti alla scrivania. Allontana anche una pedanina e mi invita spostarmi in avanti. Lorenza si siede e io mi sistemo al suo fianco.

«Allora… allora…» respira più volte, poi sembra ricordare il motivo della nostra presenza. «Allora, al telefono mi diceva che ha già fatto le analisi del sangue.»

«Eccole.» Lorenza le passa una busta con il logo della ASL. Non mi ha detto di doverle fare e un po' mi risento.

«Sembra tutto a posto. Ora vi faccio un po' di domande.» Si rivolge a entrambi ma sembra spettare da Lorenza una risposta con un po' troppa ansia.

«Certo, faccia pure» le concede Lorenza e il suo tono è più mite, anche se ha ancora le sopracciglia tirate in un gesto di stizza. Non potrei provare più tenerezza di adesso. La abbraccerei per dirle: «Non c'è bisogno di questa scenata, sono altre le cose che mi fanno male. Per esempio, quando dici che andrai via, o quando mi tagli fuori dai tuoi problemi. Del resto non mi importa nulla.»

«Ha malattie genetiche?» domanda a Lorenza e a un suo cenno di diniego passa a me. «E lei?»

«No, non ne ho.»

Gli occhi della donna scendono alla carrozzina. Sembra a disagio nel dovermi chiedere di più. Le risparmio la fatica e rispondo. «Un errore di gioventù. Un incidente.» Mi rendo conto di averlo detto con naturalezza, senza sentire il solito graffio alla gola, senza voglia di battere i pugni sui braccioli.

«Un errore» ripeto, senza specificare altro. Ho voglia di allungare la mano e prendere quella di Lorenza. *Hai visto? Non mi importa più.* Ma ascolto in silenzio, consapevole di aver vinto qualcosa, forse la libertà da un passato ormai andato. Spero solo che non ci siano più incidenti. Non più errori.

«Le faccio la prima ecografia.» La invita a sistemarsi sul lettino. Lorenza si sdraia e scopre la pancia. Io mi volto soltanto, non c'è spazio vicino a lei, tra l'ecografo e gli scaffali. La dottoressa non si siede ma si guarda attorno.

«Ecco, ora vediamo… Ecco…» Sposta un mobiletto e fa cadere delle scatole di cartone. Non le raccoglie ma le spinge via con un piede. Tira a sé il lettino e muove indietro l'ecografo. Poi, mi guarda soddisfatta come se avesse sconfitto la fame nel mondo. «Ora può mettersi vicino alla signora e guardare.»

Sono felice di poterlo fare perché Lorenza è tesa. Il mio stomaco si contrae e non mi resta che sorriderle per incoraggiarla. Per incoraggiare me stesso.

Fissiamo il monitor nero su cui c'è una tormenta di macchioline bianche.

«Dunque… Ecco, lo vedete questo cerchietto?» La donna scivola sulla pancia di Lorenza cosparsa di gel. «È una pallina proprio dentro il suo sacco. Ora mi sposto così lo vedrete per sezione orizzontale, come se stessi affettando un salame.»

Allungo il collo e aguzzo la vista ma continuo a distinguere solo nebbia grigia.

«Vedete?» insiste.

«Sì.» Lorenza ha uno di quei sorrisi che stravolgono il viso e fanno brillare gli occhi. Di colpo le prendo la mano. Voglio partecipare, sentirla, sentirmi con lei, e quando lei gira il palmo in su e intreccia le dita alle mie, mi sento preso al laccio.

«Cerchiamo il battito» afferma e il mio, di battito, sembra bloccarsi. «vedete come pulsa?»

Solo adesso vedo un puntino muoversi a un ritmo impazzito. Un senso di calore mi scivola dentro, mi dilata il petto, mi scalda la pancia e mi sembra di sentirlo scendere alle gambe. «Lo vedo» sussurro. Lo vedo e mi trema la mano in quella di Lorenza. Le faccio sentire quanta emozione mi scorre dentro, e come il callo sul palmo si è scaldato a contatto con il suo. Ho davanti agli occhi la prova tangibile che nostro figlio esiste, che non è più solo un pensiero, un desiderio. Sento di avere uno stupido sorriso sulla faccia, e me ne frego se la dottoressa mi guarda incuriosita. Io sorrido e guardo Lorenza e poi il puntino. *Sono felice, amore mio.* Spero che lei lo capisca.

CAPITOLO TRENTACINQUE

Siamo venuti con le nostre rispettive auto, ma avrei tanto voluto essere io a portarla a casa. Invece Lorenza guida la sua utilitaria e io le sto attaccato al paraurti come se dovessi proteggerla con la mole dell'Audi.

Sono costretto ad allontanarmi a causa di una rotonda, ma non la mollo neanche con lo sguardo.

«Chi diamine è?» Mi viene da ignorare il suono del telefono, ma metto il vivavoce e rispondo al numero sconosciuto. «Sono Davide.» Ascolto le parole di Gisa e ciò che mi dice ha il potere di spegnere questo stupido sorriso che ho ancora sulla bocca. «Dov'è?» Alla sua risposta faccio inversione di marcia e torno verso Chieti alta. Ho perso di vista Lorenza. Ora il cuore mi batte forte per un altro motivo. Accelero. Devo fare in fretta e mandarle un messaggio. Intanto corro di nuovo su e giù per questo paese che mi vede sempre coinvolto in qualche guaio. Imbocco una delle entrate dell'ospedale Clinicizzato e parcheggio sul marciapiedi. Il mio cuore, quest'oggi, ha battuto troppo in fretta per le mille emozioni. Non reggerà. Scendere dall'auto sta diventando sempre più difficile, o forse sono io che divento più stanco. Prima o poi smetterò di voler essere autonomo. Imbocco il corridoio del reparto di Medicina generale. Mi fermo solo quando vedo le tante porte speculari lungo il corridoio. Le gomme della carrozzina producono un sibilo fastidioso ma me ne frego e mi spingo verso il primo medico in vista. «Francesco Santini» gli chiedo e lui riflette un attimo. «È arrivato da poco. È... alto, un giocatore di basket.»

«Ah, sì. Camera ventidue.»

Non ringrazio, mi sposto veloce con un colpo direttamente sulla gomma. Avrò le mani piene di batteri, oltre che di sporcizia. Sosto sulla porta di una cameretta doppia. Non ci vuole molto a individuarlo. Riempie il letto da capo a piedi. Ha gli occhi chiusi e una flebo attaccata al braccio. «Francé, che cazzo hai combinato?»

Lui solleva le palpebre, lo sguardo vacuo e io vorrei ficcarci a forza un po' di vitalità.

«Che ti è successo? Dimmelo!» Sento la rabbia che mi brucia lo stomaco.

«Non è nulla.»

«Come fai a dire che non è nulla, per Giove? Sei in ospedale, hai una flebo attaccata al braccio e la tua assistente sociale mi ha detto che dovevo correre qui. Qualcosa di allarmante c'è, non ti pare?»

«Quella Gisa non mi è mai piaciuta. Le avevo detto di non chiamarti.»

Parla sottovoce per non disturbare il paziente nel letto di fronte, ma in me resta la voglia di spaccargli la testa. «Tu… tu sei uno…» Non posso insultarlo a dovere in questo luogo. «Che hai combinato?» chiedo, usando un tono più conciliante mentre penso a tentativi di suicidio, crisi senza controllo, e chissà cos'altro.

«Un mancamento. Non mangio abbastanza. Lo dicevi anche tu» si giustifica con semplicità, come se la corsa in ospedale, l'ansia di saperlo qui e tutta la preoccupazione che ho provato non avessero motivo di esistere.

«Un mancamento» ripeto stralunato. «Perché non mi hai chiamato subito?»

«Perché avevi da fare.»

«Ma… avrei trovato il modo… sarei venuto e…»

Francesco si tira su, su un gomito e mi guarda con un sorriso tranquillo, forse anche sollevato. «Sai, prima avevo paura di stare in ospedale. Ora non ho avuto problemi.»

«Avevi paura…» ripeto come un pappagallo. Non ci capisco un accidenti ma Gisa mi diceva che era un atteggiamento molto positivo, l'aver chiesto aiuto al medico.

«Sono stato capace di superare un piccolo stress. Ora non mi resta che buttare giù tutti gli altri.» È soddisfatto e rincuorato e io capisco sempre meno.

«Bene, sono contento per te, ma preparati a ricevere un pugno in faccia perché io non ne posso più.» Sono così arrabbiato e mi ritrovo a dondolare avanti e indietro sulla sedia a rotelle.

«Come ti senti?» domanda il terapeuta che segue Francesco. Entra con disinvoltura e legge la cartellina appesa ai piedi del letto.

«Meglio» risponde e si mette a sedere sul letto.

«Hai fatto benissimo a chiedere un ricovero, così possiamo provare quella terapia di cui ti parlavo. Preferisco somministrartela sotto controllo costante.»

Francesco annuisce e io mi trovo a liberare un grosso sospiro doloroso.

«Domani ne parleremo meglio ma, per stasera, hai solo bisogno di riposare. Sei molto debilitato però non ti preoccupare, non è nulla di irreversibile. Bene, adesso ne me torno nel mio studio ma, se dovesse servire, fammi chiamare, resterò in servizio fino alle venti.» Se ne va e tra noi cade il silenzio.

«Te lo dicevo io che non mangiavi abbastanza» non posso che rincarare il rimprovero. Mi sento offeso dal suo malessere, dal modo in cui ha ignorato i consigli. Offeso da tutto e da nulla di preciso. Offeso e preoccupato.

Lui indica la flebo e sorride. «Questa va dritto nello stomaco.» Chiude gli occhi, ha di nuovo le rughe ai lati della bocca, le sopracciglia quasi unite e le labbra strette. Di nuovo sofferente. Di nuovo atleta alla fine di una carriera, senza maglia né numeri, e io posso solo restargli a fianco, in silenzio, mentre il suo viso tormentato si rilassa in un sonno tranquillo. Me ne sto vicino a lui a ricordare come eravamo. A quanto sono ingiuste le squadre a non volerlo e a sperare che il lavoretto nella mia palestra possa bastargli e magari anche aiutarlo.

Mi accorgo che è passata un'eternità solo quando un'infermiera viene a sostituire la flebo. Fuori è buio totale, scorgo solo le luci delle auto passare sull'asse attrezzato, in lontananza, giù nella zona industriale. Francesco dorme ancora.

«Deve andare. Non può stare qui tutta la notte» mi sussurra la donna e io dico di no con la testa.

«Abbiamo già fatto uno strappo alla regola permettendole di restare fuori orario visita.»

«Se dovesse svegliarsi e non trovarmi? Se dovesse sentirsi male e io…»

«Ci penseremo noi. Siamo abituati alle emergenze» mi spiega come se fossi un bambino. «Sta bene» insiste l'infermiera e indica la flebo con un dito. «Dormirà fino a domattina. È di questo che ha bisogno, prima di tutto.»

Chissà cosa avranno messo nella flebo ma Francesco sembra sereno anche se la mascella è troppo scarna e le ombre sotto gli occhi sono enormi. Però è vero. È sempre vigile e sotto pressione. Se potesse riposare più a lungo forse... «Tornerò domattina. Se dovesse essere necessario mi chiami, la prego.»

Attraverso il corridoio con i muscoli delle braccia che urlano di dolore e un peso addosso. Adesso tornerò da Lorenza e... Il mio cuore va di nuovo forte. Non l'ho avvisata. Ho lasciato il telefono in auto e non ho più pensato a chiamarla. E ho anche lasciato Giorgia in palestra insieme ad Antonella.

Per fortuna il traffico è zero, incontro solo il camioncino della spazzatura che procede a passo d'uomo. Lo sorpasso e tiro un respiro di sollievo solo quando sono a casa. Mi costa fatica fare tutto il procedimento per rimettermi in carrozzina. Sono stanco e dolorante. Tutto un giorno in carrozzina, senza mai sdraiarmi mi spezza la schiena. Entro in casa con una sensazione di panico. Cavoli, sto cercando di riconquistare la fiducia di Lorenza e poi mi scordo di chiamarla. Ho telefonato ad Antonella e lei mi ha detto di aver contattato Lorenza e di averle riconsegnato Giorgia. *Eri irreperibile*, mi ha detto come se fosse una grave accusa, per un grave reato.

I Thun sono ancora al loro posto e non vedo valigie pronte alla partenza. Solo una lampada rischiara l'ingresso e so che lei l'ha lasciata accesa per me. È l'una di notte e Lorenza e Giorgia dovrebbero dormire. Faccio fatica a spingermi fino alla cameretta. Dovrei prima andare in bagno e lavarmi le mani ma non ce la faccio a rimandare oltre. Apro la porta della cameretta, mi affaccio e lei è sveglia.

Scusami, ma le parole non escono. Eppure devo averlo scritto in faccia quanto mi dispiace. Leggilo e perdonami. Scusami. Mi faccio schifo e penso che sia solo l'inizio di una lunga notte ma lei scende svelta dal letto e si inginocchia davanti a me.

«Sono tornato» riesco a dire mentre vedo sulla sua faccia tutto ciò che desidero: comprensione, affetto, preoccupazione. «Ero da Francesco» sussurro. «È in ospedale.» Sono svuotato, il mondo sembra crollarmi addosso. Troppe emozioni positive e negative tutte insieme, tutte qui, sulle mie spalle. «Ho lasciato il telefono in macchina.» Non voglio tremare, non voglio essere debole. Sono capace di affrontare un errore, un incidente, la malattia di un amico. Ma scoprire in un sol giorno un piccolo cuore che batte e il desiderio senza fine per questa donna, mi fa scivolare giù.

«Davide, lui starà bene» Mi appoggia la bocca sull'orecchio. «Me lo ha detto Gisa.» Mi prende il viso, che io vorrei girare e nascondere ai suoi occhi così belli, si impadronisce di me, mi scalda le guance, mi accarezza la mandibola e il mento.

«Non sai quante volte l'ho pregato di andare in ospedale. Non riusciva neanche a sostenere l'idea. Invece, oggi, è stato lui, da solo, a chiamare il dottore e Gisa e a chiedere aiuto. È molto positivo. Significa che ha voglia di stare bene.»

Mi lascio toccare, svuotato da tutto. Lei che mi difende da un corridoio stretto, da un amico che potrebbe trascinarmi a fondo. Lei che sta baciando le mie mani sporche. Smetterò di spingermi direttamente dalla gomma perché possa toccarmi sempre e dovunque. «Non farlo, sono brutte.» Le tiro via, le nascondo. E forse, non parlo delle macchie sul palmo, del callo duro, delle unghie tagliate fino alla carne. Parlo di me e di ciò che le faccio.

Lorenza si tira indietro, sorpresa. Poi mi stringe le spalle. *Sono basse, le vedi?*

Mi massaggia le braccia. *Sono rigide?*

Mi bacia sulla bocca. *Trema?*

Ma continua a toccarmi. È lei che cura, che ama nel modo più aperto che ci sia. Ama fino a permettermi di farle del male.

«Sei stanco» mi dice e si allontana un po'.

«Non andare» le rispondo ma non so se voglio dirle di non abbandonarmi o di restare su di me per sempre.

«Ti aiuto a spogliarti» si offre e mi slaccia il giubbotto che avrei dovuto lasciare nell'ingresso ma che ho ancora indosso.

«Faccio da solo.» Eppure non mi muovo, né mi ribello. Le permetto di sfilarmelo così come la maglia e le scarpe. Solo alzare le braccia mi sfianca e i muscoli urlano di tensione. Ma lei è dolce nel togliermi tutto e donarmi un bacio lieve nei punti dove sento dolore: sul collo, sulle spalle, sulla gola e sulla bocca.

«Se non ti sdrai non riuscirò a toglierti i pantaloni.»

Non sa che mi costa fatica anche solo pensare di avvicinarmi al letto. Ci provo, perdo la presa sulla testiera un paio di volte e lei accorre e tiene ferma la carrozzina. Quando sono a faccia in giù sul materasso, armeggia con la tuta, è facile da sfilare.

«Ecco, mettiti comodo.»

Cerco di fare piano per non svegliare Giorgia che dorme nell'altra metà del letto. Mi aggroviglio alle lenzuola ma lei mi districa e, quando sono ben steso, si sdraia al mio fianco. È lei che mi abbraccia mentre io lascio le braccia a peso morto. È lei che trova il suo spazio su di me e mi permette di appropriarmi del mio. È lei la donna da cui voglio tornare quando sono felice, o disperato. È con lei e con quel battito veloce di un cuoricino appena conosciuto che voglio stare. Mentre lei mi cura con la sua sola presenza, io non penso più a nulla.

CAPITOLO TRENTASEI

Fare la barba con loro attorno mi piace. Giorgia batte ovunque con la sua carrozzina. Ha limato tutto gli spigoli dei mobili e ora è alle prese con la scarpiera.

«Piano, patatina. Non devi mai lasciare il corrimano e far andare la sedia senza controllo. E, soprattutto, quando vai troppo veloce, frena» le dico guardandola dallo specchio. Ha ancora il pigiamino e sta sullo stabilizzatore che la tiene in piedi. Mi sento fiero. Sono il suo papà alto quando le insegno ciò che ho appreso a mie spese. Un tempo avrei pensato di insegnare il basket, di passare il mio sapere in campo, tra tattiche, attacchi e trucchi del mestiere, invece sono qui, a radermi e a dare consigli su come frenare una carrozzina che va troppo veloce. Eppure mi sento contento. Ho la faccia distesa, i movimenti rilassati mentre comincio a passare la lametta sulla schiuma. Lorenza è ancora assonnata. È seduta sul water senza fare altro che guardarsi in giro.

«Lo hai già chiamato?» mi chiede e mi accorgo che la sua bocca, al naturale, è ancora più morbida. E gli occhi senza trucco più belli.

«Sì, ha dormito tutta la notte e ha già fatto colazione. Ha ancora la flebo con gli integratori, ma sta bene.»

Lei annuisce e poi si rivolge a Giorgia che sta prendendo tutte le scarpe dalla scarpiera. Mi si stringe il cuore quando ne scova un paio dal tacco altissimo e le guarda sognante. Lorenza le si inginocchia accanto e le accarezza una guancia. Resto fermo col rasoio a mezz'aria a guardarle.

«Non puoi infilarle quando sei sullo stabilizzatore. Se vuoi, ti faccio sedere a terra e te le metto. Ma sono scomode. Non le porto mai neanche io» le propone e il mio cuore si fa più grande e pieno di tenerezza.

«Anche queste qui» chiede Giorgia, mostrandole altre scarpe e torna ad aprire un altro cassetto.

Lorenza viene a sedersi sul bordo della vasca, dietro di me. Il bagno è caldo e lo specchio un po' appannato. Dalla finestra entra il grigio della pioggerella ghiacciata di novembre. Ma oggi non dovrò uscire, staremo a casa. Rischio di tagliarmi quando lei allunga una mano e mi tocca il collo. Anche se mi sfiora io la sento con una tale intensità che il battito del mio cuore cambia ritmo.

«Sei diventato più...» ci pensa su e io ho tutto il tempo di trattenere il respiro. Le piaccio? O i muscoli del busto portati all'estremo, su gambe sfinite, le fanno ribrezzo?

Abbasso la mano e non ho più voglia di radermi. Sono geloso di questi silenzi incomprensibili. Vorrei intrufolarmi nella sua testa e togliere di mezzo tutto ciò che non riguarda me. Sono innamorato. E fottuto.

«Sei più forte. E anche magnifico.» Si avvicina, scosta l'asciugamani che ho sulle spalle e, a occhi chiusi, mi sfiora con le labbra. Respira il profumo del bagnoschiuma e con la punta del naso traccia una via fino alla nuca. Sa che mi sta marchiando? Lo sa che con un solo sguardo di quegli occhi blu mi ha messo in ginocchio? Lo sa che con il battito veloce di un cuoricino mi ha maledetto per sempre? Mugola di piacere quando le passo le nocche su una guancia. Resterei per ore a guardarla ma Giorgia continua a tirare fuori le scarpe e a chiedere: «Me le metti?»

Lorenza mi sospira addosso prima di allontanarsi. «Sei felice di andare al compleanno della tua amichetta con Filippa?»

«Sì, vieni anche tu?» La bambina ha in mano un sandalo e lo fa girare tenendolo per il tacco.

«No, tesoro, ho da fare. E poi, tu andrai a dormire da lei. Ti ricordi?»

«È sabato, oggi?»

Mi scappa un sorriso perché so che Giorgia conosce solo il sabato, avendolo associato alle visite alla madre.

«Sì, ma dimmi se sei felice» insiste Lorenza.

Quando Giorgia le va vicino e l'abbraccia, mi sento in paradiso. «Me le metti per la festa?» chiede la bimba e porge a Lorenza una scarpa piena di strass.

«Oh, tesoro, non è della tua misura. Non fare così, te ne regalerò un sacco pieno.» Vedo che è triste e vorrei stringerla.

«Ti va di iniziare a preparare l'albero di Natale?» le propone.

Giorgia strilla e lancia in aria la scarpa. Sfreccia fuori dal bagno e sento l'immancabile rumore di un colpo alla porta del corridoio.

Prima di andar via, Lorenza mi stringe in un abbraccio.

«Bentornata, amore mio» le dico, felice che lei sia vicina anche con i pensieri, che prepari il Natale in casa nostra, che ami Giorgia. Che ami me. Resto solo nel bagno, a guardarmi nel vetro appannato. Mi trema un po' il diaframma. Ogni cosa, in casa mia, mi lega a Lorenza. Eppure non mi basta. Voglio che il nostro legame diventi di cemento. Che sia senza fine. Voglio, ma non so come fare.

L'occasione punto sfuma in un attimo. Ho davanti a me un ragazzo vigoroso con negli occhi quella decisione che hanno i vincenti. La stessa che avevo io quando giocavo in nazionale. Ce l'aveva anche Francesco. Ora non più. Ho scoperto che le cose che mi piacerebbe vincere sono altre.

Il ragazzo intercetta la palla in volo. Ha una spinta che fa staccare di alcuni centimetri da terra la sua carrozzina. Mi accorgo di come la stanchezza mi renda impacciato. Dovrei cercare dentro di me la forza di reagire. Invece ciò che faccio è cercarla tra la gente. Vedere Lorenza tra il pubblico mi agita. Vorrei giocare al meglio e vincere. Eppure mi rendo conto che il basket non è più il mio universo. Resta un piacere e una sfida, ma…

«Simone, stringi quella protezione» grido quando gli passo vicino. «Passaggi veloci, forza.» Francesco mi manca ancora in partita ma le terapie vanno bene e, anche se lui è ancora sonnolento e molto rallentato, mi sembra che la paura nei suoi occhi si sia affievolita. È arrivato persino a darmi un pugno su una spalla, cosa che non faceva da tanto tempo. Ma giocare ancora, chissà. «Impegnatevi, dai, un ultimo tempo. Se guadagniamo questa partita possiamo sperare nel terzo posto» li incoraggio mentre torniamo verso la nostra panchina. Le bottiglie d'acqua sono già pronte. Giro lo sguardo sul pubblico e la trovo. Non sorride. Lo fa sempre più di rado. Però mi guarda in modo strano, e così intenso, che so che qualcosa non va. Lei si alza e penso che voglia andare via, invece imbocca i grossi gradoni che portano al campo sottostante. D'istinto lascio l'acqua e mi spingo verso di lei pronto ad ascoltarla, a chiederle se sta bene e se ha bisogno di qualcosa. Pronto a chiederle se mi ama ancora, e così tanto, come la amo io. La guardo e non vorrei vedere.

Cade.

È un fantoccio che cerca di coprirsi il viso e il corpo. Non urla e io non so se ho gridato al posto suo. Sono già alla rete senza sapere come ci sono arrivato. Spintono la porta chiusa che potrebbe farmi accedere ai gradoni. «Lorenza!» Continuo a cozzare su uno scalino troppo alto per poterlo superare, ma la mente mi dice di abbatterlo con le ruote, non di aggirarlo. «Lorenza!» Lei non mi risponde e neanche la vedo più, ora che un capannello di gente le si è fatto intorno. Insisto nell'attaccare il gradone con le ruote. La mia invalidità si fa beffe di me. Non posso andare da lei. Le mani artigliate alla rete, la vedo mettersi seduta ma non riesco a incontrare il suo sguardo.

«Vado io, Davide.» Giacomo è l'unico della squadra che può camminare. Sblocca le caviglie e lascia la carrozzina al mio fianco. Con poche falcate la raggiunge. Devo vederla da vicino, accertarmi che stia bene. Anche la squadra di pronto soccorso che presiede la partita sale sugli spalti. Un dottore le parla e lei si tocca la guancia e la pancia. Il campo attorno a me scompare e resta l'immagine di un monitor grigio in cui un puntino più scuro batte veloce.

No!

Lei, lontano da me, si tiene la pancia con entrambe le mani. Il dolore alla gola si fa insopportabile. Vorrei vomitarlo, invece me lo tengo dentro. Lorenza annuisce e si alza per seguire il dottore che le la aiuta a camminare. Attraversano lo spalto in orizzontale e guadagnano l'uscita di servizio. Una porta che io non potrò mai raggiungere da quaggiù.

Giacomo mi torna vicino. «La vogliono visitare e, per sicurezza, la porteranno in ospedale. Mi ha detto di dirti di non preoccuparti perché sta bene» mi rassicura mentre si rimette a sedere sulla carrozzina. L'arbitro ha tenuto fermo il gioco per un po' ma, adesso, fa cenno ai giocatori di tornare al loro posto. Non riesco a muovermi, guardo la porta dalla quale Lorenza è uscita e poi il campo, la squadra raggruppata mi osserva. E io torno a guardare l'uscita.

«Devo andare da lei.» Ho scelto la priorità della mia vita. Ho scelto ciò che diventerò: un uomo affidabile al fianco della sua donna.

«E la partita? Prenderemo una penalità se vai via così, prima della sostituzione e…»

Indurisco lo sguardo. Non posso restare. «Cercate di fare ciò che potete. Fai entrare Alessio, è pronto.» Fisso il ragazzo seduto in disparte sulla panchina. Quando è sulla carrozzina non mette la protesi Cheeta. Ha lavorato così tanto che presto sarà il futuro di qualche squadra. Oggi gli cedo il mio posto e non solo. Gli cedo la voglia di giocare, il bisogno di riscatto, il diritto di sentirmi sempre capace. Corro via calpestando la linea di confine del campo. L'ambulanza non è più nel posteggio riservato. Raggiungo l'auto e ho il fiatone. Arrampicarmi al posto del conducente mi costa fatica. Chiudere la carrozzina è quasi impossibile. Ho bisogno più che mai di qualcuno che mi aiuti. Esco dal parcheggio e salgo sull'asse attrezzato verso l'ospedale clinicizzato. Il primo parcheggio per disabili che incontro è mio. Sono proteso in avanti, svelto nel mettermi giù, ma scivolo e da terra è quasi impossibile salire sulla seduta, senza qualcuno che mi tenga la carrozzina. I maniglioni dell'auto sono inservibili. Mi guardo attorno disperato. «Mi aiuti?» chiedo a un uomo che si ferma vicino a me, sconcertato nel vedermi seduto sull'asfalto bagnato di umidità. «Devo salire in carrozzina.»

È tutto più difficile quando si ha paura e la pancia trema indebolendo muscoli e nervi. Non ce la faccio. «Oddio!»

«Posso provare a sollevarla?» si offre l'uomo e mi sorride.

Non vorrei ma mi ritrovo ad annuire e mi lascio prendere. Guardo a terra, non voglio vedere la sua espressione mentre sento la vergogna per il mio peso, per le gambe che gli sfuggono un paio di volte, per la difficoltà che incontra nel sistemarmi sulla seduta. «Grazie» sussurro e con una spinta mi allontano. Sono stato scortese, certo, però voglio scordare questo momento di disagio. Scendo nel seminterrato dov'è il pronto soccorso.

«È stata già portata al reparto di ginecologia» mi informa una infermiera non appena chiedo di Lorenza, e io corro ancora all'ascensore, al piano indicatomi. Accedo al reparto con una sola preghiera. «Dio, aiutami.»

CAPITOLO TRENTASETTE

È nella camera sei, ma non riesco a chiamarla. La paura mi paralizza la lingua. Entro e la vedo sdraiata, ancora con la maglia e i pantaloni che portava alla partita. Si sta coprendo la pancia mentre il dottore allontana la sonda di un ecografo. Mi graffio la gola ma mi costringo a dire: «Come sta?»

Lorenza si gira e mi guarda. Voglio che qualcuno mi risponda e subito. Perché nessuno dice nulla? Il dottore chiede conferma a Lorenza e poi entrambi mi danno attenzione.

«Sta bene, ma deve restare in osservazione. Stia tranquillo.» Sposta lo sguardo dalla carrozzina a Lorenza, come se fosse impossibile che uno come me possa essere il papà del puntino pulsante. «Non si agiti» raccomanda a Lorenza, mentre porta via l'ecografo. Sto stringendo i braccioli così forte che l'imbottitura è raggrinzita tra le mani.

«Dove ti sei fatta male?» Passo al setaccio ogni parte di lei, il livido sullo zigomo, la fasciatura alla caviglia, la pancia coperta dalla maglietta.

«Il bambino sta bene» e mi sorride nel modo in cui fa a Giorgia. No, non va bene. Io ho bisogno di verità da adulti.

«Come stai?» le chiedo ancora e chissà se lei capisce che non ce la farei a sopportare di essere preso in giro.

Il sorriso di Lorenza scompare e abbassa gli occhi sul lenzuolo che si sta sistemando addosso. «Per fortuna non è successo nulla, è… solo una distorsione… e una contusione.»

Solo contusioni e distorsioni. Il tremore alle mani diventa quasi insopportabile. Come viene chiamato un danno a un bimbo che cresce nella pancia della madre? Non voglio imparare quel termine.

Non voglio!

Scopro che anche lei ha paura. Se le passassi il dito sulla fronte potrei spianare quelle linee nette. Se le toccassi le sopracciglia non sarebbero più così aggrottate. Se potessi toglierle lo sguardo addolorato, lo farei. Invece scopro di riuscire a malapena a respirare. Ma lei è qui e ho bisogno di sentirla. Mi avvicino, ma le emozioni che provo sono troppo forti da controllare, mi annebbiano la mente. Posso solo allungare una mano per prendere la sua. Inorridisco mentre mi guardo le mani. Ho ancora il guanto che uso in partita. È liso nel punto in cui il pollice incontra l'indice. È sporco di sudore e di piccole pietre entrate nel tessuto quando sono caduto nel parcheggio. Ritiro la mano, non posso sporcarla ma il mio cuore salta un battito perché è lei che allunga il braccio e l'afferra, incurante di tutto. Gliela stringo e non mi importa di nulla tranne che del sentirla e della nostra paura comune.

«Hai abbandonato la partita.» La sua voce è sorpresa come se avessi compiuto un gesto straordinario.

«Non potevo continuare senza sapere come stessi. Perché, pensavi che non sarei venuto?» Sono un po' brusco ma mi contengo quando lei scuote le spalle e mi appare più fragile del solito.

«Perderanno senza di te.»

«Stavano già perdendo con me in campo. Oddio, è solo una partita, non è più importante di te.»

È dispiaciuta. E lo sono anche io. Non posso darle il suo campione sempre vincente. Non ce l'ho fatta. «Non è più importante di te» insisto. «Niente è più importante» sussurro, a me, a lei, al puntino che batte. La stretta della sua mano si rafforza. «Quando potrai tornare a casa?»

«Se tutto va bene…» mi dice e so che quel *bene* significa la vita di mio figlio. «… domattina.»

Comincio a rabbrividire. Sono uscito solo con la tuta con cui giocavo, in pieno inverno. Non ho preso il giubbotto ma non importa. Sono qui.

«Scusami, non avrei dovuto. Hai ragione a pensare che non sarò una buona madre, io non dovevo…»

Appoggio la testa sulla sua fronte. «Non dirlo. Non dirlo. Non hai nessuna colpa. Non potrei mai pensare questo. Mai.»

«Ho avuto paura.» La sua voce è sottile, attenta a non farsi sentire dall'altra paziente.

«Andrà tutto bene» dico a occhi chiusi, serrando le palpebre. Non è giusto che il destino si accanisca contro di me in questo modo. Mi ha già tolto troppo. «Dove correvi?»

Sorride triste e questi occhi belli si illuminano.

«Venivo da te. Per dirti che… ti amo. Anzi, ti voglio bene. Lo sai che il voler bene è più forte e duraturo del ti amo?»

Scuoto la testa. Ho una sua mano sulla guancia. Mi ci appoggio, cerco un contatto più forte mentre penso che lei mi vuole oltre il ti amo. «Anch'io, molto più di te.»

Lei sorride. «Non è una sfida. Non si vince nulla.»

Me ne sto sul suo palmo e chissà se lei ha capito quanto mi sono spaventato. E se ha compreso che è più importante di tutto.

Importante.

Resisti, dico al mio puntino pulsante. Io ti voglio già *troppo*.

****

«Stai comoda?» chiedo a Giorgia. Siamo già pronti per dormire ma lei continua a voltarsi per ricaricare il carillon che ha sul cuscino vicino a sé. Ogni tanto, il Thun si capovolge e mi tocca riacciuffarlo prima che cada a terra. La bambina si muove senza sosta: ora è vicino a me, poi si sposta lontano. Subito dopo torna. Quando l'abbraccio, fa il broncio.

«Voglio Lorenza» piagnucola.

Le accarezzo una guancia e i capelli sciolti che non sono riuscito a legare con una molletta. «Lo so, ma è solo per una notte. Domani tornerà a casa.»

Continua un po' a frignare. Il sonno la rende inquieta. «Mi racconti la storia di Raperonzolo? Lorenza me la legge ogni notte.»

Il punto luce mi permette di vederla. È minuscola in questo letto se confrontata con la mia altezza. Mi piace tenerla abbracciata ma stasera è una trottola e io non ho idea di dove sia il libro che vuole le legga. Né posso farcela a scendere ancora dal letto per cercarlo. «Vediamo un po'? Non me la ricordo di preciso. Aiutami tu. Quali sono i personaggi?»

Giorgia sembra contrariata ma ho catalizzato la sua attenzione e, adesso, sta ferma. Per fortuna, ha lasciato scaricare il carillon e c'è un bel silenzio.

«Il principe e la principessa.»

«Naturale! E cosa fanno?» Non so proprio che pesci prendere; le fiabe non sono il mio forte.

«Si baciano e poi si sposano» sostiene, come se fosse scontato e io dovessi saperlo per forza.

«Oh, certo. Ecco, magari te ne racconto un'altra. Che ne dici di Cappuccetto Rosso?» Spero dica di sì. È l'unica fiaba di cui ricordo una debole trama.

«Va bene» mi sorride un po' assonnata.

Mi piego per baciarle la fronte.

«Mi hai baciata, ora devi sposarmi» ridacchia e sbadiglia.

«Chi l'ha detto questo?»

«Lorenza. Lei ha sposato te perché tu la baci sempre.»

«Oh!» Io non ho sposato Lorenza. Era un nostro progetto, ed è rimasto un desiderio in un elenco formulato tempo addietro, accantonato dal nostro essere sempre troppo occupati a combatterci e a rimetterci in piedi.

«Dai, racconta» mi esorta e io comincio una storia che ricordo a grandi linee, salto da una parte all'altra e ci metto dentro baci e sposi felici. Ma lei non sa che mi sono interrotto proprio prima della fine perché, ormai, dorme vicino a me, con una mano piccola sul mio grosso braccio. La stringo e la voglia di proteggerla sempre sale a livelli mai raggiunti. Io la aiuterò, così come mi prenderò cura di Lorenza.

«Certo che ti sposerò» sussurro a Giorgia, al silenzio, alla stanza rischiarata dal punto luce. A Lorenza.

****

Lorenza è stata dimessa questa mattina. Sono sollevato e l'emozione mi fa sentire in pace con il mondo. Le ho mandato tanti di quei messaggi da sfiorare il ridicolo. Ma non posso starmene in palestra senza sapere come stia. Non vedo l'ora di tornare a casa e accertarmi anche con lo sguardo che lei è lì, in casa mia. Non mi giro a guardare chi è entrato. Il pomeriggio è un via vai di atleti che arrivano a ogni ora. Mi accorgo di un uomo alto al mio fianco, all'ultimo momento.

«Sono venuto per aiutarti» mi dice Francesco, mentre un borsone gli pende dalla spalla. «Se devi tornare da Lorenza, vai pure.»

Sento i brividi percorrermi la schiena. È tornato. Il suo spirito altruista: lo vedo nello sguardo. È ancora emaciato, troppo rallentato dai farmaci e dall'insicurezza. Ma la scintilla c'è.

«Era ora che ti svegliassi» lo sfotto e dentro sono felice. «Te la senti di seguire quel gruppo? Hanno lezione tra dieci minuti.» Indico dei ragazzi nella zona gioco, a destra dell'area allenamento. Hanno dai tredici ai quindici anni. Stanno giocando a basket o, perlomeno, ci provano. «Sono agli inizi. Non sanno distinguere una palla viva da una morta, né coprire a canestro. Se parlo di pivot vanno in crisi. Ma hanno voglia di mettersi in gioco.» In genere, sono io ad allenarli ma voglio che Francesco torni a contatto con il basket. Con la sua passione di sempre. Non so se faccio bene o male, ma so che lui non può vivere senza. Per questo è stato tanto male quando nessuna squadra lo ha più ingaggiato.

Francesco mi guarda spaventato.

«Dai, è solo un altro modo di vivere il basket. Devi guardare quei ragazzi e strutturare un gioco congeniale alle loro capacità.» Sorrido vendendo che un paio di loro ha preso a tirarsi la palla con un po' troppa foga. «Corri o finiranno per prendersi a botte. Io ho da fare di là.» Non è vero però voglio lasciargli libero il campo.

I primi passi sono quasi incerti, poi trova la forza di andare più spedito e intercetta la palla. Fa due palleggi e con un salto la ficca a canestro. «Cos'è questo che ho appena fatto?» chiede ai ragazzi.

Nessuno risponde.

«Un attacco diretto a palla morta» spiega. I ragazzi si calmano e si fanno attenti. «Ma è inutile che proviamo i tiri a canestro se non imparate a palleggiare e a fare passaggi. Al punto ci si arriva costruendo uno schema di gioco. Quanti ne conoscete?»

Sorrido come uno scemo. Francesco è ancora magro e con il volto sofferente, ma la sua mente si nutre di basket. Forse, insegnarlo servirà a qualcosa.

Antonella esce dallo studio e si ferma la mio fianco. «Devi fare la solita terapia. La salti con troppa superficialità» mi ricorda, ma anche lei è ferma a guardare Francesco in mezzo al campo. «Sembra che stia per cadere a terra da un momento all'altro» mi dice e ha ragione.

È affaticato e ha fatto solo qualche minuto di allenamento. Ma non smette di palleggiare e conta mentre i ragazzi lo imitano. Alcuni non sono proprio portati per questo sport ma non lo dirò mai apertamente. Un sogno è un sogno e il mio compito è creare un percorso che li porti il più vicino possibile al traguardo. Bisogna sempre fare al meglio delle proprie possibilità, anche quando questo meglio è il meno peggio.

«Sai, è venuto qui da solo. Mi sembra un ottimo risultato. E poi, sentilo. Non parlava tanto da non so quanto tempo.» E c'è una tale passione nelle sue parole che mi buca il petto. Ho bisogno di uscire e di ritrovare la stabilità di un tempo. «È un problema per te se mi assento per un'ora?»

«La tua terapia?» mi guarda accigliata.

«Farò qualche esercizio da solo. Dopo, però.»

«Non è la stessa cosa, e lo sai.»

Le strizzo un occhio perché entrambi sappiamo che oggi non la farò.

«Fai come vuoi ma io Francesco non posso proprio tenerlo d'occhio.»

Eppure so che Antonella uscirà tante volte dallo studio per sincerarsi che tutto vada bene, così non le credo neanche per un momento.

«Non c'è problema. Non devi controllarlo. Se dovesse sentirsi male, lascialo pure dov'è» le consiglio e lei mi guarda in cagnesco.

«Vai, ma cerca di tornare in fretta.» Se ne va nello studio come per dimostrarmi che non guarderà Francesco.

Nello spogliatoio del personale raccolgo il giubbotto e le chiavi dell'auto. Per la prima volta sento il bisogno di qualcuno che guidi per me, che mi chiuda la carrozzina e la metta dietro i sedili, che si prenda carico della mia autonomia. Forse è ora di allentare le responsabilità. La gestione della Galleria dei ribelli, locale che ho acquistato dopo l'incidente, è stata demandata da tempo. La palestra ha ottimi istruttori e se Francesco trovasse il modo per stare meglio sarebbe di grande aiuto. La squadra di basket su ruote è ciò che tiene ancora viva la passione per il gioco. È la mia boccata d'aria, ma ho avuto la dimostrazione che sono pronto ad abbandonare tutto per Lorenza. Anche se lei non mi ha chiesto mai nulla. Forse, sono pronto per qualcosa di nuovo. Per fare un salto di qualità. Guardo la mia Audi Q7 e penso a quando sono caduto nel parcheggio dell'ospedale. L'uomo che mi ha preso in braccio è stato gentile ma io mi sento ancora bruciare di vergogna. Lorenza non dovrà mai venire a sapere quanto ero indifeso, in quel momento. Se lei fosse come me, saprebbe come ci si sente. Oddio! Non posso pensare una cosa del genere. Io voglio il suo bene. Torno di nuovo a Chieti alta, passando per Tricalle, imbocco una serie di sensi unici e rotonde fino a corso Marrucino. Davanti a me c'è la bella e vecchia cattedrale di san Giustino. Hanno decorato un grosso abete in un vaso di cemento e l'hanno posizionato nel mezzo dello spiazzo. Sosto per un attimo. Sembra che sia chiuso. Sono qui anche se non ho voglia di assistere a una messa.

Le persone si baciano e poi si sposano. E Lorenza ha sposato te che la baci sempre.

Secondo Giorgia, bacio e matrimonio vanno di pari passo. Mi calo dall'auto e ci metto una vita. L'ingresso principale non ha pedane vicino ai gradini. Ripiego su un'apertura laterale e penso che Lorenza avrebbe da ridire, ma non lo saprà. Non so perché entro. Forse ho bisogno di riappacificarmi con Dio, con me stesso e con i miei errori. Di fronte a me, vedo le tre navate sorrette da grossi pilastri. In alto, sulla volta a botte, gli episodi della vita della Vergine e di san Giustino. Non c'è nessuno a quest'ora. I numerosi lucernari illuminano l'interno a giorno. Dovrei pregare, o forse restare in silenzio a pensare. Percorro la navata. L'altare principale è rialzato. Ci sono una decina di scalini che non mi permettono di raggiungerlo. Io, lassù, non potrò mai arrivare. Mi lascio prendere dal silenzio, dal luogo, dalle icone. Rivivo momenti della mia vita che non vorrei più ricordare. E poi, rifletto sulla dolcezza che lei ha portato nei miei giorni. Il mio desiderio di possederla è totalizzante. È un grosso peccato amarla così tanto, mio Dio?

I passi di qualcuno riempiono il silenzio. Un uomo si ferma vicino a me e riconosco che è un prete dal collarino bianco che indossa.

«Non ci sono funzioni, oggi» mi informa e il suo sguardo mi sembra incuriosito.

Scuoto la testa e mi ritrovo a sussurrare, come se l'ambiente richiedesse discrezione e rispetto. «No, io...» Cosa sono venuto a fare? Qual è il reale motivo che mi ha spinto a salire a Chieti alta, a fermarmi davanti alla cattedrale e a scendere? «Qui si celebrano matrimoni?»

Per un attimo, il prete resta muto. Forse si aspettava una richiesta di confessione o di benedizione estemporanea.

«Sì, alcuni si celebrano qui» risponde e si avvicina di un passo.

«Io vorrei...» Come faccio a parlargli di quanto la desidero tutta per me? Del bisogno di stabilizzare questa relazione? Di metterle al dito il mio anello, al cuore la mia catena? Diventerebbe più mia se la sposassi? Non so, ma di certo io sarei più suo. Mi viene sulla faccia uno stupido sorriso, poco adatto all'occasione. Ma vedo che anche il prete me ne fa uno largo.

«Se ti va di seguirmi in sacrestia, possiamo parlarne. È più caldo di là e ho le date a portata di mano.»

Mi spingo con un vigore nuovo, con una forza interiore che sta pian piano cacciando la fatica mentale di questi ultimi giorni.

Se la baci devi sposarla.

L'ho baciata e ora voglio sposarla. E continuare a baciarla.

Sempre.

CAPITOLO TRENTOTTO

I cristalli di ghiaccio si attaccano ai miei capelli e alcune gocce mi scivolano sulla fronte. La neve mi piace ma mi costringe a stare in casa. Non posso spalarla, né liberare il vialetto del giardino. Devo stare attento sulla via ghiacciata e non posso neanche mettere le catene alla mia adorata Q7. Per fortuna, c'è solo un velo bianco su cui lascio volentieri le prime impronte con le ruote della carrozzella. Offro il viso al freddo e sento di aver vinto qualcosa. Come se avessi raggiunto un traguardo. Rientro in casa e so che bagnerò tutto l'ingresso. Mi riprometto di pulire il tutto e di non far affaticare Lorenza. La cerco subito e la trovo sdraiata sul divano. L'assenza di Giorgia è lampante. Niente giochi a terra, rumori di scontri con mobili e porte, né scarpe in giro. Micaela, l'assistente sociale che si occupa di noi, ritiene che debba stare di più con la madre. Ha aggiunto un rientro infrasettimanale oltre al sabato e alla domenica. Non ero d'accordo. La voglio qui, al sicuro, ma Lorenza mi ha detto che è per il suo bene e che non la perderemo, così l'ho lasciata andare.

Lorenza si gira sentendo sbattere la porta. Schivo una stella di Natale posta all'angolo dell'ingresso.

«Ciao» mi sorride.

Sono intimidito dalla forza di ciò che sento, da come va veloce il cuore. Smetterà mai di accelerare quando la vedo?

Mi avvicino al divano, oggi ha indosso una tuta morbida come me. Ed è scarmigliata. Chissà da quanto è sdraiata. Ma il dottore le ha detto di riposare perché il nostro bambino ne ha bisogno. Continuo a sorriderle. «Fammi posto» le chiedo e lei si mette su un fianco. Però mi accorgo all'improvviso di non avere le forze per passare sul divano. Me ne sto sulla carrozzina mentre le tocco una guancia. Ha labbra bellissime. Gliel'ho mai detto? Le sfioro le ciglia. Lo sa che per i suoi occhi farei di tutto?

Lorenza si fa un po' indietro. Forse, è spaventata da questo silenzio. Lo capisco da come sfiorisce il suo sorriso e il suo sguardo si fa attento.

Non avere paura di me, amore mio.

«Sono stato un po' in giro, oggi» le dico e lei si irrigidisce. «Mi sono fermato alla cattedrale. Sai che all'interno è…» non trovo le parole adatte.

«Un bel posto.»

«Sì. È un bel posto.» Mi riempio la mano del suo viso. «C'era don Mario» la informo come se lei dovesse conoscere il prete.

Lorenza è immobile, in attesa. Chissà se teme che le possa dare una brutta notizia. Io le sorrido ancora. «Non c'erano tante date libere. In realtà, ne erano rimaste solo due. Una a maggio e l'altra a dicembre. Però non voglio aspettare un anno. Io ti voglio subito.» Seguo il movimento delle sue labbra che si schiudono. «Non è sicuro, ma potrebbe officiare direttamente il vescovo.»

Lei non dice nulla e il mio cuore si ferma per un attimo. «Mi ha dato questo.» Le porgo un foglietto che ho in tasca. «Sono le cose da fare se… vuoi sposarmi.» Sono le parole più difficili da dire, come se mi stessi spogliando davanti a un estraneo.

«Vuoi sposarmi?» mi chiede ed è un po' sorpresa.

«Certo che voglio sposarti, come puoi avere dubbi?» Aspetto che mi dica che è felice, che mi salti al collo e che mi baci. Perché non mi bacia?

Lei si mette a sedere e urta la carrozzina con le gambe. «Significa che mi hai perdonato?» Il suo sguardo mi punge dentro.

«Non hai nulla da farti perdonare. Se intendi la storia con Francesco, ho capito che non hai avuto scelta. Non ne ho avuta neanche io. Ho esagerato, la rabbia è ancora il mio peggior difetto.»

Lei scuote la testa. «Mi hai perdonato per il fatto che io cammino e tu no?»

Non è vero! No! Ma il respiro si blocca in gola. Il mondo si restringe.

«Pensaci. È questo il motivo per cui mi fai del male. Temi che possa lasciarti indietro per il solo motivo che ho due gambe funzionanti. Come se avessi diritto a un uomo autonomo e non a uno che mi ami. Non capisci ancora che io non andrò mai via da te? Ti sposerò solo se riuscirai ad accettarmi con questi miei piedi.»

È qualcosa che mi brucia dentro e che mi rende gli occhi lucidi. Lei, invalida, non lo potrei mai sopportare ma, per un momento, ho pensato che se fosse stata in carrozzina anche lei sarebbe stata di sicuro mia per sempre.

«Oddio, Lorenza.» Le prendo il viso tra le mani e, prima che possa alzarsi, la tiro verso di me. Le premo la fronte con la mia. *Sentimi.* Senti con quanta forza ti voglio? «Confrontarmi con gli altri uomini non è facile in questa fase della mia vita» le sussurro sulla bocca. «Io non sono il meglio per te.»

«Non sei tu a decidere di cosa ho bisogno. Questo è un potere che spetta ai padri, non ai mariti» sospira, sconfitta da una proposta che avrebbe dovuto portarla alle stelle. Mi prende le mani e me le porta sulle sue ginocchia. «Se servisse a qualcosa, ne farei a meno.»

L'orrore di ciò che dice mi investe. «No, non sai quel che dici. Non capisci.»

«Non capisco perché non sono invalida, vero?»

«Infatti! Non capisci com'è il modo di amare di un disabile. Di me che a volte sono senza risorse. Tu sei sempre troppo bella per me. Non sai quanto posso amarti, a volte nel male. Il più dei momenti nel bene.» Sento tremare la mia bocca, come se avessi pronunciato delle verità indicibili. «Ho paura di perderti» le rivelo e il peso che ho nello stomaco si scioglie. «Giura che non smetterai mai di amarmi.» Sono dentro il suo sguardo, dentro quel sorriso ancora un po' triste, sulla piega al lato della bocca.

«Anche tuo figlio camminerà. Lo amerai lo stesso?»

Il dolore ha sfumature dolorose, tagli inesistenti che sanguinano, sferzate lungo la colonna vertebrale che mi fanno piegare in due. «Morirei per lui.» *Guardami.* Guarda queste verità dentro di me, sulla pelle d'oca che attraversa le mie braccia, sui tendini tesi del collo, sul battito veloce del cuore. Leggi queste verità e amami. «Non lasciarmi.»

«Finora sei stato tu a lasciarmi indietro.»

Le prendo le mani, le tiro fino a che lei è protesa in avanti, quasi su di me. Gliele poggio sul freno e le offro tutta la mia libertà. «Sarai tu a frenare, a fermarmi quando vuoi. Sarai tu a spingermi quando non ce la farò a manovrare questo accidenti di trabiccolo. Guidami e sposami.»

«Non voglio che tu vada più piano. Voglio solo che mi resti al fianco.»

«Te lo prometto.» Non so se basta a convincerla oppure se lei sa che il mio carattere di merda sarà sempre tra noi.

«Ti sposerò solo se potrai sopportare di avere una donna con due gambe funzionanti accanto a te.»

Il sorriso che mi spunta sulle labbra mi fa male alle guance e io la adoro con gli occhi.

«Non sai quanto mi piacerebbe essere una sposa di maggio» mi dice all'improvviso. Non resisto dallo stringerle il viso tra le mani. La bacio come Giorgia pensa si debbano baciare principi e principesse. Un po' tremante, un po' sconvolto. Io la amo.

«Dovrò comprare una nuova carrozzina per la cerimonia» la avviso e lei sorride ancora di più.

Le spose di maggio sono le più belle e Lorenza è davvero mozzafiato. Forse è per l'abito color pesca, di seta, che le scende fino alle caviglie. O per i capelli che ha tirato su e che le lasciano scoperto il collo. Oppure per gli occhi truccati dall'estetista e per la bocca colorata non di rosso acceso, come suo solito, ma di un naturale rosa. Magari è perché ha in mano quel bouquet di roselline salmone a cui si aggrappa con tutte le sue forze e che sta stropicciando. Sicuramente è perché io la amo così tanto. Mi attardo a guardarle la pancia tonda che l'abito non può più nascondere e una sensazione di orgoglio mi riempie.

Mia!

Miei!

«Facciamo una foto prima di andare in chiesa?» ci invita il fotografo.

Abbiamo scelto di uscire insieme, io e lei, dalla nostra casa, ma ci siamo preparati in camere diverse per non vedere i rispettivi abiti. Quando l'ho vista uscire sono rimasto in silenzio senza poterle dire nulla, sentendo gridare la mia mente di felicità.

Lei fa un passo vicino a me, si abbassa e mi sfiora l'orecchio. «Sei magnifico» mi sussurra e mi sento galleggiare. Lorenza, invece, è tutto ciò che mai avrei sognato per me. Con un dito mi sfiora il nodo della cravatta e sale ai capelli che ho tenuto in ordine con gel e pettine. Il mio cuore galoppa e lo sento rimbombare nelle orecchie.

«Non mi importa» le dico e so che non capisce. «Non mi importa se puoi camminare. Io voglio l'essenza di te, i tuoi pensieri, i tuoi sogni. Voglio ciò che sei: uno strazio di assistente sociale» e lo dico nel modo più dolce che posso perché è così che lei è venuta a me: con la disperazione di un ragazzo e ha messo sottosopra la mia vita.

Sarà Francesco a guidare la mia Q7 fino alla cattedrale. Anche se il velo di sudore sulla fronte non lo abbandona mai, so che sta riprendendo fiducia in se stesso. Gli affiderò la carrozzina da chiudere e mi farò aiutare a entrare e uscire dall'auto. Lui, che è un fratello per me, è al mio fianco. Nessuna squadra di rilievo lo ha più ingaggiato ma sta sconfiggendo la paura del futuro insegnando ciò che sa ai ragazzi della mia palestra. Io gli ho offerto il mio mondo, e Francesco sta cercando di viverci.

Saluto gli invitati che ci osservano sorridenti. Giorgia tiene per mano Filippa e vorrebbe venire da noi, ma per ora deve stare buona con la madre. Ha messo il vestitino rosso che Lorenza le ha regalato e si pavoneggia con la gente che le sta attorno. Non ha lo stabilizzatore che è più difficoltoso da guidare sulle vie sconnesse del centro storico, però ha ai suoi piedini magri belle scarpine luccicanti che mai si sporcheranno la suola. In disparte ci sono le streghe e lo stregone del servizio sociale: Micaela, Gisa e il coordinatore, impegnato in un colloquio telefonico. I genitori di Lorenza. E i miei. Anche papà sembra più disteso, come se il vedermi prender moglie gli avesse restituito la speranza di vedermi felice.

Il bel tempo a Chieti rende tutto più luminoso.

«Sei pronta, tesoro?» le chiedo quando siamo in auto. Lei mi stringe la mano e intreccia le dita alle mie. Il mazzetto che ha in mano fa un piccolo volo sul sedile e così può prendermi anche con l'altra.

La guardo in quegli occhi blu che mi hanno fatto innamorare. «Ricordati che puoi frenare la mia carrozzina in qualunque momento, anche ora.»

Lei fa un sorriso incerto. «Dove si accelera?»

«Per quello ci penso io.»

La giacca mi tira sulle spalle e i pantaloni mi vanno larghi sulle gambe. Non sono a mio agio davanti all'altare provvisorio che don Mario ha fatto installare ai piedi di quello principale, ma è un prezzo che pago volentieri. Non posso neanche alzarmi quando il prete ci suggerisce di stare in piedi. Posso solo ascoltare e chiedere che tutto vada come deve andare: Io di fianco a lei; lei con la mano sul mio freno.

FINE